GRAMMAIRE LATINE

Adrien Cart
Inspecteur général de l'Instruction Publique

Pierre Grimal
Professeur à la Sorbonne

Jacques Lamaison
Agrégé de l'Université

Roger Noiville
Agrégé de l'Université

NATHAN

Illustration de couverture :
Virgile écrivant l'*Énéide*. Mosaïque du
IIIe siècle provenant de Sousse (Tunisie).
Musée du Bardo, Tunis.
Photo Dagli-Orti.

ISBN 2-09-171850-5

NOTIONS PRÉLIMINAIRES

§ 1. Qu'est-ce que le latin ?

La plupart des langues de l'Europe et certaines langues de l'Asie dérivent d'une souche commune que la linguistique comparative appelle **l'indo-européen**. Telles sont :

1° **les langues du groupe indo-iranien** (sanscrit, vieux perse, etc.);

2° **le grec;**

3° **le groupe italo-celtique,** comprenant à côté des langues de l'Italie (osque, ombrien, latin) les parlers celtiques (dont le gaulois);

4° **le groupe germanique** (allemand, anglais, néerlandais ou flamand, langues scandinaves);

5° **le groupe slave** (russe, polonais, tchèque, bulgare, serbo-croate) auquel il convient de joindre le **groupe baltique** (lituanien).

Le latin, d'abord parlé par la population de Rome et du Latium, l'a emporté sur les autres idiomes de l'Italie (osque, ombrien, grec, étrusque), s'est répandu à la faveur des conquêtes et du développement de l'Empire romain, et est devenu l'une des deux principales langues de civilisation qui se sont partagé le monde antique.

§ 2. Petite histoire du latin.

La langue latine, parlée depuis les temps préhistoriques, n'a commencé à prendre une forme littéraire que vers le début du IIIᵉ siècle avant Jésus-Christ. A cette époque s'est créée une langue écrite qui a évolué lentement. De même que le français écrit par Montaigne n'est pas le français de Bossuet et moins encore celui de Victor Hugo, de même on distingue certaines périodes dans l'histoire du latin.

1° **Période archaïque** (entre le IIIᵉ siècle et le début du Iᵉʳ siècle av. J.-C.), avec Caton, et surtout les deux grands écrivains comiques Plaute et Térence.

2° **Période classique** (entre le début du Iᵉʳ siècle av. J.-C. et le début de l'Empire), avec Cicéron, César, Salluste, Cornélius Népos, etc...

3° **Période post-classique** (à partir du début de notre ère), avec Tite-Live, Sénèque, Quinte-Curce, Pline l'Ancien, Quintilien, Tacite, Pline le Jeune, Suétone, etc...

4° **Période chrétienne** (à partir du IIIᵉ siècle de notre ère environ), avec Tertullien, Sᵗ Augustin, Sᵗ Jérôme, etc...

Cependant, à côté de la langue écrite ou littéraire existait **une langue parlée,** beaucoup plus libre, qui nous est surtout connue par les textes non littéraires et les inscriptions. Cette langue évoluait plus rapidement que l'autre. C'est elle qui a donné naissance aux langues romanes *(français, italien, provençal, espagnol, portugais, roumain)*. Son influence s'est exercée sur certains auteurs, dans telle ou telle de leurs œuvres, par exemple dans la *Correspondance* de Cicéron, qui admet des tours syntaxiques bannis des discours ou des traités. Elle devient prépondérante à partir de l'époque chrétienne.

Les **poètes** écrivent une langue plus libre que celle des prosateurs. Ils ont recours à des archaïsmes, quelquefois à des tours imités du grec *(hellénismes)*. En particulier, l'ordre des mots est chez eux beaucoup moins strict que dans la prose.

C'est **la langue de Cicéron et de César** que l'on prend traditionnellement pour modèle de correction et de pureté

§ 3. L'alphabet latin.

A l'époque de Cicéron, l'alphabet latin se composait de 21 lettres :

A B C D E F G H I K L M N O P Q R S T V X.

Les Latins ne connaissaient pas les sons correspondant à notre **v** (avare) et à notre **j** (déjà).

Pour le **u** voyelle (*français :* **lou**pe) et pour le **u** consonne (*français :* **ou**i) ils usaient des mêmes caractères, majuscule **V**, minuscule **u** : *Vrbs, urbs. — Venus, uenio.*

De même pour le **i** voyelle et pour le **i** consonne (*français :* **y**eux), majuscule **I**, minuscule **i** : *Italia, ita. — Iuno, iacio.*

En France, depuis le XVIe siècle,dans les dictionnaires et les livres scolaires, le **u** consonne est noté **V** ou **v** : *Venus, venio*, et le **i** consonne est noté **J** ou **j** : *Juno, jacio.* Si la lecture en est facilitée (*juvenis* au lieu de *iuuenis*), la vraie prononciation est dissimulée. Les éditions savantes en France ont maintenant renoncé à l'emploi de **v** et de **j.**

Le **y** (**Y**) et le **z** (**Z**) furent introduits à la fin du Ier siècle avant Jésus-Christ pour transcrire les mots grecs; ils furent placés après **X** dans l'ordre alphabétique.

Dans les abréviations des prénoms, le **C** continue de noter le son **G** (comme il l'avait fait jusqu'au IIIe siècle av. J.-C., avant l'introduction du G) : *C. = Gaius ; Cn. = Gnaeus.*

§ 4. La prononciation.

La prononciation du latin a varié au cours de sa longue histoire. Elle n'était pas la même au VIe siècle après Jésus-Christ qu'au Ier siècle avant Jésus-Christ. De même le français d'aujourd'hui ne se prononce plus comme au Moyen Age, ni même comme à l'époque de Louis XIV.

Comment prononce-t-on le latin aujourd'hui?

a) **L'Église catholique** maintient approximativement la prononciation qui avait cours entre les ve et VIIe siècles de notre ère, mais avec quelques modifications dues à l'influence de l'italien (**ae, oe** = **é**; **c** devant e ou i = **ch** ou **tch; gn** comme dans le français *règne*, etc...).

b) En France il existe une tradition qui fait prononcer le latin **à la française**. Cette prononciation ne se distingue guère de celle du français qu'en ceci :

e, *jamais muet :* bene *(béné) ;*
en, em devant consonne = *in (nasal) :* pensum *(pinsomm) ;* tempus *(tinpuss) ;*
um = *omm* (en finale) et *on :* doctum *(doctomm) ;* umbo *(onbo) ;*
un = *on :* tunc *(tonk) ;*
ae, oe = *é :* vae *(vé) ;* poena *(péna)*;
ch, toujours *k :* machina *(makina) ;* charta *(karta) ;*
consonnes finales *toujours prononcées :* est *(esstt) ;* eos *(éoss) ;* ater *(aterr) ;* in *(inn) ;* an *(ann) ;* certamen *(certamenn) ;*
gn, ll, *sons séparés :* ignis *(ig-niss) ;* ille *(il-lé) ;*
qu, gu = *cou, gou :* aqua *(acoua) ;* lingua *(lingoua) ;* quem *(couemm)*.

c) Mais pour le latin classique, qui s'enseigne dans les universités et les lycées et collèges, il serait plus normal d'employer la prononciation qui était courante au Ier siècle avant Jésus-Christ, puisque cette époque, celle de Cicéron, de César, de Virgile, est considérée comme « l'âge d'or » de la littérature latine. Cette prononciation, dite **restituée**, consiste à faire entendre toutes les lettres, en appliquant les quelques règles suivantes :

e = *é :* bene *(béné) ;*
u, v = *ou :* doctum *(doctoumm) ;* venio *(ouénio) ;*
y = *u :* lyra *(lura) ;*
ae, oe, au, *sons séparés :* vae *(oua-é) ;* poena *(po-éna) ;* aurum *(a-ouroumm) ;*
j = *y :* ejus *(é-youss) ;* juvenis *(you-oueniss) ;*
c, s, g, *toujours durs :* cedo *(kédo) ;* rosa *(rossa) ;* egi *(ég-i) ;*
n, *jamais nasal,* toujours *nn* = intro *(inntro) ;* consul *(connsoul) ;*
m, *jamais nasal,* toujours *mm* = tempus *(témmpouss) ;* umbo *(oummbo) ;*
ti, jamais *si :* natio *(nati-o) ;* pronuntiare *(pronounnti-aré)*.

Il y aurait lieu aussi de distinguer les voyelles *brèves* (◡) et les voyelles *longues* (—) et de tenir compte de la place de l'accent.

§ 5. La quantité des syllabes.

La quantité est la **durée de prononciation** d'une syllabe. En principe une syllabe *longue* dure deux fois plus de temps qu'une syllabe *brève*.

Une syllabe peut être **longue** pour deux raisons :

1° soit parce que la voyelle qu'elle contient est longue par nature : *vīdi, dubitāre ;*

2° soit parce que la voyelle est suivie de deux consonnes : *căptus.*

N. B. 1° Une voyelle suivie d'une autre voyelle est le plus souvent brève : *moenĭ-a*.

2° Les diphtongues *ae, au, oe* ne forment qu'une syllabe, qui est toujours longue : *moe-ni-a*.

3° Nous avons noté, en particulier dans les *Déclinaisons et Conjugaisons*, les quantités utiles à connaître soit pour un essai de prononciation dite restituée, soit pour les exercices de scansion (p. 156). Nous ne répétons pas en général un signe valable pour toute une série de formes, quand nous l'avons une fois donné (*voir* domĭnus, § 16).

§ 6. L'accent tonique.

C'est l'importance particulière donnée dans la prononciation à l'une des syllabes d'un mot, soit qu'on la détache avec plus de force *(accent d'intensité)*, soit qu'on lui donne un timbre plus aigu *(accent de hauteur ou musical)*. Sur la nature de l'accent latin (intensité ou hauteur) les linguistes ne sont pas d'accord; mais sur sa place, voici des règles précises :

1° **Dans les mots de 2 syllabes,** c'est la 1re qui porte l'accent : *rósa.*

2° **Dans les mots de plus de 2 syllabes** l'accent est :

a) sur la *pénultième* (avant-dernière) si elle est longue : *dubitáre; incéptus;*

b) sur l'*antépénultième*, si la pénultième est brève : *dúbĭtat.*

3° Certains mots d'une seule syllabe ne sont *pas accentués*, en particulier les prépositions ou les conjonctions.

N. B. 1° Quand un enclitique *(-ne, -que, -ve)* est soudé à un autre mot, celui-ci porte l'accent sur sa dernière syllabe : *operáne, incoláque, audiréve.*

2° Dans les exemples ci-dessus nous avons indiqué par le signe ' la syllabe qui porte l'accent tonique.

§ 7. Les caractéristiques de la langue latine.

Le latin possède, comme le français,
des mots variables : *nom, adjectif, pronom, verbe ;*
des mots invariables : *adverbe, préposition, conjonction de coordination et de subordination, interjection.*

Mais voici quelques différences importantes :

1° les **articles** n'existent pas;

2° les **pronoms personnels sujets** sont peu employés;

3° les **prépositions** sont moins employées qu'en français;

4° la **place des mots** n'est pas commandée par la fonction.

rosa est pulchra	[**la, une**] rose est belle.
amamus	[**nous**] aimons.
rosa puellae puellae rosa	[**la**] rose [**de la**] jeune fille.
puella *rosam* amat *rosam* **puella** amat *rosam* amat **puella**	**la jeune fille** aime *la rose*.

5° En latin c'est **la terminaison** qui indique selon l'espèce du mot, sans autre secours, **le nombre, le genre, la fonction, la personne :**

Nom	ros**am** man**um**	sing., complément d'objet.	
Adjectif	bon**am** bon**as**	sing. fém., plur. fém.,	accordé à un compl. d'objet.
Pronom	qu**em** qu**as**	sing. masc., plur. fém.,	compl. d'objet.
Verbe	am**as** am**ant**	sing. 2ᵉ personne. plur. 3ᵉ personne.	

Comme le français, le latin a deux nombres : *le singulier et le pluriel.* Mais il possède **trois** genres : *le masculin, le féminin* et **le neutre.**

Le genre et le nombre d'un nom latin ne sont pas toujours les mêmes que ceux du mot français de même sens. Voici quelques indications générales :

Sont masculins : les noms d'hommes et d'animaux mâles *(genre naturel)*, ainsi que ceux des professions masculines, des fleuves, des vents.

Sont féminins les noms de femmes et d'animaux femelles *(genre naturel)*, ainsi que ceux des professions féminines, des arbres, des pays, des îles.

LES MOTS

LA DÉCLINAISON

§ 8. En latin les noms, les adjectifs, les participes (formes adjectives du verbe), les pronoms présentent une forme variable selon leur fonction dans la phrase, selon leur nombre et parfois selon leur genre.

L'ensemble des formes que peut prendre un de ces mots s'appelle une **déclinaison.** Chacune de ces formes s'appelle un **cas.**

Décliner un mot, c'est énoncer toutes les formes qu'il peut prendre aux différents cas.

§ 9. Le cas est indiqué par la **terminaison** : ros**arum**, ros**as**, ros**is**. La partie invariable s'appelle le **radical**.

§ 10. Le latin possède **six cas**, correspondant aux fonctions suivantes

CAS	FONCTION	
Nominatif	Sujet et attribut du sujet	**La rose** est belle.
Vocatif	Apostrophe, interpellation	**Rose**, tu es belle.
Accusatif	Complément d'objet direct	Admirons **la rose**.
Génitif	Complément de nom	La beauté **de la rose**.
Datif	Complément d'attribution	Donnons des louanges **à la rose**.
Ablatif	Complément circonstanciel de moyen, de manière, d'origine.	Ce bouquet séduit **par sa rose**.

On notera que la plupart des cas peuvent avoir des valeurs différentes. Voir les tableaux des pages 124 à 126.

§ 11. Pour les noms, le latin possède **cinq déclinaisons** qui se reconnaissent en pratique par la terminaison du **génitif singulier** (toujours donnée dans le dictionnaire après le nominatif).

1re déclin.	2e déclin.	3e déclin.	4e déclin.	5e déclin.
-ae	**-ī**	**-ĭs**	**-ūs**	**-eī**

NOTIONS COMPLÉMENTAIRES

I. **Radical et terminaison.** *En réalité les terminaisons, telles que nous les définissons ici, se composent le plus souvent de deux éléments intimement soudés, qu'il n'est pas toujours possible de distinguer dans les formes prises par les noms du latin classique. Le premier est une* voyelle caractéristique (**a; o** *devenu* **u; i,** *etc... selon la déclinaison*)*; le second est une* désinence casuelle *qui se retrouve, plus ou moins modifiée, dans plusieurs déclinaisons :* **-m** *pour l'accusatif singulier ;* **-um** *pour le génitif pluriel, etc... En pratique, nous appelons* terminaison : *l'ensemble formé par la* voyelle caractéristique *et la* désinence; *et* radical : *l'élément invariable du nom.*

II. **Remarques sur les désinences.**

1° Le nominatif singulier *se présente soit sans désinence :* rosa, ager, mare; *soit avec la désinence* **s :** dominus, civis.

2° L'accusatif singulier *présente le plus souvent la désinence* **m** (*sauf pour le genre* neutre à la 3e et la 4e déclinaisons).

3° Le génitif singulier *présente soit la désinence* **i** (*altérée* à la 1re déclinaison, *où* -ai *est devenu* -ae), *soit la désinence* **s.**

4° L'accusatif pluriel *présente la désinence* **s** *aux cinq déclinaisons* (*sauf pour les neutres, où la désinence est* **a**).

5° Le génitif pluriel *présente la désinence* **um** (cf. rosa-r-um; civi-um).

6° Dans les noms d'origine grecque :
l'accusatif singulier peut conserver la désinence grecque **n** (cf. ἡμέραν) ou **a** (cf. κόρακα).

III. **Remarques sur les terminaisons.**

Ont des terminaisons identiques *à l'intérieur d'une même déclinaison :*

— le nominatif et le vocatif singulier, *sauf dans la 2e déclinaison pour les mots du type* dominus (§ 16);
— le nominatif et le vocatif pluriel;
— le nominatif, le vocatif et l'accusatif pluriel *dans les* 3e, 4e, 5e *déclinaisons ;*
— le nominatif, le vocatif et l'accusatif *des neutres ;*
— le datif et l'ablatif pluriel.

IV. **Remarque sur les cas.**

Aux cas énoncés au § 10, *il convient d'ajouter le* **locatif,** *forme ancienne indiquant le lieu où l'on est, et partiellement conservée par le latin classique* (§§ 15, 20, 28).

LES NOMS

PREMIÈRE DÉCLINAISON, génitif singulier -ae

Féminins *(en général)*.

§ 12.

Singulier	*Nominatif*	rosă	la (une) rose
	Vocatif	rosă	rose ! ô rose !
	Accusatif	rosăm	la (une) rose
	Génitif	rosae	de la (d'une) rose
	Datif	rosae	à la (à une) rose
	Ablatif	rosā	par la (par une) rose
Pluriel	*Nominatif*	rosae	les (des) roses
	Vocatif	rosae	roses ! ô roses !
	Accusatif	rosās	les (des) roses
	Génitif	rosārŭm	des (de) roses
	Datif	rosīs	aux (à des) roses
	Ablatif	rosīs	par les (par des) roses

§ 13. Le genre. Presque tous les noms de la 1re déclinaison sont féminins. **Cependant sont masculins :**

les noms de professions et les noms d'hommes, par exemple :

agricola, m., *paysan*	auriga, m., *cocher*	athleta, m., *athlète*
incola, m., *habitant*	nauta, m., *matelot*	poeta, m., *poète*
Numa, m., *Numa*	Catilina, m., *Catilina*	Sylla, m., *Sylla*

et les noms de fleuves, par exemple :

Garumna, m., *Garonne*	Matrona, m., *Marne*	Sequana, m., *Seine*

§ 14. Le nombre.

I. Ne s'emploient qu'au pluriel :

epulae, arum, f., *festin*	nuptiae, f., *mariage*	insidiae, f., *embuscade*
indutiae, arum, f., *trêve*	divitiae, f., *richesses*	Athenae, f., *Athènes*

II. N'ont pas le même sens au singulier et au pluriel :

copia, ae, f., *abondance*	copiae, arum, f. pl., *troupes*
littera, ae, f., *lettre (de l'alphabet)*	litterae, arum, f. pl., *lettre (épître)*
fortuna, ae, f., *sort*	fortunae, arum, f. pl., *richesses*

§ 15. Le locatif. *C'est un ancien cas en* **-ae.** *Il indique l'endroit où l'on est. Il s'est conservé dans les noms de villes du singulier :* **Romae,** à Rome ; *et dans* militiae, *en temps de guerre* (domi militiaeque, *en paix comme en guerre*).

NOTIONS COMPLÉMENTAIRES

I. **Déclinaison** en **-a.** *Les noms de la* 1re *déclinaison comportent la voyelle caractéristique* **-a,** *à laquelle s'ajoutent le plus souvent des désinences* (ros-a-m, ros-a-rum, etc.); *cette voyelle s'est combinée avec la désinence aux* datif et ablatif pluriel (*d'où* ros-is).

II. **Formes particulières.**

1° Génitif singulier *en* **-as** (cf. grec ἡμέρας). *Il s'est conservé pour le mot* familia *dans les expressions :*

paterfamiliās, *père de famille* (à côté de *pater familiae*).
materfamiliās, *mère de famille* (à côté de *mater familiae*).

2° Génitif *en* **-ai.** *Par la suite un nouveau génitif singulier s'est formé avec la désinence* -i *(empruntée à la* 2e *déclinaison) : d'où la terminaison* **-ai** *(qui deviendra la diphtongue* **-ae** *à l'époque classique).*

Ce génitif archaïque en -āī *se rencontre chez certains poètes (Lucrèce) :* vis aquāī (*au lieu de* aquae), *la puissance de l'eau.*

3° Génitif pluriel en **-um.** *Au génitif pluriel, la finale* -rum *a remplacé la désinence* **-um,** *qui cependant se trouve quelquefois chez les poètes :*

vita agricolum (*au lieu de* agricolarum), *la vie des paysans.*

4° Datif et ablatif pluriel en **-abus.** *Il sert à distinguer les féminins* filia, dea, *etc. des masculins* filius, deus, *etc...*

filiis et filiabus, *aux fils et aux filles.*
deis et deabus, *aux dieux et aux déesses.*

III. **Noms tirés du grec.** *Les noms d'origine grecque suivent ordinairement les déclinaisons latines. Mais ils ont en outre à certains cas des formes grecques, que les poètes emploient de préférence.*

	Masculins		*Féminins*
Nom.	Aenēās, *Énée*	comētēs (ă), *la comète*	Cybēlē, *Cybèle*
Voc.	ā	ē (ă)	ē
Acc.	ān (ăm)	ēn (ăm)	ēn
Gén.	ae	ae	ēs
Dat.	ae	ae	ae
Abl.	ā	ē (ā)	ē

Le pluriel, quand il existe, est formé entièrement sur celui de rosa.

Certains de ces noms d'origine grecque peuvent avoir le génitif pluriel en -um, *par exemple* amphorum (*à côté de* amphorarum), *de* amphora, *l'amphore.*

DEUXIÈME DÉCLINAISON, génitif singulier -ī

§ 16.

		Masculins *(en général)* le maître	Masculins le champ	l'enfant	Neutres le temple
Sing.	*Nominatif*	dominŭs	agĕr	puĕr	templŭm
	Vocatif	dominĕ	agĕr	puĕr	templŭm
	Accusatif	dominŭm	agrŭm	puĕrŭm	templŭm
	Génitif	dominī	agrī	puerī	templī
	Datif	dominō	agrō	puerō	templō
	Ablatif	dominō	agrō	puerō	templō
Plur.	*Nominatif*	dominī	agrī	puerī	templă
	Vocatif	dominī	agrī	puerī	templă
	Accusatif	dominōs	agrōs	puerōs	templă
	Génitif	dominōrŭm	agrōrŭm	puerōrŭm	templōrŭm
	Datif	dominīs	agrīs	puerīs	templīs
	Ablatif	dominīs	agrīs	puerīs	templīs

N. B. Pour décliner les noms en **-er,** *observez leur génitif singulier :*
faber, fab**ri,** *ouvrier*, se décline *sur* ager, ag**ri;**
gener, gen**eri,** *gendre*, se décline *sur* puer, pu**eri;**
Déclinez aussi sur puer : vir, *homme*, vir**um,** vir**i,** vir**o,** etc.

§ 17. Le genre. Presque tous les noms en **-us** de la 2e déclinaison sont masculins. **Cependant sont féminins :**

les noms d'arbres; certains noms de pays et de villes :

malus, f., *pommier* — pirus, f., *poirier* — fagus, f., *hêtre*
Aegyptus, f., *l'Égypte* — Tyrus, f., *Tyr* — Corinthus, f., *Corinthe*

Sont neutres : 3 noms en *-us*, employés seulement au singulier :

pelagus, n., *mer* — vulgus, n., *foule* — virus, n., *venin*

Les noms en **-um** sont toujours **neutres.**

§ 18. Le nombre. Ne s'emploient qu'au pluriel :

castra, orum, n., *camp ;* arma, orum, n., *armes ;* liberi, orum, m., *les enfants (de quelqu'un).*

§ 19. Déclinaison de deus, le dieu.

A noter : *pas de vocatif singulier avant l'époque chrétienne ; nominatif pluriel :* dei, dii, di; *génitif pluriel :* deorum *et, dans certaines expressions*, deum; *datif-ablatif pluriel :* deis, diis, dis.

§ 20. Le locatif.

C'est un ancien cas en **-i**. *Il indique l'endroit où l'on est. Il s'est conservé dans les noms de villes (et de petites îles) du singulier :* **Lugduni,** à Lyon; **Rhodi,** à Rhodes; — *et dans :* **humi,** à terre; **belli** *de l'expression* domi bellique, *en paix et en guerre ;* **vesperi,** le soir.

NOTIONS COMPLÉMENTAIRES

I. **Déclinaison** en **-o.** *Les noms de la 2e déclinaison comportent la voyelle caractéristique* **-o,** *à laquelle s'ajoutent le plus souvent des désinences* (domin-o-s, domin-o-rum, templ-o-rum); *cette voyelle s'est combinée avec la désinence dans* domini, dominis, templis. *Les noms en* -er *n'ont jamais eu ou ont perdu la finale* **-os** (-us) *au nominatif singulier.*

II. **Formes particulières.**

1° Nominatif singulier *en* **-os.** — *Au singulier, primitivement, le nominatif et l'accusatif étaient en* **-os** *et en* **-om.** *Ces terminaisons, devenues par la suite* -us *et* -um, *se sont pourtant conservées plus longtemps après* u *et* v. *On rencontre parfois dans les textes :*
equos, equom, servos, servom *au lieu de* equus, equum, servus, servum.

2° Génitif pluriel archaïque *en* **-um.** — *Au génitif pluriel la finale* -rum *a remplacé la désinence* **-um,** *qui se rencontre pourtant à l'époque classique :*

a) *dans des expressions toutes faites :*
praefectus fabrum, socium, *chef des ouvriers, des alliés ;*

b) *dans des noms de monnaies, poids et mesures comme :*
sestertius, *sesterce ;* modius, *boisseau.*
tria milia sestertium, *trois milliers de sesterces ;*

c) *dans certains autres noms :*
liberi, pl., *les enfants (de qqn), qui fait* liberorum *et* liberum
triumvir, *triumvir, qui fait* triumvirum *et* triumvirorum

d) *assez souvent en poésie :*
corpora virum (= virorum), *les corps des hommes.*

3° Noms *en* **-ius** et **-ium.**

a) Vocatif des noms en **-ius.** — *Il est en* **-i** *dans les noms propres romains en* -ĭus *et dans* filius, genius :
Vergilī, *Virgile !* Antonī, *Antoine !* mī filī, *mon fils !*
Il est en **-ie** *dans les noms propres étrangers en* -ĭus : Darie, *Darius !*

b) Génitif singulier. — *Il est en* **-ii** *dans nos livres scolaires, mais il était en* -ī *dans le latin classique.* Filius, proelium *faisaient* fili, proeli, *que nous écrivons généralement* filii, proelii.

c) Nominatif, vocatif, datif, ablatif pluriel. — *A ces cas,* -i *au lieu de* -ii, -is *au lieu de* -iis *étaient beaucoup plus rares.*

III. **Noms tirés du grec** (cf. p. 13, III)

a) *Noms propres en* **-os** (*ou* -us) :
Delŏs, i, f., *Délos ; acc.* Delŏn (-ŭm).

b) *Noms propres en* **-on** (*ou* -um) :
Iliŏn, ii, **n.,** *Ilion (Troie).*

N. B. *Ces noms se déclinent aux autres cas sur les modèles latins correspondants.*

c) *Noms propres en* **-eus :**

N.	Persēūs, m., *Persée*	
V.	ēū	
Acc.	ĕă	(ĕŭm)
G.	ĕŏs	(ĕī)
D.	ĕī	(ĕō)
Abl.	ĕō	

TROISIÈME DÉCLINAISON, génitif singulier -is

I. PARISYLLABIQUES

(Nombre égal de syllabes au génitif et au nominatif singulier)

§ 21. Le **génitif pluriel** est en : **ium**

L'**ablatif singulier** est en : **e** *(en* **i** *pour les neutres).*

Masculins et Féminins			Neutres	
Sing.	le citoyen		la mer	
N. et V.	civĭs (m.)		marĕ	
Acc.	civĕm	*Outre les noms en* -is, *se déclinent sur* civis :	marĕ	*Outre les noms en -e, se déclinent comme* mare :
Gén.	civĭs	1. *des noms en* **-ēs**	marĭs	*des noms en* **-ăl -ăr** *(anciennement en* -ale, -are).
Dat.	civī	clades, is, f., *désastre*	marī	animal, alis, n., *animal*
Abl.	civĕ	rupes, is, f., *roche*	marī	tribunal, alis, n., *tribunal*
Plur.		vulpes, is, f., *renard*		vectigal, alis, n., *impôt*
N. et V.	civēs	2. *des noms en* **-ĕr**	marĭă	calcar, aris, n., *éperon*
Acc.	civēs	imber, bris, m., *pluie*	marĭă	exemplar, aris, n., *modèle*
Gén.	civĭŭm	linter, tris, f., *barque*	marĭŭm	
Dat.	civĭbŭs	venter, tris, f., *ventre*	marĭbŭs	
Abl.	civĭbŭs		marĭbŭs	

§ 22. Le nombre.

I. Ne s'emploie qu'au singulier :

vestis, is, f., *habillement, vêtement*

II. Ne s'emploient qu'au pluriel :

manes, ium, m., *mânes* — fides, ium, f., *lyre*
moenia, ium, n., *remparts* — altaria, ium, n., *autel*

III. N'ont pas le même sens au singulier et au pluriel :

finis, is, m., *limite* — fines, ium, m. pl., *frontières, territoire*
aedes, is, f., *temple* — aedes, ium, f., *maison* (mais parfois *temples*)

§ 23. Formes particulières :

1° Ont au singulier l'accusatif en **-im** et l'ablatif en **-ī** :

très souvent : febris, is, f., *fièvre ;* puppis, f., *poupe ;* securis, f., *hache ;* turris, f., *tour ;*

toujours : sitis, f., *soif ;* tussis, f., *toux ;* Tiberis, m., *le Tibre,* et *d'autres noms géographiques ou d'origine grecque.*

2° Ont le génitif pluriel en **-um** *(au lieu de* -ium) :

mater, tris, f., *mère* — pater, tris, m., *père* — frater, tris, m., *frère*
juvenis, is, m., *homme jeune* — senex, senis, m., *vieillard* — canis, is, m., *chien*

NOTIONS COMPLÉMENTAIRES

I. **Déclinaison** en **-i.** *Les parisyllabiques de la 3e déclinaison comportent la voyelle caractéristique* **-i.** *Primitivement ils avaient les formes régulières suivantes :*

1° accus. sing. en **-im**	3° accus. plur. en **-īs**	5° neutre plur. en **-ia**
2° abl. sing. en **-ī**	4° gén. plur. en **-ium**	*(aux nom., voc., acc.)*

Quelques noms ont conservé l'accusatif **en** -im *et l'ablatif en* -ī (§§ 23, 21). *L'accusatif pluriel en* -īs (civīs *à côté de* cives *ainsi que* urbis *à côté de* urbes (§ 25) *se rencontre encore chez les écrivains de l'époque classique.*

II. **Formes doubles.** *La plupart des noms parisyllabiques ont emprunté certaines terminaisons aux imparisyllabiques ; d'où, par ex., l'accusatif sing.* civem, *l'ablatif sing.* cive. *Et certains noms ont conservé une double série de formes, que donnent les dictionnaires :*

1° accusatif singulier *en* **-em** et *en* **-im**

navis, is, f., *navire*	navem, *parfois* navim

2° ablatif singulier *en* **-e** et *en* **-ī**

navis, is, f., *navire*	nave *et* navi
classis, is, f., *flotte*	classe *et* classi
ignis, is, m., *feu*	igne *et* igni
anguis, is, m., *serpent*	angue *et* angui
imber, bris, m., *pluie*	imbre *et* imbri

3° génitif pluriel *en* **-ium** et *en* **-um**

apis, is, f., *abeille*	apium *et* apum
mensis, is, m., *mois*	mensium *et* mensum
sedes, is, f., *siège*	sedum, *parfois* sedium
vates, is, m., *devin*	vatum, *parfois* vatium

Les poètes usent fréquemment des formes en -um.

III. **Formes particulières.**

1° ablatif sing. en **-i** *dans des adjectifs devenus noms :*
october, bris, m., *octobre ;* triremis, is, f., *trirème ;* natalis, is, m., *anniversaire.*

2° ablatif sing. en **-e** *dans certains noms neutres :*
rete, is, n., *filet ;* Bibracte, is, n., *Bibracte,* et d'autres noms propres.

IV. **Noms tirés du grec** (Cf p. 13, III)

Nom.	Socrătēs	poēsĭs, f., *poésie*
Voc.	ēs (ē)	ĭs
Acc.	ēn (ĕm)	ĭn (ĭm)
Gén.	ĭs (ī)	ĕŏs (ĭs)
Dat.	ī	ī
Abl.	ĕ	ī

V. **Déclinaison** de **vis**

Sing.	*Nom.*	vīs, f., *la violence*
	Acc.	vim sans génitif
	Abl.	vī ni datif
Plur.	*Nom.-Acc.*	vīres, *les forces*
	Gén.	virium
	Dat.-Abl.	viribus

TROISIÈME DÉCLINAISON, génitif singulier -is

II. IMPARISYLLABIQUES

(Nombre inégal de syllabes au génitif et au nominatif singulier)

§ 24. Le **génitif pluriel** est en : um.

L'**ablatif singulier** est toujours en : e.

		Masculins et Féminins le chef	Neutres l'ouvrage
Sing.	*Nom. et Voc.*	dux (m.)	opŭs
	Acc.	ducĕm	opŭs
	Gén.	ducĭs	opĕrĭs
	Dat.	ducī	operī
	Abl.	ducĕ	operĕ
Plur.	*Nom.*	ducēs	operă
	Voc.	ducēs	operă
	Acc.	ducēs	operă
	Gén.	ducŭm	operŭm
	Dat.	ducĭbŭs	operĭbŭs
	Abl.	ducĭbŭs	operĭbŭs

N. B. *Pour décliner les imparisyllabiques, observez soigneusement* le génitif singulier : rex, reg**is,** *acc.* reg**em;** miles, milit**is,** *acc.* milit**em.**

§ 25. Génitif pluriel en -ium :

1° dans les noms dont le radical se termine par 2 consonnes : urbs, urbis, f., *ville ;* mens, mentis, f., *esprit ;* frons, frontis, f., *front*, etc.

2° dans quelques autres noms :

lis, litis, f., *procès ;* nix, nivis, f., *neige ;* trabs, trabis, f., *poutre ;* fauces, f. pl., *gorge ;* optimates, m. pl., *nobles ;* penates, m. pl., *pénates*, etc.

3° dans les noms neutres *en* **-al** et *en* **-ar** (§ 21).

§ 26. Le genre. Les noms *en* **-or, -oris** sont masculins, sauf :

3 féminins : soror, *sœur ;* uxor, *épouse ;* arbor, *arbre*.
3 neutres : marmor, *marbre ;* aequor, *plaine ;* ador, *blé* (très rare).

§ 27. Le nombre. Ne s'emploient guère qu'au pluriel :

ambages, um, f., *détours ;* opes, um, f., *ressources ;* majores, um, m., *ancêtres ;* fruges, um, f., *moissons ;* preces, um, f., *prières ;* cervices, um, f., *nuque ;* parentes, um, m., *les parents (père et mère) ;* fauces, optimates, penates (§ 25); verbera, um, n., *coups*.

§ 28. Locatif.

A la 3e déclinaison le locatif est en **-i.** *Il ne s'est conservé que dans* **ruri** (*rus, ruris*, n.), à la campagne, *et, exceptionnellement, dans quelques noms de villes :* Carthagini, *à Carthage ;* Tiburi, *à Tibur*.

NOTIONS COMPLÉMENTAIRES

I. **Déclinaison consonantique.** *Les imparisyllabiques comportent un radical se terminant par une consonne D'où, entre autres, les formes régulières :* duc-em, duc-is, duc-e, duc-es, duc-um; oper-a, oper-um.

L'analogie avec les parisyllabiques a amené les formes de datif-ablatif plur. en -ibus *(duc-ibus) et, dans certains noms,* un génitif pluriel en **-ium,** *qui voisine parfois avec* -um.

civitas, atis, f., *cité*	*gén. pl.*	civitatum *et* civitatium
fraus, fraudis, f., *tromperie*		fraudium, *parfois* fraudum
mus, muris, m., *rat*		murium, *parfois* murum
dos, dotis, f., *dot*		dotium, *parfois* dotum

Les poètes usent du génitif pluriel en -um *dans les mots où, régulièrement, il est en* -ium (*en particulier dans les mots en* -ans *et* -ens).

Plusieurs noms tels que mens (§ 25) *ne sont imparisyllabiques qu'en apparence. Ce sont d'anciens parisyllabiques qui ont perdu leur voyelle caractéristique* -i *au nominatif singulier* (mentis⟶ments⟶mens).

II. **Remarques sur le nominatif singulier.** *Au nominatif singulier* **les masculins et les féminins** *présentent entre autres particularités :*

soit *un radical sans désinence :* consul

soit *la désinence* -s

qui se combine avec la consonne -c *ou* -g *du radical :* dux (duc-s), rex (reg-s), *ou qui amène la chute de la consonne* -d *ou* -t *du radical :* pes (ped-s), miles (milet-s).

De plus la voyelle intérieure du radical est souvent modifiée : miles, mil*i*tis.

Pour les neutres, *il n'y a pas de désinence, et le radical est souvent altéré :* carmen, carm*i*nis.

Le -s *des nominatifs neutres en* -us, -eris *et* -us, -oris *fait partie du radical ; il s'est transformé en* -r *entre deux voyelles :* genus, gener-is, corpus, corpor-is. *Le même fait apparaît dans des noms masculins ou féminins tels que* : cinis, cineris, m., *cendre ;* mus, muris, m., *rat.*

III. **Noms tirés du grec** (cf. p. 13, III).

accusatif singulier en -ă	(ĕm)	āĕr, āĕris, m., *air,*	aĕră
		Hectŏr, ŏris, m.	Hectoră
génitif singulier en -ŏs	(ĭs)	Thetis, f.,	Thetĭdŏs
nominatif pluriel en -ĕs	(ēs)	rhetor, ŏris, m., *rhéteur,*	rhetorĕs
accusatif pluriel en -ăs	(ēs)	Macedo, ŏnis, m.	Macedonăs

QUATRIÈME ET CINQUIÈME DÉCLINAISONS

§ 29.

		4e — génitif singulier **-us**		5e — génitif singulier **-ei**
		Masculins et Féminins	**Neutres**	**Féminins**
		la main	la corne	la chose
Sing.	*Nom. et Voc.*	man**ŭs** (f.)	corn**u**	r**ēs**
	Acc.	man**ŭm**	corn**u**	r**ĕm**
	Gén.	man**ūs**	corn**ūs**	r**ĕī**
	Dat.	man**ŭī** [1]	corn**ŭī** [1]	r**ĕī**
	Abl.	man**ū**	corn**ū**	r**ē**
Plur.	*Nom. et Voc.*	man**ūs** (f.)	corn**ŭă**	r**ēs**
	Acc.	man**ūs**	corn**ŭă**	r**ēs**
	Gén.	man**ŭŭm**	corn**ŭŭm**	*cas inusités* r**ērŭm**
	Dat.	man**ĭbŭs**	corn**ĭbŭs**	*sauf pour* r**ēbŭs**
	Abl.	man**ĭbŭs**	corn**ĭbŭs**	res *et* dies r**ēbŭs**

1. *On trouve aussi un datif singulier en* -ū : man**ū**, corn**ū**.

§ 30. Le genre à la 5e déclinaison. Seuls sont masculins :

dies, diēi, *jour;* meridies, ēi, *midi.*

Cependant dies *est souvent féminin au singulier, surtout quand il signifie :* jour fixé, date.

Ex : Die dictā. *A la date fixée.*

§ 31. Formes particulières de la 4e déclinaison.

I. Font le datif et l'ablatif pluriel en **-ŭbus :**

acus, f., *aiguille;* arcus, m., *arc;* quercus, f., *chêne;* tribus, f., *tribu.*

— *D'autres noms hésitent entre* -ŭbus *et* -ĭbus :

artus, m. pl., *les membres;* lacus, m., *lac;* partus, m., *enfantement;* portus, m., *port;* specus, m., *grotte. Mais les formes en* -ubus *sont plus fréquentes.*

II. **Domus,** f., *maison,* tient de la 4e et de la 2e déclinaisons.

Sing.	*Nom. et Voc.*	domŭs	Plur.	domūs
	Acc.	domŭm		**domōs** (et domūs)
	Gén.	domūs		**domōrum** (et domŭŭm)
	Dat.	domuī		domĭbŭs
	Abl.	**domō**		domĭbŭs

Locatif : **domī,** *à la maison (chez moi, chez toi, chez lui...).*

NOTIONS COMPLÉMENTAIRES

I. — **Déclinaison** en **-u.** *Les noms de la 4e déclinaison comportent la voyelle caractéristique* **-u** (man-u-m, man-u-um; corn-u). *L'ablatif régulier, au pluriel, était donc en* **-ubus.** *Il s'est conservé dans quelques noms* (§ 31, 1). *Le plus souvent il a été remplacé par* **-ibus,** *par analogie avec la 3e déclinaison.*

— **Déclinaison** en **-e.** *C'est la 5e déclinaison ; elle est composite et comprend très peu de mots. Le génitif et le datif singuliers présentent parfois la terminaison* **-e** *au lieu de* **-ei :** diē (= diei).

II. Attention :

1° aux noms difficiles :

iter, **itineris,** n., *route ;* — Juppiter, **Jovis,** m., *Jupiter.*

os, ossis, n., *os*	*nom. pl.*	oss a	*gén. pl.*	ossium
cor, cordis, n., *cœur*	»	cord a	»	cordium
caro, carnis, f., *chair*			»	carnium
bos, bovis, m., *bœuf*	*gén. pl.*	boum	*dat. abl. pl.*	bobus *ou* bubus
sus, suis, m., *porc*	»	suum	»	suibus *ou* subus
Arar, aris, m., *la Saône*	*acc.*	Arar im	*abl.*	Arare *ou* Arari

jusjurandum, jur**is**jurand**i**, n., *serment*
respublica, r**ei**public ae, f., *l'État.*

2° aux noms qui utilisent plusieurs déclinaisons :

poema, atis, n., *poème ; gén. pl.* poematorum; *dat. abl. pl.* poematis
vas, vasis, n., *vase ; au pluriel :* vasa, orum, *vases, bagages*
ficus, us (i), f., *figuier ; abl. sing.* ficu *et* fico; *acc. pl.* ficus *et* ficos, *etc...*
De même pour : laurus, f., *laurier* — pinus, f., *pin*
tonitrus, us, m., *tonnerre, et aussi* tonitruum, i, n. (2e)
plebs, plebis *et* plebes, plebei, f., *plèbe*
requies, requietis *et* requies, requiei, f., *repos.*

3° aux noms défectifs ou indéclinables :

2e d. { pondo, n., *une livre* en poids; *auri quinque pondo :* cinq livres d'or.
Ce nom a la même forme à tous les cas.

3e d. {
fas, n., *nom. et acc. :* ce qui est permis par les dieux
nefas, n., *nom. et acc. :* ce qui n'est pas permis par les dieux
instar, n., *nom. et acc. :* l'équivalent
sponte, f., *abl. :* spontanément; *(meā) sponte :* de (mon) propre mouvement
fors, f., *nom. :* hasard; *abl. :* forte, par hasard

4e d. {
jussu, *sur l'ordre de...* — rogatu, *à la demande de...*
injussu, *sans l'ordre de...* — admonitu, *sur le conseil de...*
ductu, *sous la conduite de...* — natu, *par l'âge, par la naissance.*

LES ADJECTIFS QUALIFICATIFS

§ 32. Les emplois.

1° Les adjectifs qualificatifs servent essentiellement à préciser les noms. Ils s'emploient comme **épithètes** ou comme **attributs.**

Bonus miles **fortis** est. *Un bon soldat est brave.*
(épithète) (attribut)

Remarque : A un adjectif latin ne correspond pas forcément un adjectif dans la traduction française.

Equites parent citi. *Les cavaliers obéissent promptement* (adverbe).
Vas aureum. *Un vase en or* (complément de nom).
Custos Tartareus. *Le gardien du Tartare* (compl. de nom).

2° Employés seuls, ils ont la valeur de noms *(adjectifs substantivés):*

Au masculin (ou au féminin), ils désignent des personnes.

Mal**os** time. *Crains les gens mauvais*, les méchants.

Au neutre, ils désignent des choses.

Ver**a** semper dic. *Dis toujours des choses vraies*, la vérité.

Cet emploi est assez rare au singulier. Pour le neutre, au singulier, il n'existe guère qu'au nominatif-accusatif. Cependant **bonum,** le bien, **malum,** le mal, **verum,** le vrai, **falsum,** le faux, etc., *sont employés à tous les cas.*

§ 33. Les formes.

Les adjectifs ont trois **genres :** masculin, féminin, neutre; deux **nombres :** singulier, pluriel; et six **cas** comme les noms.

Ils se divisent en deux **classes;** ceux de la 1re classe suivent la 1re et la 2e déclinaison des noms; ceux de la 2e classe suivent la 3e déclinaison.

Remarque : Quelques adjectifs sont **indéclinables :** frugi, *honnête;* nequam, *qui ne vaut rien.*

Frugi es. *Tu es un brave homme.*
Ab hominibus nequam inductus. *Poussé par des vauriens.*

ADJECTIFS DE LA PREMIÈRE CLASSE

(Déclinés sur la 1re et la 2e déclinaisons des noms)

§ 34.

		M.	F.	N.
Sing.		bon		
	Nom.	bon ŭs	bon ă	bon ŭm
	Voc.	bon ĕ	bon ă	bon ŭm
	Acc.	bon ŭm	bon ăm	bon ŭm
	Gén.	bon ī	bon ae	bon ī
	Dat.	bon ō	bon ae	bon ō
	Abl.	bon ō	bon ā	bon ō
Plur.	*Nom.*	bon ī	bon ae	bon ă
	Voc.	bon ī	bon ae	bon ă
	Acc.	bon ōs	bon ās	bon ă
	Gén.	bon ōrŭm	bon ārŭm	bon ōrŭm
	Dat.	bon īs	bon īs	bon īs
	Abl.	bon īs	bon īs	bon īs

N. B. 1° *Les adjectifs en* -ius *font leur vocatif masculin singulier en* -ĭĕ.

2° *Sur* bonus, a, um *se déclinent aussi les participes en* **-us, -urus** *et l'adjectif verbal en* **-ndus.**

3° *Pour* unus, nullus, totus, solus, etc., voir § 79.

§ 35. Adjectifs en -er de la 1re classe.

Les uns perdent la voyelle **-e** *en dehors du nominatif-vocatif masculin singulier* (cf. ager) : pulcher, pulchr-a, pulchr-um.

Les autres conservent cette voyelle **-e** *dans toutes leurs formes* (cf. puer) : liber, liber-a, liber-um.

Sing.	M. *beau*	F.	N.	M. *libre*	F.	N.
Nom.	pulchĕr	pulchră	pulchrŭm	libĕr	libĕră	libĕrŭm
Voc.	pulchĕr	pulchră	pulchrŭm	libĕr	liberă	liberŭm
Acc.	pulchrŭm	pulchrăm	pulchrŭm	liberŭm	liberăm	liberŭm
Gén.	pulchrī	pulchrae	pulchrī	liberī	liberae	liberī
Dat.	pulchrō	pulchrae	pulchrō	liberō	liberae	liberō
Abl.	pulchrō	pulchrā	pulchrō	liberō	liberā	liberō
Plur.						
Nom.	pulchrī	pulchrae	pulchră	liberī	liberae	liberă
Voc.	pulchrī	pulchrae	pulchră	liberī	liberae	liberă
Acc.	pulchrōs	pulchrās	pulchră	liberōs	liberās	liberă
Gén.	pulchrōrŭm	pulchrārŭm	pulchrōrŭm	liberōrŭm	liberārŭm	liberōrŭm
Dat.	pulchrīs	pulchrīs	pulchrīs	liberīs	liberīs	liberīs
Abl.	pulchrīs	pulchrīs	pulchrīs	liberīs	liberīs	liberīs

N. B. 1° *L'adjectif* dexter, *qui est à droite, se décline tantôt comme* pulcher, *tantôt* comme liber : dexter, dextra, dextrum *ou* dextera, dexterum.

2° *L'adjectif* satur, satura, saturum, *rassasié, suit la déclinaison de* liber, era, erum *en conservant sa voyelle* -u.

3° *Pour* uter, alter, *etc., voir* §§ 71, 75, 77.

ADJECTIFS DE LA DEUXIÈME CLASSE

(Déclinés sur la 3e déclinaison des noms)

§ 36. PARISYLLABIQUES (*abl. sing.* -i)

	M. F.	N.		M. F.	N.
Sing.	semblable		Plur.		
Nom. et Voc.	simĭlĭs	similĕ		simĭlēs	simĭlĭă
Acc.	similĕm	similĕ		similēs	similĭă
Gén.	similĭs			similĭŭm	
Dat.	similī			similĭbŭs	
Abl.	similī			similĭbŭs	

N. B. *Certains adjectifs ont le nominatif et le vocatif masculin singulier en* **-er** : acer acris, acre, *vif. Ne les confondez pas avec ceux du type* pulcher *ou* liber.

§ 37. IMPARISYLLABIQUES (*abl. sing.* -e)

	M. F.	N.		M. F.	N.
Sing.	vieux		Plur.		
Nom. et Voc.	vetŭs			vetĕrēs	vetĕră
Acc.	vetĕrĕm	vetŭs		veterēs	veteră
Gén.	veterĭs			veterŭm	
Dat.	veterī			veterĭbŭs	
Abl.	veterĕ			veterĭbŭs	

§ 38. TYPE SPÉCIAL

(Imparisyllabiques faisant leur génitif plur. en **-ium***)*

	M. F.	N.		M. F.	N.
Sing.	sage		Plur.		
Nom. et Voc.	prudens			prudentēs	prudentĭă
Acc.	prudentĕm	prudens		prudentēs	prudentĭă
Gén.	prudentĭs			prudentĭŭm	
Dat.	prudentī			prudentĭbŭs	
Abl.	prudentī (-ĕ)	prudentī		prudentĭbŭs	

Remarques : I. Déclinez ainsi les adjectifs dont le radical se termine par 2 consonnes, les participes présents et les adjectifs en **-ax, -ix, -ox.**

II. L'ablatif singulier est en **-e,** si l'adjectif qualifie une **personne;** en **-i,** si l'adjectif se rapporte à une **chose :** Prudenti consilio, *par un sage dessein ;* cum sapiente viro, cum sapiente *(adjectif substantivé), avec un (homme) sage.*

III. Quand le participe présent a la valeur d'un verbe, l'ablatif est toujours en **-e :** Romulo regnante, *sous le règne de Romulus.* Vergente jam die, *au déclin du jour.*

IV. Les adjectifs en **-ax, -ix, -ox** *et* clemens, *clément,* ont presque toujours l'ablatif en **-i.**

NOTIONS COMPLÉMENTAIRES

Comme pour les noms de la 3e *déclinaison, une grande confusion règne dans les adjectifs de la* 2e *classe, du fait d'un certain mélange entre la déclinaison* en -i *et la déclinaison* consonantique.

I. **Déclinaison** en **-i** (Parisyllabiques).

1° L'accusatif pluriel *en* -īs (similis *au lieu de* similes) *se rencontre encore chez les écrivains de l'époque classique. C'est un souvenir de la forme primitive* (p. 17, I).

2° *Certains adjectifs ont* 2 nominatifs-vocatifs *masculins singuliers : en* -er *et en* -is. La forme indiquée entre parenthèses est la plus rare.

salubris (ber), bris, bre, *salubre*
terrestris (ter), tris, tre, *terrestre*
volucer (cris), cris, cre, *ailé*
paluster (tris), tris, tre, *marécageux*

II. **Déclinaison consonantique** (Imparisyllabiques).

1° *Les comparatifs de supériorité en* -ior, -ior, -ius (§ 39) *font au génitif sing.* -ioris *et se déclinent sur* vetus, eris.

N. B. Noter que *plures* (§ 48) fait régulièrement au pluriel *plura* aux nom., voc., acc. neutres, mais *plurium* au génitif.

2° *Quelques adjectifs imparisyllabiques font leur ablatif sing. en* -i :

inops, opis, *pauvre*
uber, eris, *fertile*
supplex, plicis, *suppliant*
memor, oris, *qui se souvient*
immemor, oris, *oublieux*

N. B. *Certains adjectifs sont inusités au* nominatif-accusatif pluriel neutre *Tels sont :* compos, *maître de ;* dives, *riche ;* inops, *pauvre ;* memor, *se souvenant de ;* particeps, *ayant part à ;* pauper, *pauvre ;* princeps, *premier ;* superstes, *survivant ;* supplex, *suppliant*, etc.

III. **Type spécial.**

1° *Font aussi partie de ce type :*

par, paris (*abl.* pari), *égal*
anceps, cipitis, *double*
duplex, plicis, *double*
locuples, pletis, *riche*
praeceps, cipitis, *précipité*
simplex, plicis, *simple*

et les adjectifs en -ās, ātis, *tels que :* Arpinas, *d'Arpinum.*

2° *On rencontre parfois l'accusatif pluriel en* -īs (cf. plus haut I).

IV. **Génitif pluriel** en **-um.** *On rencontre parfois, surtout chez les poètes, un génitif en* -um (*au lieu de* -ium).

C'est le cas pour des mots du type parisyllabique *et pour des mots* du type spécial, *adjectifs, participes présents, même employés comme noms :*

agrestum (*pour* agrestium), *des campagnards*
infantum (*pour* infantium), *des jeunes enfants.*

Volucer, cris, cre, *ailé, et* celer, eris, ere, *rapide, font le plus souvent* volucrum, celerum.

LES DEGRÉS DE L'ADJECTIF

Positif	Comparatif		Superlatif Relatif	Superlatif Absolu
	d'égalité	**aussi** savant		
savant	*de supériorité*	**plus** savant	**le plus** savant	**très** savant
	d'infériorité	**moins** savant	**le moins** savant	**très peu** savant

COMPARATIF DE SUPÉRIORITÉ

§ 39. On ajoute au radical de l'adjectif : **-iŏr** (m., f.), **-iŭs** (neutre).

doctus, *savant* (*gén.* doct-i) : **doctior,** *plus savant.*

Sing.	M. F.	N.	Plur.	M. F.	N.
Nom. et Voc.	doct **iŏr**	doct **iŭs**		doct **iōres**	doct **iōra**
Acc.	doct **iōrem**	doct **ius**		doct **iōres**	doct **iōra**
Gén.	doct **iōris**			doct **iōrum**	
Dat.	doct **iōri**			doct **iōribus**	
Abl.	doct **iōre**			doct **iōribus**	

Exception. Pour les adjectifs en **-eus, -ius, -uus,** le positif est précédé de l'adverbe **magis.** *Ex. :* magis conspicuus, *plus remarquable.*

§ 40. Traductions particulières.

1° Employé *seul*, le comparatif peut avoir le sens intensif de : *particulièrement*, d'où : *assez, trop.*

Loquacior es. *Tu es particulièrement (assez, trop) bavard.*

2° Accompagné *d'un génitif partitif*, il se rend en français par : *le plus.. des deux.*

Validior manuum dextra est. *La main droite est la plus forte des deux mains.*

§ 41. Complément du comparatif : plus *savant* ⟶ **que...**

Le complément du comparatif (2ᵉ terme de la comparaison) se met :

1° avec la conjonction **quam,** au même cas que le 1ᵉʳ terme :

Paulus est doctior quam Petrus. *Paul est plus savant que Pierre.*

2° simplement **à l'ablatif** (*sans* quam) :

Paulus est doctior Petro

La construction n° 2 n'est possible qu'après un comparatif en -ior, au nominatif ou à l'accusatif, et que si le complément est un nom *ou un* pronom.

N. B. *Quand le latin compare entre eux des adjectifs, il les met tous les deux au comparatif :*

Fortior est quam prudentior. *Il est plus courageux que sage.*

COMPARATIF D'ÉGALITÉ ET D'INFÉRIORITÉ

§ 42. On met les adverbes **tam**, *aussi*, **minus**, *moins*, devant le positif :

tam (minus) doctus, *aussi (moins) savant* ⟶ quam, *que...*

Tam bonus est quam credis. *Il est aussi bon que tu le crois.*

NOTIONS COMPLÉMENTAIRES

Formation spéciale. *Pour les comparatifs de supériorité des adjectifs en* -quus, *en* -dicus, -ficus, -volus, *etc., voyez page* 29, I.

I. Complément du comparatif.

1° *Le complément du comparatif construit avec la conjonction* quam *se met au cas exigé par sa fonction :*

Paulum doctior**em** quam Petr**um** existimo.
J'estime Paul plus savant que (je n'estime) Pierre.

N. B. *Ce second terme peut donc être à un cas différent du premier :*

Equum melior**em** habeo quam tu**us** (est).
J'ai un cheval meilleur que le tien (ne l'est).

2° *Quand le latin compare entre eux des adjectifs, il les met tous deux au positif si la comparaison est amenée par* magis, tam, minus :

Magis strenuus est quam prudens.
Il est plus brave que prudent.

II. **Complément** *de* minus, plus, amplius. *Ces comparatifs, suivis ou non de* quam, *ont souvent pour complément un nombre en rapport avec un nom, et ils sont sans influence sur le cas du complément :*

Plus trecenti milites occiderunt.
Plus de 300 *soldats sont tombés* (300 *soldats et plus...*).

III. **Ablatif de différence.** *Souvent le comparatif s'accompagne d'un complément* à l'ablatif *qui exprime de combien une chose est supérieure ou inférieure à une autre* (cf. p. 117, III).

dimidio *(nom)* longior	*de moitié plus long*
multo *(adv. de quantité)* longior	*beaucoup plus long*

IV. Latinismes.

1° major quam ut : *trop grand pour que*

Major est dolor quam ut flēre possim.
Ma douleur est trop grande pour que je puisse pleurer.

2° major quam pro : *trop grand pour, par rapport à*

Majus fuit praemium quam pro merito.
La récompense fut trop grande par rapport au mérite.

3° quo major nullus : *le plus grand de tous.*

Cicero quo major nullus orator fuit. *Cicéron, le plus grand de tous les orateurs (en comparaison duquel aucun orateur ne fut plus grand).*

4° *Les mots* opinione, exspectatione, spe, dicto, aequo, necessario, *employés comme compléments d'un comparatif, se rendent par les expressions :* qu'on ne pense; qu'on n'attend; qu'on n'espère; qu'on ne dit; qu'il n'est juste; qu'il n'est nécessaire.

Praemium spe majus accepit.
Il reçut une récompense plus grande qu'il ne l'espérait.

SUPERLATIF DE SUPÉRIORITÉ

§ 43. On ajoute au radical de l'adjectif : **issĭmus, a, um.**

doctus, *savant* (gén. doct-i) : **doctissimus,** le plus savant,
très *(extrêmement, fort, si)* savant.

Formations spéciales.

Les adjectifs en **-er** font leur superlatif en **-errĭmus,** a, um :

(pulch*er*) pulcherrimus, (ac*er*) acerrimus.

Six adjectifs en **-ilis** font leur superlatif en **-illĭmus,** a, um :

facilis, *facile*	similis, *semblable*	humilis, *humble*
difficilis, *difficile*	dissimilis, *dissemblable*	gracilis, *grêle*

Ex. : facillimus, *très facile ;* simillimus, *très semblable.*

Pour les adjectifs en **-eus, -ius, -uus,** le positif est précédé de l'adverbe **maxime.**

Ex. : maxime conspicuus, *le plus, très remarquable.*

EMPLOI

§ 44. Complément du superlatif. Quand le superlatif est accompagné d'un complément, il est **relatif** et se traduit par : *le plus... de.* Le complément se rend par :

le **génitif**	altissima *le plus haut*	arbor**um**	*des arbres*
e(x) + l'ablatif		ex arbor**ibus**	

N. B. **inter + l'accusatif** *s'emploie surtout dans l'expression :* inter suos, *parmi les siens.*

§ 45. Accord du superlatif. Le superlatif s'accorde en genre avec son complément.

Delphinus est **velocissimum** animalium *(neutre).*
Le dauphin est [l'animal] le plus rapide des animaux.

§ 46. Pour le thème. Quand un complément du superlatif représente les deux éléments d'une paire, mettez-le en latin au génitif, et remplacez le superlatif français par un comparatif (§ 40, 2°).

La plus forte des deux mains. Vali**dior** man**uum.**

SUPERLATIF D'INFÉRIORITÉ

§ 47. On met l'adverbe **minime** *(le moins, très peu)* devant le positif :

minime doctus, *le moins, très peu, pas du tout savant.*

NOTIONS COMPLÉMENTAIRES

Pour le thème. *Vérifier dans le dictionnaire latin-français si les comparatifs ou superlatifs de supériorité à traduire existent chez les auteurs classiques ; à défaut on les formera à l'aide de* **magis** *et de* **maxime.**

I. Formations spéciales.

1° *Les adjectifs en* -quus *font régulièrement leur comparatif en* -quior *et leur superlatif en* -quissimus :

antiquus, *ancien* ⟶ antiquior, antiquissimus

2° *Les adjectifs en* -dicus, -ficus, -volus *forment leur comparatif en* -entior *et leur superlatif en* -entissimus :

maledicus, *médisant* ⟶ maledicentior, maledicentissimus
magnificus, *fastueux* ⟶ magnificentior, magnificentissimus
benevolus, *bienveillant* ⟶ benevolentior, benevolentissimus

3° *Font aussi* -entior *et* -entissimus :

egenus, *indigent* ⟶ egentior, egentissimus
providus, *prévoyant* ⟶ providentior, providentissimus

4° *Noter que :* vetus, eris, *vieux, fait au superlatif* veterrimus :
dives, itis, *riche, fait* ditior, ditissimus (*et* divitior, divitissimus)

5° *Des préfixes donnent parfois à l'adjectif le sens du superlatif :*
perfacilis, *très facile ;* **prae**ferox, *très farouche*

II. Formes archaïques.

Certains écrivains emploient, au superlatif, des formes anciennes en **-umus** *au lieu de* **-imus :**

doctiss**u**mus, *très savant ;* max**u**mus, *très grand*

III. Emploi du superlatif.

1° Accord. *Souvent le superlatif* attribut *ne s'accorde pas en genre avec son complément* (§ 45), *mais avec le sujet :*

Ind**us** fluminum maxim**us** est. *L'Indus est le plus grand des fleuves.*

2° Superlatif renforcé. *Le superlatif est souvent renforcé de :*

multo, longe	multo doctissimus	*de beaucoup le plus savant*
quam... possum	quam doctissimus potest	*le plus savant qu'il peut*
quam	quam doctissimus	*le plus savant possible*
quisque (p. 43, I)	doctissimus quisque	*tous les plus savants*
unus	unus doctissimus	*savant entre tous*
vel	vel doctissimus	*même le plus savant*

3° **Sens du complément du superlatif.** *Ce complément indique un tout dont on extrait une partie, la plus remarquable, pour la comparer au reste. C'est un* partitif (§§ 204, 205).

COMPARATIFS ET SUPERLATIFS IRRÉGULIERS

§ 48.

bonus, a, um *bon*	**melior,** melius *meilleur*	**optĭmus,** a, um *le meilleur, excellent*
malus *mauvais*	**pejor,** pejus *pire, plus mauvais*	**pessimus** *le pire, très mauvais*
magnus *grand*	**major,** majus *plus grand*	**maximus** *le plus, très grand*
parvus *petit*	**minor,** minus *plus petit*	**minimus** *le plus, très petit*
propinquus *proche*	**propior,** propius *plus proche*	**proximus** *le plus, très proche*
multi, ae, a *nombreux*	**plures,** plura *plus nombreux* (*génitif* plur**ium**)	**plurimi,** ae, a *les plus, très nombreux*

§ 49. Comparatif et superlatif de positifs rares ou inusités :

superior, *plus élevé*	**suprēmus, summus,** *le plus, très élevé*
inferior, *plus bas*	**infĭmus, īmus,** *le moins élevé, très bas*
prior, *le premier (de deux)*	**prīmus,** *le premier (de plus de deux)*
posterior, *le dernier (de deux)*	**postrēmus,** *le dernier (de plus de deux)*
exterior, *extérieur*	**extrēmus,** *extrême, dernier*
interior, *intérieur*	**intĭmus,** *le plus, très profond*
ulterior, *qui est au-delà*	**ultĭmus,** *très éloigné, dernier*

§ 50. Positifs sans superlatif, ou sans comparatif :

adulescens : -entior, *plus jeune*	**falsus :** -issimus, *le plus, très faux*
juvĕnis : junior, *plus jeune*	**sacer :** -errimus, *le plus, très sacré*
senex, senior, *plus vieux*	**novus :** -issimus, *très récent, dernier*

§ 51. Quelques latinismes.

1° Les superlatifs **summus, infimus,** etc., se traduisent souvent par : *le haut de..., le bas de... ;* de même **medius** par : *le milieu de...*

summa arbor *le sommet de l'arbre*	infima arbor *le bas de l'arbre*	media arbor *le milieu de l'arbre*

N. B. *Mais une expression comme* summa arbor *peut signifier aussi :* l'arbre le plus élevé, un arbre très élevé.

2° **major natu,** *l'aîné (de deux)* | **maximus natu,** *l'aîné (de plus de deux)*
minor natu, *le cadet (de deux)* | **minimus natu,** *le cadet (de plus de deux)*

ADVERBES TIRÉS D'ADJECTIFS

§ 52. Beaucoup d'adverbes de manière sont formés par un **suffixe** ajouté au radical de l'adjectif :

Adjectifs de la 1re classe :	Adverbes en **-e**
doctus, a, **um**, *savant*	doctē, *savamment*
piger, gra, **grum**, *paresseux*	pigrē, *paresseusement*
Adjectifs de la 2e classe :	**Adverbes en -ter**
acer, acris, e, *vif*	acri**ter**, *vivement*
vehemens, entis, *violent*	vehemen**ter**, *violemment*

§ 53. Certains sont des **adjectifs neutres** à l'accusatif ou à l'ablatif :

solus, a, um, *seul*	sol**um**, *seulement* (accusatif)
facilis, is, e, *facile*	facil**ĕ**, *facilement* (accusatif)
rarus, a, um, *rare*	rar**ō**, *rarement* (ablatif)

COMPARATIF ET SUPERLATIF DES ADVERBES

La plupart de ces adverbes ont des degrés de comparaison auxquels s'appliquent les principes donnés pour les adjectifs (pp. 26-30; formation, traduction, emploi).

§ 54. La supériorité. Le comparatif est en **-ius** (= *accusatif neutre sing.* du comparatif de l'adjectif correspondant), le superlatif en **-issime**, **-errime**, **-illime** (= *superlatif de l'adjectif* avec la terminaison **-e**, au lieu de **-us**).

doct**ē**	doct**iŭs** (cf. doctior)	doct**issimē**
acr**ĭter**	acr**ius** (cf. acrior)	ac**errime**
fac**ĭlĕ**	facil**ius** (cf. facilior)	fac**illime**

N. B. *Pour les adverbes tirés d'adjectifs en* **-eus, -ius, -uus,** *la supériorité s'exprime par* **magis** *et* **maxime.** Ex. : magis (maxime) strenue, *plus* (*très*) *vaillamment.*

§ 55. Formes irrégulières.

bien	**benĕ**	**melius**	**optimē**
mal	**malĕ**	**pejus**	**pessimē**
un peu	**paulum**	**minus**	**minimē**
beaucoup	**multum**	**plus**	**plurimum**
grandement	**magnŏpĕrĕ**	**magis**	**maximē**

§ 56. L'**égalité** et l'**infériorité** s'expriment par :

tam	*aussi*	tam docte, *aussi savamment*
minus	*moins*	minus docte, *moins savamment*
minime	*le moins, très peu*	minime docte, *le moins, très peu savamment*

LES PRONOMS ET ADJECTIFS PRONOMINAUX

PRONOMS PERSONNELS

§ 57.

	1re personne		2e personne	
Nom.	**ĕgŏ**, *moi, je*	**nōs**, *nous*	**tū**, *toi, tu*	**vōs**, *vous*
Acc.	**mē**, *me*	**nōs**, *nous*	**tē**, *te*	**vōs**, *vous*
Gén.	**mĕī**, *de moi*	**nostrī**, *de nous* / **nostrum** [1]	**tŭī**, *de toi*	**vestrī**, *de vous* / **vestrum** [1]
Dat.	**mĭhi** (mī), *à moi*	**nōbīs**, *à nous*	**tĭbī**, *à toi*	**vōbīs**, *à vous*
Abl.	**mē**, *(par) moi*	**nōbis**, *(par) nous*	**tē**, *(par toi)*	**vōbīs**, *(par) vous*

1. au sens partitif : *d'entre nous, d'entre vous*, et à côté de : omnium (*de tous*).

§ 58. 3e personne.

1° Quand le pronom personnel ne représente pas la même personne que le sujet, on recourt au démonstratif **is**, **ea**, **id** (§ 65) (*pronom dit* de rappel). **Eum** video. *Je* le *vois*. **Ei** caveo. *Je veille sur* lui.

2° Quand il représente la même personne que le sujet, on emploie **le pronom réfléchi de la 3e personne** qui a les mêmes formes pour tous les genres, au singulier et au pluriel.

Acc. **sē** ou **sēsē**, se, soi — *Dat.* **sĭbī**, à soi, pour soi, se
Gén. **sŭī**, de soi — *Abl.* **sē** ou **sēsē**, (par) soi

Se videt. *Il se voit.* **Sibi** cavet. *Il veille sur lui-même.*
Superbi **se** laudant. *Les orgueilleux se louent.*

§ 59. Emploi de sui, sibi, se. Le réfléchi s'emploie :

dans une proposition quelconque, pour renvoyer à son sujet :

Pueri sibi laborant. *Les enfants travaillent pour eux (pour soi).*

parfois, dans une subordonnée, pour renvoyer au sujet de la principale (p. 33, III, 2°).

Orat te **pater** ut ad **se** venias. *Ton père* te *prie de venir près de* lui *(que tu viennes près de* lui).

§ 60. Particularités.

I. Le pronom sujet n'est pas exprimé, sauf pour insister sur la personne.

Tu rides, **ego** fleo. Toi *tu ris*, moi *je pleure*.

Ego laboro. Moi, *je travaille*. **C'est moi qui** *travaille*.

II. On tutoie tout le monde; on nomme la 1re pers. avant la 2e; la 2e avant la 3e.

Ego et tu valemus. **Vous** *et moi nous allons bien.*

III. **Cum,** *préposition*, se place après le pronom et fait corps avec lui.

mēcum, *avec moi* tēcum, *avec toi* nobiscum, *avec nous*
sēcum *(avec soi) : avec lui, elle, eux, elles* (réfléchi).

NOTIONS COMPLÉMENTAIRES

I. **Mei, tui, sui, nostri, vestri.** *Ces génitifs sont primitivement des pronoms possessifs neutres et signifient :* de mon être, de ma personne, etc...

Animus nostri melior pars est.
La meilleure part de nous-même, c'est l'âme.

N. B. *Les adjectifs se rapportant à ces génitifs sont au* génitif neutre singulier :

Cupida erat sui ostenden**di** (*et non :* ostendendae).
Elle était désireuse de se montrer.

II. **Emploi de sui, sibi, se dans une proposition quelconque.** *Dans certains cas, le réfléchi ne renvoie pas à un sujet grammatical :*

Captivos veniam sibi orantes interfecit.
Il tua les captifs qui imploraient pour eux-mêmes le pardon.

En réalité « veniam sibi orantes » *équivaut à* « qui veniam sibi orabant ».

N. B. *Noter aussi les expressions :* per se, *de soi-même ;* propter se, *pour soi, où le réfléchi ne renvoie pas au sujet. Ex. :* Colo virtutem propter se *Je pratique la vertu pour elle-même.*

III. **Emploi de sui, sibi, se dans une subordonnée.**

1° *Le réfléchi s'emploie pour renvoyer au sujet de la subordonnée, si celle-ci n'exprime pas la pensée ou les paroles du sujet de la principale :*

Hostes fugerunt cum **Marius se** ostendit.
Les ennemis s'enfuirent lorsque Marius se montra.

2° *Si la subordonnée exprime la pensée ou les paroles du sujet de la principale, le réfléchi s'emploie pour renvoyer :*

a) *soit au sujet de la subordonnée :*

Magister hortabatur ut **puer sibi** caveret.
Le maître exhortait l'élève à prendre garde à lui (l'élève).

b) *soit au sujet de la principale :*

Orat te pater ut ad se venias.
Ton père te prie de venir près de lui.

Remarque : Parfois le réfléchi renvoie non au sujet, mais à un complément de la principale, si la subordonnée exprime la pensée de ce complément :

A Caesare invitor ut ad **se** veniam.
Je suis invité par César à venir près de lui.

Il est donc souvent délicat, dans un texte, de trouver à quel nom le réfléchi se rapporte.

IV. **Inter nos, inter vos, inter se** *indiquent une action* réciproque *et le verbe, même transitif, est construit sans pronom complément d'objet :*

Inter se laudant. *Ils se félicitent entre eux, mutuellement.*

POSSESSIFS

§ 61. Aux pronoms personnels correspondent des adjectifs possessifs :

(1re pers.)	*à*	ego	**meus, mea, meum**	*mon, ma ; mes.*
		nos	**noster, nostra, nostrum**	*notre ; nos.*
(2e pers.)	*à*	tu	**tuus, tua, tuum**	*ton, ta ; tes.*
		vos	**vester, vestra, vestrum**	*votre ; vos.*

Ce sont des adjectifs de la 1re classe (p. 23). Notez que le vocatif masc. sing. de *meus* est **mi**. Ex. : Mi fili, *mon fils, mon cher fils.*

Remarque : Souvent le latin économise le possessif quand le possesseur est évident. *Ex. :* Parentes amate. *Aimez* vos *parents.*

§ 62. La possession à la 3e personne.

1° Au pronom réfléchi **se** correspond l'adjectif possessif **suus, a, um,** *son, sa, ses, leur, leurs.* Cet adjectif réfléchi ne peut s'employer que si le possesseur est en même temps sujet

Filia matrem **suam** amat. La fille *aime* sa *mère.*
Filiae matrem **suam** amant. Les filles *aiment* leur *mère.*

2° Quand le possesseur n'est pas le sujet, on recourt au génitif du pronom de rappel *is* : ejus (de lui, d'elle), eōrum (d'eux), eārum (d'elles).

Ejus filiam vides. *Tu vois sa fille (la fille* de lui, d'elle).
Eorum libros video. *Je vois leurs livres (les livres* d'eux).

Pater amat liberos **suos**, at vitia **eorum** reprehendit.
Un père aime ses *enfants, mais il blâme* leurs *défauts.*

Remarque : Quand une proposition a plusieurs sujets, on emploie aussi **ejus, eorum, earum** (*et non* suus) pour indiquer comme possesseur le sujet précédent.

Pater et *ejus* filius ambulant. *Le père et son fils se promènent.*

§ 63. Le possessif employé comme pronom. Le possessif se traduit souvent, non par un adjectif, mais par un **pronom** :

meus, *le mien*	noster, *le nôtre*	suus *le sien*
tuus, *le tien*	vester, *le vôtre*	suus *le leur*

§ 64. Le possessif employé comme nom. Le possessif équivaut souvent à un **nom**. C'est une conséquence de la règle du § 32, 2°.

Au *neutre singulier* traduisez par : **bien, propriété.**
Au *neutre pluriel* traduisez par : **biens, richesses, actes, idées...**
Au *masculin pluriel* traduisez par : **parents, amis, soldats...**

Mea mecum porto. *Je porte mes biens avec moi.*
Meos diligo. *J'aime les miens (mes parents, mes amis...).*

NOTIONS COMPLÉMENTAIRES

I. **Personnels et possessifs renforcés.** *Les possessifs et les pronoms personnels sont parfois renforcés par des particules inséparables :*

suā**ptĕ** manu, *de sa propre main*

ego**mĕt,** *moi-même ;* tutĕ, tu**tĕmĕt,** *toi-même ;* se**mĕt**, *soi-même*

Les adjectifs possessifs peuvent être renforcés par des génitifs tels que : ipsius, solius, *etc.*

Mea solius culpa. *Ma propre faute (celle de moi seul).*

II. Emploi de suus dans une proposition quelconque.

1° suus *renvoie au sujet* (grammatical ou logique) :

Parentes liberos **suos** amant. *Les parents aiment leurs enfants.*

Furem paenitet furti **sui.** *Le voleur se repent de son larcin.*

2° *parfois* suus *ne renvoie pas au sujet :*

a) *quand il est à côté de* quisque *(chacun, chaque).*

Quid dulcius datum est quam **sui cuique** liberi ?

Qu'y a-t-il de plus doux pour chacun que ses enfants?

b) *après la préposition* cum, *avec.*

Magonem cum classe **sua** mittunt. *Ils envoient Magon avec sa flotte.*

c) *quand il a le sens de : son propre.*

Hunc sui cives e civitate ejecerunt.

Ses propres concitoyens l'ont chassé de la cité.

III. Emploi de suus dans une subordonnée.

1° *Si la subordonnée n'exprime pas la pensée ou les paroles du sujet de la principale,* suus *s'emploie pour renvoyer au sujet de la subordonnée :*

Hostes fugerunt cum **Marius suos** milites ostendit.

Les ennemis s'enfuirent lorsque Marius montra ses soldats.

2° *Si elle exprime la pensée ou les paroles du sujet de la principale,* suus *s'emploie pour renvoyer :*

a) *soit au sujet de la subordonnée :*

Dux milites hortabatur ut **suam** patriam defende**rent.**

Le chef exhortait les soldats à défendre leur patrie.

b) *soit au sujet de la principale :*

Orat te **mater** ut filio ignoscas **suo.**

La mère te prie de pardonner à son fils.

Remarque : Parfois *suus* renvoie non au sujet, mais à un complément de la principale, si la subordonnée exprime la pensée de ce complément :

A **Caesare** invitor ut ad latus **suum** veniam.

Je suis invité par César à venir à son côté.

Il est donc souvent délicat de trouver à quel nom suus *renvoie.*

§ 65. DÉMONSTRATIFS (*génitif* -ius (-jus) — *datif* -i)

	SINGULIER M.	F.	N.	PLURIEL M.	F.	N.
N.	**hĭc**	**haec**	**hōc**	**hī**	**hae**	**haec**
Ac.	hunc	hanc	hōc	hōs	hās	haec
G.	~	**hūjŭs**	~	hōrŭm	hārŭm	hōrŭm
D.	~	**hūic**	~	~	hīs	~
Ab.	hōc	hāc	hōc	~	hīs	~

HIC
(proximité ou 1re personne)

pronom : celui-ci
adjectif : ce (livre)-ci
mon : hic liber, *le livre que j'ai là, mon livre*

	M.	F.	N.	M.	F.	N.
N.	**istĕ**	**istă**	**istŭd**	**istī**	**istae**	**istă**
Ac.	istŭm	istăm	istŭd	istōs	istās	istă
G.	~	**istīus**	~	istōrŭm	istārŭm	istōrŭm
D.	~	**istī**	~	~	istīs	~
Ab.	istō	istā	istō	~	istīs	~

ISTE
(2e personne ou sens péjoratif)

pronom : celui-là
adjectif : ce (livre)-là
ton : iste liber, *ton livre*
ce mauvais : iste histrio, *ce mauvais acteur*

	M.	F.	N.	M.	F.	N.
N.	**illĕ**	**illă**	**illŭd**	**illī**	**illae**	**illă**
Ac.	illŭm	illăm	illŭd	illōs	illās	illă
G.	~	**illīus**	~	illōrŭm	illārŭm	illōrŭm
D.	~	**illī**	~	~	illīs	~
Ab.	illō	illā	illō	~	illīs	~

ILLE
(éloignement ou 3e personne)

pronom : celui-là
adjectif : ce (livre)-là
ce fameux : ille rex, *ce fameux roi* (sens emphatique)

	M.	F.	N.	M.	F.	N.
N.	**ĭs**	**ĕă**	**ĭd**	**ĕī** *(ĭī)*	**ĕae**	**ĕă**
Ac.	ĕŭm	ĕăm	ĭd	ĕōs	ĕās	ĕă
G.	~	**ējus**	~	ĕōrŭm	ĕārŭm	ĕōrŭm
D.	~	**ĕī**	~	~	ĕīs *(ĭīs)*	~
Ab.	ĕō	ĕā	ĕō	~	ĕīs *(ĭīs)*	~

IS
pronom : celui-là; **le, la, lui** (*pron. pers.* 3e *pers.* § 58, 1°)
adjectif : ce (livre)
antécédent du relatif : is (qui) : **celui** (qui), *l'homme (qui)*, *un homme (qui)*

	M.	F.	N.	M.	F.	N.
N.	*īdem*	*ĕădem*	*ĭdem*	ĕī(ĭī)*dem*[2]	ĕae*dem*	ĕă*dem*
Ac.	ĕum*dem*[1]	ĕam*dem*[1]	ĭ*dem*	ĕōs*dem*	ĕās*dem*	ĕă*dem*
G.	~	ējus*dem*	~	ĕōrum*dem*	ĕārum*dem*	ĕōrum*dem*[1]
D.	~	ĕī*dem*	~	~	ĕīs(ĭīs)*dem*[3]	~
Ab.	ĕō*dem*	ĕā*dem*	ĕō*dem*	~	ĕīs(ĭīs)*dem*[3]	~

1. *Ou :* eundem, eandem, eorundem, earundem. 2. *Ou :* īdem. 3. *Ou :* īsdem.

IDEM
adj. le même
pron. masc. : le même homme,
neutre : la même chose

N. ipsĕ ipsă ipsŭm — *Se décline sur* ille.
(Sauf pour le nom. et acc. neutre : *ipsum.*)

IPSE
(lui)-même
(etc. p. 37, I, 4°)

NOTIONS COMPLÉMENTAIRES

I. **Sens.**

1° **Hoc, id, illud.** Aux cas directs (nominatif et accusatif) *les pronoms neutres expriment souvent une idée précise :* cette nouvelle, cet acte... Aux autres cas *la même idée se rend par l'adjectif démonstratif accordé au mot* res *(chose). Ex. :* Hāc re territus. *Effrayé par cette nouvelle.*

2° **Hic... ille.** *Ces démonstratifs sont souvent employés symétriquement :*

a) hic *renvoie au dernier personnage nommé ;* ille *au premier nommé :*
Galli et Romani pugnant; hi vincunt, illi vincuntur.
Gaulois et Romains combattent ; ceux-ci l'emportent, ceux-là sont vaincus.

b) hic... ille... *signifie :* l'un... l'autre... *(sens indéfini) :*
Laborant; hic legit, ille scribit.
Ils travaillent ; l'un lit, l'autre écrit.

3° **Idem** exprime l'identité. *Mais il se rend parfois, selon le contexte, par des mots tels que:* de nouveau, à la fois, pourtant.
Vir innocentissimus idemque doctissimus.
Un homme irréprochable et en même temps très instruit.

4° **Ipse** *se rapporte à la* 3e *mais aussi à la* 2e *ou à la* 1re *personne. Il signifie d'ordinaire :* lui (toi, moi)-même, en personne.
Il peut signifier : spontanément, seul, précisément, *etc.*
Valvae se ipsae aperuerunt. *Les portes s'ouvrirent d'elles-mêmes*
Eo ipso die. *Précisément ce jour-là.*

II. **Le gallicisme : celui de.**

Le latin répète le nom si celui-ci doit être à un autre cas que dans le premier terme.

Les qualités de l'âme l'emportent sur *celles* du corps.
Animi dotes corporis dotibus praestant.

Autrement il ne le répète pas :

La vie des hommes est plus courte que *celle* des corneilles.
Brevior est vita hominum quam cornicum (= cornicum vita).

Parfois même la comparaison est abrégée :

Ingenia nostrorum hominum ceteris hominibus praestiterunt.
Les talents de nos concitoyens ont surpassé ceux des autres hommes.

Après la préposition cum, *on trouve ces deux dernières tournures :*

Confer Alexandri vitam cum Caesaris *(s. e.* vita*), ou* cum Caesare.
Compare la vie d'Alexandre à celle de César.

III. **Démonstratif renforcé.**

Il est parfois renforcé par la particule **-ce.**

Ex. : **hujusce, hosce.** *C'est cette particule, réduite à* -c, *qu'on trouve dans* hic, haec, hoc, *et dans* istic, istaec, istuc (= iste, ista, istud).

A la forme interrogative, on trouve hicine, haecine, hocine? (*au lieu de* hicne haecne, hocne?), *est-ce que celui-ci?*

RELATIFS

§ 66. Le relatif qui, quae, quod. La même forme sert à la fois de pronom *(qui, que, quoi, dont, lequel)* et d'adjectif *(lequel)*.

Sing.	M.	F.	N.	Pl. M.	F.	N.
Nom.	**qui**	**quae**	**quŏd**	**qui**	**quae**	**quae**
Acc.	**quĕm**	**quăm**	**quŏd**	**quōs**	**quās**	**quae**
Gén.	~~~	**cūjŭs**	~~~	**quōrŭm**	**quārŭm**	**quōrŭm**
Dat.	~~~	**cui**	~~~	~~~	**quĭbŭs**	~~~
Abl.	**quō**	**quā**	**quō**	~~~	**quĭbŭs**	~~~

§ 67. Le relatif et son antécédent. Le plus souvent le relatif est placé dans le corps d'une phrase, au commencement d'une proposition subordonnée; l'antécédent est avant lui, dans la principale.

Le pronom relatif a même nombre et même genre que son antécédent, qu'il remplace. Il n'a pas toujours le même cas, n'ayant pas toujours la même fonction.

Timeo **virum** (masc. sing. **c. d'objet**) **qui** venit. (masc. sing. **sujet**) *Je crains l'homme qui est venu.*

§ 68. Relatif sans antécédent. Parfois l'antécédent manque.

1. **qui** = *celui qui.*

Il faut rétablir l'antécédent sous la forme du pronom démonstratif *is, ea, id* de même nombre, même genre, et en général même cas que le relatif.

Qui (= is qui) bene amat, bene castigat. *Celui qui aime bien, châtie bien.*
Age **quod** (= id quod) agis. *Fais ce que tu fais.*

2. **qui** = et *celui-ci,* car *celui-ci...*

En tête de phrase on a souvent affaire à un relatif *de liaison.* Il équivaut alors à un démonstratif de même nombre, genre et cas *(précédé de :* et, mais, or, car, donc *selon le contexte).*

Quae vobis nota sunt. (= Ea...). *Et ces choses vous sont connues.*

§ 69. Relatif de sens indéfini. Quicumque, *quaecumque*, *quodcumque* se décline sur *qui; -cumque* reste invariable.

Pronom : *tout homme qui, quiconque ; tout ce qui* (neutre).
Adjectif : *quel que ; quelque... qui (que, dont).*

Qui*cumque* studet discit. *Tout homme qui étudie s'instruit.*
Quod*cumque* dico verum est. *Tout ce que je dis est vrai.*
Quas*cumque* urbes ceperat regi dedimus.
Nous avons donné au roi toutes les villes qu'il avait conquises.

NOTIONS COMPLÉMENTAIRES

I. Formes particulières.

1° *Chez certains écrivains on rencontre* quīs, *forme ancienne de* quibus; *et* quī *à l'ablatif singulier* (quicum = quocum).

2° *Les formes* quocum, quacum, quibuscum (*à rapprocher de* mecum, § 60, III) *remplacent le plus souvent :* cum quo, *avec qui*, etc...

II. Le relatif et son antécédent.

Accord. 1° *Le relatif qui a pour antécédents :*

a) 2 noms de personnes de genre différent, est au *masculin pluriel :*
Pater et mater, **qui** sunt boni... *Le père et la mère, qui sont bons...*

b) 2 noms de choses de genre différent, est au *neutre pluriel :*
Virtus et vitium, **quae** sunt contraria...
La vertu et le vice, qui sont opposés...

N. B. Le relatif ne s'accorde parfois qu'avec le nom le plus rapproché.

2° *Parfois le relatif s'accorde avec son* **attribut,** *et non avec son antécédent* (attraction, p. 105, III).

Alesia, **quod** est oppid**um** Mandubiorum,...
Alésia, qui est la cité des Mandubiens,...

Place. 1° *Quelquefois l'antécédent se trouve après la relative, dans la principale :*

Omnes, quos cupies, libros tibi dabo.
Je te donnerai tous les livres que tu voudras.

2° *Quelquefois l'antécédent se trouve après le relatif, et au même cas que lui, dans la subordonnée. Le relatif est alors adjectif :*

Quas scripsisti **litteras,** eae mihi jucundissimae fuerunt.
(= Litterae quas scripsisti mihi jucundissimae fuerunt).
La lettre que tu as écrite m'a été très agréable.

III. Le relatif de sens indéfini. *A* quicumque *il faut ajouter :*

1° **quisquis,** tout (homme) qui *qui fait aux nominatif et accusatif neut. sing. :* quidquid (*ou* quicquid); *à l'abl. sing. masc. et neut. :* quoquo; *les autres formes manquent. Même sens et emploi que* quicumque.

2° **utercumque,** celui des deux (quel qu'il soit) qui. *C'est un composé de* uter (§ 71). Uter *lui-même est parfois employé comme relatif :* celui des deux qui.

IV. Le relatif adverbial. *Les adverbes* **ubi, quō, unde, quā** (§ 133) *se comportent comme des relatifs avec ou sans antécédent.*

Ex eo loco **ubi...** *De l'endroit* où...
Morior **ubi** sum. *Je meurs (là)* où *je suis.*
Unde fit ut... De là *vient que...* (relatif de liaison).

INTERROGATIFS

§ 70. L'interrogatif quis, quae, quid. Sauf au nominatif singulier masculin et neutre ainsi qu'à l'accusatif singulier neutre, la même forme sert à la fois de pronom *(qui, que, quoi, lequel?)* et d'adjectif *(quel?)*.

Sing.	M.	F.	N.	Pl. M.	F.	N.
Nom.	**quĭs? quī?** *pr.* *adj.*	**quae?**	**quĭd? quŏd?** *pr.* *adj.*	**quī?**	**quae?**	**quae?**
Acc.	**quĕm?**	quăm?	quĭd? quŏd?	**quōs?**	quās?	quae?
Gén.	∼∼∼	**cūjŭs?**	∼∼∼	**quōrŭm?**	quārŭm?	quōrŭm?
Dat.	∼∼∼	**cuī?**	∼∼∼	∼∼∼	**quĭbŭs?**	∼∼∼
Abl.	**quō?**	quā?	**quō?**	∼∼∼	**quĭbŭs?**	∼∼∼

Quis legit? *qui lit?*
Quid legis? *que lis-tu?*

Qui puer legit? *quel garçon lit?*
Quod templum vides? *quel temple vois-tu?*

§ 71. Uter, pronom : *lequel (des deux)?* adjectif : *quel (des deux)?*

Nom.	**utĕr?**	**utră?**	**utrŭm?**
Acc.	utrŭm?	utrăm?	utrŭm?
Gén.	∼∼∼	**utrĭus?**	∼∼∼
Dat.	∼∼∼	**utrī?**	∼∼∼
Abl.	utrō?	utrā?	utrō?

Uter puerorum legit?
Lequel des deux garçons lit?

Uter puer legit?
Quel garçon (des deux) lit?

N. B. *Le pluriel est semblable à celui de* pulcher (§ 35).

§ 72. Autres interrogatifs, employés surtout comme adjectifs.

Qualis, is, e?	*quel? (de quelle sorte? de quelle qualité?)*
Quantus, a, um?	*quel? (de quelle grandeur?)*
Quam multi, ae, a?	*combien nombreux? combien de...?*
Quot? indéclinable	*combien nombreux? combien de...?*
Quotus, a, um?	*quel? (à quelle place dans une série?)*

Quota hora est? *Quelle heure est-il?*

§ 73. L'interrogatif exclamatif.

L'adjectif interrogatif peut être aussi exclamatif

Quam multi pueri! *Combien, que de garçons!*
Quantum periculum adiit! *Quel grand danger il a affronté!*
Qualis artifex! *Quel artiste!*

NOTIONS COMPLÉMENTAIRES

I. Particularités.

quis *remplace parfois* qui *comme adjectif, mais souvent avec une nuance de sens.*

Quis senator ? *Quel sénateur? (son nom?).*

Qui senator ? *Quel genre de sénateur? (caractère? origine? etc.).*

quī, *ancien ablatif employé comme adverbe, signifie :* comment ?

Qui fit ut... ? *Comment se fait-il que...?*

quid, accus. neut., *employé comme adverbe, signifie :* pourquoi ?

Quid ita ? *Pourquoi cela ?*

quisnam *se décline comme* quis *et signifie :* qui donc ?

ecquis (f. ecquae *ou* ecqua) *se décline comme* quis *et signifie :* est-ce que quelqu'un ? *(pr.)* ; est-ce que quelque... ? *(adj.).*

II. Emploi de uter.

uter, en général du singulier, *est au pluriel :*

a) *quand il s'agit de groupes*

Utri victi sunt ? *Lequel des deux partis fut vaincu ?*

b) *quand il se rapporte à un nom sans singulier*

Utra castra ? *Lequel des deux camps ?*

III. Les Corrélatifs.

Certains adjectifs interrogatifs sont en même temps des relatifs d'un type particulier. Ils sont annoncés par des adjectifs exprimant l'égalité avec lesquels ils sont en rapport étroit (cf. p. 138) :

Antécédent	Relatif	
talis, is, e	**qualis**, is, e	*tel... que*
tantus, a, um	**quantus**, a, um	*aussi grand... que*
tam multi, ae, a	**quam multi**, ae, a	*aussi nombreux... que*
tot (indécl.)	**quot** (indécl.)	*aussi nombreux... que*

Talis est filius qualis pater.
Le fils est tel que le père.
Talis erat qualem te esse video.
Il était tel que je te vois.

N. B. 1° *Souvent l'ordre de ces mots est inversé :* Qualis pater (est), talis filius. *Pour comprendre la phrase, il est commode de les remettre dans l'ordre ordinaire :* Filius est talis qualis pater. *Souvent on recourra à une traduction expressive :* tel père, tel fils.

2° *Parfois l'antécédent (facile à suppléer) manque. Alors* qualis = talis qualis, quantus = tantus quantus, quot = tot quot, *etc.*

De vera amicitia loquor, qualis eorum qui pauci nominantur fuit.
Je parle de la vraie amitié, telle que fut celle du petit nombre d'amis que l'on cite.

INDÉFINIS

§ 74. Quis et ses composés.

PRONOMS	ADJECTIFS
quĭs, quae (quă), quĭd **ălĭquis,** aliquă, aliquĭd **quispiam** quaepiam, quidpiam (ou quippiam) **quisquam,** (sans fém.), quidquam (ou quicquam) *quelqu'un, quelque chose*	**qui,** quae (quă), quŏd **ălĭqui,** aliquă, aliquŏd **quispiam,** quaepiam, quodpiam *quelque, un... quelconque*
quīvis, quaevis, quidvis **quilĭbet,** quaelĭbet, quidlibet *n'importe qui, n'importe quoi*	**quīvis,** quaevis, quodvis **quilibet,** quaelibet, quodlibet *n'importe quel, un... quelconque*
quīdam, quaedam, quiddam *un certain homme, une certaine chose*	**quīdam,** quaedam, quoddam *un certain, certain, un*
quisque, quaeque, quidque *chacun, chaque chose*	**quisque,** quaeque, quodque *chaque*

Remarques : *Quis* et *aliquis* s'emploient parfois comme adjectifs; *qui* et *aliqui* s'emploient parfois comme pronoms.
Aliquis fait *aliqua*, *quis* et *qui* font *quae* ou *qua* au nominatif féminin singulier et aux nominatif et accusatif neutres pluriels. Les autres indéfinis se déclinent comme *quis* interrogatif (§ 70).

§ 75. Indéfinis composés de uter (*gén.* utrius, *dat.* utri, § 71) :

ŭterquĕ	utrăque	utrumque	*chacun des deux, l'un et l'autre*
altĕrŭtĕr	alterutra	alterutrum	*l'un ou l'autre des deux*
utervīs	utravis	utrumvis	*n'importe lequel des deux*
uterlĭbĕt	utralibet	utrumlibet	*n'importe lequel des deux*
neuter	neutra	neutrum	*ni l'un ni l'autre des deux*

Remarques : *Ces indéfinis, en général du singulier, s'emploient au pluriel dans les conditions données pour* uter (p. 41, II).
Dans alteruter, *composé de* alter (§ 77) *et de* uter, *on peut décliner seulement* uter, *ou parfois les deux éléments. Ex. :* alterutrum, *ou* alter*um*utrum.

§ 76. Les pronoms négatifs nemo et nihil.

Nom.	nēmo	*personne ne...*	nĭhĭl (nīl)	*rien ne...*	
Acc.	nemĭnem	*personne*	nihil	*rien*	
Gén.	**nullīus**	*de personne*	**nullius rei**	de rien	*(d'aucune chose)*
Dat.	nemĭnī	*à personne*	**nulli rei**	à rien	*(à aucune chose)*
Abl.	**nullō**	*(par) personne*	**nullā re**	par rien	*(par aucune chose)*

Nemo *et* nihil *empruntent des formes à l'adjectif* nullus (§ 79 et p. 45, II).

NOTIONS COMPLÉMENTAIRES

I. Quis et ses composés.

1° **Quis...,** *quelqu'un ou quelque chose* (de supposé); *on.*

Dixerit quis. *Dirait quelqu'un, pourrait-on dire.*

Mot enclitique, il s'emploie en particulier après **num, ne, si** et ses composés, parfois **cum** *(toutes les fois que)* ou un **relatif.**

Ne quis nos metuat. *Qu'on ne nous craigne pas.*

2° **Aliquis...,** *quelqu'un ou quelque chose* (d'indéterminé); *on.*

Aliquis dicet. *Quelqu'un (je ne sais qui) dira.*

3° **Quisquam...,** *quelqu'un* toujours pronom (sans pluriel); l'adjectif correspondant est **ullus,** *quelque* (§ 79). Ils ne s'emploient que dans des phrases de valeur négative, où ils se traduisent par *personne* et *aucun.*

Nec quisquam venit. *Et personne n'est venu.*

Sine ullo domino. *Sans aucun maître.*

4° **Quidam...,** *un certain homme, une certaine chose* (qu'on connaît, mais qu'on ne précise pas).

Quidam dixit. *Un homme (que je ne préciserai pas) a dit.*

Traductions particulières de l'adjectif :

une sorte de... diluvies quaedam, *une sorte de déluge ; — particulièrement, vraiment :* magni quidam imbres, *des pluies vraiment fortes.*

5° **Quisque...,** *chacun,* ne s'emploie guère qu'après :

un réfléchi : suum cuique, *à chacun son bien*

un ordinal : decimus quisque, *un sur dix*

un superlatif : doctissimus quisque, *tous les plus savants*

un relatif ou *un interrogatif.*

Ailleurs, pour dire *chacun,* on emploie **unusquisque** ou **omnis.**

II. Les composés de uter s'emploient comme pronoms et comme adjectifs.

Utrique consulum. *A chacun des consuls.*

Utrique consuli. *A chaque consul.*

Ils sont, en général, au singulier (cf. p. 41, II).

Uterque imperat. *Chacun des deux commande ; tous les deux commandent.*

III. Nemo, masculin singulier : *personne ne ; ne... personne.*

Nemo venit. *Personne ne vient.* Neminem videt. *Il ne voit personne.*

Il est parfois employé comme adjectif avec le sens de **nullus.**

Vir nemo. *Aucun homme.*

Nihil, neutre sing. : *rien ne ; ne... rien.*

Nihil vidit. *Il n'a rien vu.*

Il est parfois employé dans le sens adverbial de *nullement, en rien.*

Catilinam nihil metuo. *Je ne crains nullement Catilina.*

N. B. *Non nemo, nemo non,* etc., § 131 — *Liaisons négatives :* et personne, etc., p. 79, II.

INDÉFINIS (suite)

§ 77. Les pronoms-adjectifs **alius** et **alter : autre.**

Sing.	M.	F.	N.	M.	F.	N.
Nom.	**alĭŭs**	**aliă**	**aliŭd**	**altĕr**	**altĕra**	**altĕrum**
Acc.	alĭum	aliam		alterum	alteram	
Gén.	**(alius)**[1]	**(alius)**	**(alius)**	**alterĭus**	**alterius**	**alterius**
Dat.	**aliī**	**alii**	**alii**	**alterī**	**alteri**	**alteri**
Abl.	alĭō	aliā	aliō	alterō	alterā	alterō
Plur.[2]	alii	aliae	alia...	alteri	alterae	altera...

1. *Rare. On emploie d'ordinaire* alterius.

2. *Le pluriel est celui des adjectifs de la* 1re *classe* (§§ 34, 35). *Pour l'emploi de* alter *au pluriel, voir* uter (p. 41, II).

§ 78. Sens et emploi de **alius** et **alter.**

1° Non répétés.

alius : *un autre (en parlant de plus de deux) ; autre, différent.*
alter : *l'autre, l'un (des deux) ; deuxième ;* parfois *autrui.*

Alius venit. *Un autre (homme) est venu.*
Alius factus es. *Tu es devenu différent.*
Ad alteram fluminis ripam. *Près de l'autre rive du fleuve.*
Alter consulum profectus est. *L'un des consuls partit.*

2° Répétés au même cas.

alius..., alius..., alius	alter..., alter...
l'un..., un autre..., un autre	*l'un..., l'autre...*

Alius legit, alius scribit, alius ridet. *L'un lit, un autre écrit, un autre rit.*
Alter legit, alter scribit. *L'un lit, l'autre écrit.*

§ 79. Indéfinis déclinés sur **unus** (*gén.* **unĭŭs**, *dat.* **unī**, § 82).

unus[1], una, unum	*un seul, seul*
ullus, ulla, ullum	*quelque, un*
nullus, nulla, nullum	*aucun... ne*
nonnullus[2], nonnulla, nonnullum	*quelque*
totus, tota, totum	*tout entier*
solus, sola, solum	*seul, unique*

1. Unus *a un pluriel s'il se rapporte à un nom sans sing. :* una castra, *un seul camp.*

2. Nonnullus *ou* non nullus. *Au pluriel* nonnulli, *plusieurs, quelques-uns ; il a pour équivalent* aliquot *(indéclinable). Sur* nullus non, § 131.

NOTIONS COMPLÉMENTAIRES

I. **Alius et alter répétés** à des cas différents *marquent :*

a) *la réciprocité.*

Alii alios adjuvant.
Ils s'aident mutuellement. (Les uns aident les autres.)
Alter alteri nocet.
Tous deux se nuisent l'un à l'autre. (L'un nuit à l'autre.)

N. B. La réciprocité s'exprime aussi par : *inter se* (p. 33, IV).

b) *la diversité :*

Alter altero more vivebat. *Ils vivaient tous deux d'une manière différente. (L'un vivait d'une manière, l'autre d'une autre.)*
Alii aliis rebus delectantur. *Les uns aiment une chose, les autres une autre.*

Remarques : 1° *Le français dédouble la phrase latine exprimant la diversité; on a souvent recours au mot :* différent.

2° *Dans l'expression de la diversité, un des deux* alius *est souvent remplacé par un adverbe de même radical :* aliter, etc.
Alii aliter sentiunt. *Les uns pensent d'une façon, les autres d'une autre.*

II. **Nullus et ullus.** Nullus *est avant tout un adjectif :* aucun, nul, inexistant; *il ne s'emploie guère, comme pronom, que pour suppléer* nemo *au génitif et à l'ablatif* (§ 76).

Ullus, *quelque, s'emploie surtout dans des phrases de valeur négative, où il prend le sens de* aucun (p. 43, I, 3°).

III. **Mots à plusieurs emplois.** *Outre le fait qu'ils peuvent être pronoms ou adjectifs, un certain nombre de mots peuvent jouer le rôle tantôt d'*indéfinis, *tantôt de* relatifs (mots subordonnants), *tantôt d'*interrogatifs, *d'où la nécessité d'une analyse stricte de la phrase latine. Citons :*

1° **uter** interrogatif : *lequel des deux?* (§ 71)
relatif : *celui des deux qui* (p. 39, III, 2°)
indéfini : *n'importe lequel des deux*

2° **quicumque** relatif : *tout (homme) qui...* (§ 69)
adj. indéfini : *n'importe quel*

3° autres composés de la particule **-cumque :**
qualiscumque (adj. relatif : *de quelque nature que ;* adj. indéfini : *n'importe quel*) — **quantuscumque** (adj. relatif : *si grand que ;* indéfini : *de n'importe quelle grandeur*) — **utercumque** (pr. relatif : *celui des deux, quel qu'il soit, qui ;* adj. indéfini : *l'un ou l'autre (des deux)*)

4° **quisquis,** relatif : *qui que ce soit qui* (p. 39, III, 1°)
indéfini : *n'importe quel, quelconque*

5° **quisque,** indéfini : *chacun, chaque* (§ 74 et p. 43, I, 5°)
(très rarement) relatif *(= quicumque, quisquis)*

§ 80. LES NUMÉRAUX

	CARDINAUX *presque tous indéclinables*	Chiffres romains		ORDINAUX **tous déclinables**
1	**ūnus, a, um**	I	1er	**prīmus, a, um**
2	**duŏ, duae, duo**	II	2e	**secundus** *ou* **alter**
3	**trēs, tres, tria**	III	3e	**tertius**
4	*quattuor*	IV ou IIII	4e	**quartus**
5	*quinque*	V	5e	**quintus**
6	*sex*	VI	6e	**sextus**
7	*septem*	VII	7e	**septĭmus**
8	*octō*	VIII	8e	**octāvus**
9	*nŏvem*	IX ou VIIII	9e	**nōnus**
10	*dĕcem*	X	10e	**dĕcĭmus**
11	*undĕcim*	XI	11e	**undecimus**
12	*duodecim*	XII	12e	**duodecimus**
13	*tredecim*	XIII	13e	**tertius decimus**
14	*quattuordecim*	XIV	14e	**quartus decimus**
15	*quindecim*	XV	15e	**quintus decimus**
16	*sedecim*	XVI	16e	**sextus decimus**
17	*septemdecim*	XVII	17e	**septimus decimus**
18	*duodēvīgintī* (2 *de* 20)	XVIII	18e	**duodēvīcēsimus**
19	*undeviginti* (1 *de* 20)	XIX	19e	**undevicesimus**
20	*vigintī*	XX	20e	**vīcēsĭmus**
21	*viginti* **unus** ou **unus** *et viginti*	XXI	21e	**vicesimus primus** *ou* unus et vicesimus
22	*viginti* **duo** ou **duo** *et viginti*	XXII	22e	**vicesimus alter** *ou* alter et vicesimus
29	*undetriginta*	XXIX	29e	**undetricesimus**
30	*trīgintā*	XXX	30e	**trīcesimus**
40	*quadrāginta*	XL	40e	**quadrāgēsimus**
50	*quinquaginta*	L	50e	**quinquagesimus**
60	*sexaginta*	LX	60e	**sexagesimus**
70	*septuaginta*	LXX	70e	**septuagesimus**
80	*octōginta*	LXXX	80e	**octōgesimus**
90	*nōnāginta*	XC	90e	**nōnāgesimus**
100	*centum*	C	100e	**centēsimus**
101	*centum* **unus**	CI	101e	**centesimus primus**
200	**ducenti, ae, ă**[1]	CC	200e	**ducentesĭmus**
300	**trecenti, ae, a**	CCC	300e	**trecentesimus**
400	**quadringenti, ae, a**	CCCC ou CD	400e	**quadringentesimus**
500	**quingenti, ae, a**	D ou IƆ	500e	**quingentesimus**
600	**sescenti, ae, a**	DC	600e	**sescentesimus**
700	**septingenti, ae, a**	DCC	700e	**septingentesimus**
800	**octingenti, ae, a**	DCCC	800e	**octingentesimus**
900	**nongenti, ae, a**	DCCCC ou CM	900e	**nongentesimus**
1 000	*mille*	M ou CIƆ	1 000e	**millēsimus**
2 000	**duo mīlia**	MM ou $\overline{\text{II}}$	2 000e	**bis millesimus**
3 000	**tria milia**	MMM ou $\overline{\text{III}}$	3 000e	**ter millesimus**
10 000	**decem milia**	$\overline{\text{X}}$ ou CCIƆƆ	10 000e	**decies millesimus**
100 000	**centum milia**	$\overline{\text{C}}$ ou $\lvert\overline{\text{I}}\rvert$	100 000e	**centies millesimus**
1 000 000	**decies centena mīlia**	$\lvert\overline{\text{X}}\rvert$	1 000 000e	**decies centies millesimus**

1. Le génitif pluriel des centaines est parfois en **um** : *ducentum* au lieu de *ducentorum*.

§ 81. LES NUMÉRAUX (suite)

	DISTRIBUTIFS **tous déclinables**	ADVERBES MULTIPLICATIFS *tous indéclinables*
I	**singuli, ae, a,** 1 par 1, chacun 1	*semel*, 1 fois
II	**bīni,** 2 par 2, chacun 2	*bis*, 2 fois
III	**terni,** 3 par 3, chacun 3, etc.	*ter*, 3 fois, etc.
IV	**quăterni**	*quater*
V	**quīni**	*quinquiēs* ou *quinquiens*
VI	**sēni**	*sexiēs* ou *sexiens*
VII	**septēni**	*septiēs* ou *septiens*
VIII	**octōni**	*octies* *etc.*
IX	**nŏvēni**	*nŏvies*
X	**dēni**	*decies*
XI	**undeni**	*undecies*
XII	**duodeni**	*duodecies*
XIII	**terni deni**	*terdecies*
XIV	**quaterni deni**	*quater decies*
XV	**quini deni**	*quindecies* ou *quinquies decies*
XVI	**seni deni**	*sexies decies*
XVII	**septeni deni**	*septies decies*
XVIII	**octoni deni** *ou* **duodēvīcēni**	*octies decies, duodevicies*
XIX	**noveni deni** *ou* **undeviceni**	*novies decies, undevicies*
XX	**vīcēni**	*vīcies*
XXI	**viceni singuli**	*semel et vicies*
XXII	**viceni bini**	*bis et vicies*
XXIX	**undetricēni**	*undetricies*
XXX	**trīcēni**	*trīcies*
XL	**quadrāgēni**	*quadrāgies*
L	**quinquageni**	*quinquagies*
LX	**sexageni**	*sexagies*
LXX	**septuageni**	*septuagies*
LXXX	**octōgeni**	*octōgies*
XC	**nonageni**	*nonagies*
C	**centēni**	*centies*
CI	**centeni singuli**	*centies semel*
CC	**dŭcēni**	*dŭcenties*
CCC	**trĕcēni**	*trĕcenties*
CD	**quadringēni**	*quadringenties*
D ou IↃ	**quingeni**	*quingenties*
DC	**sexceni**	*sexcenties*
DCC	**septingeni**	*septingenties*
DCCC	**octingeni**	*octingenties*
CM	**nongeni**	*nongenties*
M ou CIↃ	**singula milia**	*milies*
MM ou $\overline{\text{II}}$	**bina milia**	*bis milies*
MMM ou $\overline{\text{III}}$	**terna milia**	*ter milies*
$\overline{\text{X}}$ ou CCIↃↃ	**dena milia**	*decies milies*
$\overline{\lvert\text{I}\rvert}$	**centena milia**	*centies milies*
$\overline{\lvert\text{X}\rvert}$	**decies centena milia**	*decies centies milies*

Le génitif pl. des distributifs, sauf pour *singuli*, est ordinairement en **um** au lieu de *orum : binum*.

LES NUMÉRAUX (suite)

§ 82. Déclinaison de :

	unus			duo			tres			
N.	ūnŭs	ūnă	ūnŭm	dŭō	dŭae	dŭŏ	trēs	*(m.f.)*	trĭă	*(n.)*
A.	unŭm	unăm	unŭm	duōs *(duŏ)*	duās	duō	trēs	*(m.f.)*	trĭă	*(n.)*
G.	~~~	unĭus	~~~	duōrŭm	duārŭm	duōrŭm	~~~	trĭŭm	~~~	
D.	~~~	unī	~~~	duōbŭs	duābŭs	duōbŭs	~~~	trĭbŭs	~~~	
Ab.	unō	unā	unō	duōbŭs	duābŭs	duōbŭs	~~~	trĭbŭs	~~~	

Unus *a un pluriel* uni, ae, a (cf. *boni, ae, a,* § 34). *Pour l'emploi,* § 86, N. B.
Sur duo *on décline* **ambo, ae, o** = *tous les deux :* Ambo fratres. *Les deux frères.*

§ 83. Formation des nombres composés.

Dans chaque dizaine les deux dernières unités se forment par soustraction :

Duodetriginta. *Deux ôtés de trente,* 28. — Duodetricesimus, 28e.

Les autres unités, après vingt, s'expriment par addition. On dit :

Milites viginti unus *ou* Unus et viginti milites. *Vingt et un soldats.*

Au-dessus de cent, les nombres s'ajoutent d'ordinaire comme en français :

Mille centum viginti. *Mille cent vingt.*

Dans les ordinaux, tous les nombres composants ont la forme ordinale.

Millesimus nongentesimus quinquagesimus. *Mille neuf cent cinquantième.*

§ 84. Mille.

Le latin emploie, pour exprimer :

1 *mille* **mille** (adj. indéclinable)

Cum mille militibus. *Avec mille soldats.*

2, 3... *mille :* le nom neutre **milia, milium** (milliers), *suivi du génitif.*

Cum duobus milibus militum. *Avec 2 milliers de soldats, 2 000 soldats.*

§ 85. L'adjectif ordinal

indique un numéro d'ordre, que le français rend dans certains cas par un cardinal.

mensis tertius, *le troisième mois*
liber quartus, *le quatrième livre, le livre quatre*
Philippus quintus, *Philippe V.*

§ 86. Les distributifs.

Ils s'emploient :

1° pour exprimer l'idée de *un par un*, *chacun un*, *deux par deux,* etc...

Binos libros sumite. *Prenez chacun deux livres.*

2° au lieu des cardinaux, avec des noms sans singulier ou de sens spécial au pluriel.

Bina castra. *Deux camps.*

N. B. *Dans ce 2e emploi* trini *est utilisé au lieu de* terni; *et* uni *au lieu de* singuli.
Ex. : una castra, *un camp ;* trina castra, *trois camps.*

3° au lieu des cardinaux, dans les multiplications.

Ter **deni,** *trois fois dix.*

NOTIONS COMPLÉMENTAIRES

I. Zéro, un, deux...

Le zéro *n'existe pas dans la numération romaine. Cette idée s'exprime par des indéfinis tels que :* nullus, *aucun* (§ 79) ; ullus, quisquam (*dans des phrases de valeur négative*, p. 43, I, 3°), *aucun ;* nihil, *rien* (§ 76) ; neuter, *ni l'un ni l'autre* (§ 75).

Unus *n'est pas toujours un cardinal. Il entre dans la composition des nombres ordinaux* 21e, 31e, etc. *à la place de* primus *à condition qu'il précède la dizaine.*

21e : unus et vicesimus (*à côté de* vicesimus primus).

Prior, prius *(comparatif), s'emploie au lieu de* primus *(superlatif) pour désigner :* le premier *de deux.*

Alter, a, um (§ 77) *s'emploie :* 1° *pour désigner* le second *de deux (de même* posterior, § 49) ; 2° *au lieu de* secundus *dans les nombres tels que :* vicesimus alter, 22e, tricesimus alter, 32e, etc.

L'idée de tous les deux *est exprimée par l'indéfini* uterque (§ 75), *et aussi par* ambō, ae, ō, *tous les deux ensemble, décliné sur* duo *avec lequel il ne faut pas le confondre.*

Ambo fratres, uterque frater, *les deux frères.*

II. Emploi de milia.

Quand milia *est suivi de dizaines ou de centaines, le nom des objets n'est pas toujours au génitif ; on dit également :*

Militum duo milia ducenti pugnant.
Duo milia ducenti milites pugnant.
Deux mille deux cents soldats combattent.

N. B. Noter la place différente du nom dans l'un et l'autre exemple.

III. Pluralité non déterminée.

1° *De nombreux indéfinis expriment un nombre indéterminé d'individus :* nonnulli, ae, a ; aliquot *(indéclinable), quelques, quelques-uns ;* multi, ae, a, *nombreux, beaucoup de ;* pauci, ae, a, *peu nombreux, peu de ;* plerique, pleraeque, pleraque, *la plupart ;* omnes, es, ia, *tous ;* cuncti, universi, ae, a, *tous ensemble ;* ceteri, reliqui, ae, a, *tous les autres.*

2° *Il en est de même parfois pour certains numéraux :*
sescenti *: un grand nombre de, une foule de* (et non 600).

IV. Ordinaux employés adverbialement.

On distinguera :

primo, *premièrement ;* primum, *pour la première fois* — secundo, *deuxièmement* — tertio, *troisièmement :* tertium, *pour la troisième fois*, etc. — (pour la deuxième fois *se dit* iterum.)

V. Distributifs.

Ils sont parfois employés par les poètes et par les prosateurs non classiques dans le sens des cardinaux :

Septenis fistula cannis (Ov.). *La flûte aux sept roseaux.*

LES VERBES

§ 87. Temps primitifs. On appelle *temps primitifs* les formes données par les dictionnaires pour chaque verbe. De ces formes on tire les 3 **radicaux** d'où dérivent tous les temps : *radical du présent*, *radical du parfait*, *radical du supin.*

PRÉSENT			PARFAIT	SUPIN
Indicatif		*Infinitif*		
dele *o*	**dele** *s*	**dele** *re*	**delev** *i*	**delet** *um*
je détruis	tu détruis	détruire	j'ai détruit	pour détruire

§ 88. Conjugaisons régulières. Elles se reconnaissent aux 3 premières terminaisons des temps primitifs.

-o, ās, āre	**-eo, ēs, ēre**	**-io, īs, īre**	**-o, ĭs, ĕre**	**-io, ĭs, ĕre**
1re	2e	4e	3e	Mixte

§ 89. Voix. A côté de l'actif et du passif existe en latin une 3e voix, dite **déponente**, de forme passive et de sens actif.

amo, *j'aime ;*	amor, *je suis aimé ;*	**imitor,** *j'imite.*
actif	passif	déponent

§ 90. Modes. Le latin possède à l'actif deux modes impersonnels spéciaux : le *gérondif* et le *supin;* au passif un *adjectif verbal.*

En revanche il n'a pas de conditionnel. C'est le subjonctif qui en tient lieu : amavissem, *j'aurais aimé* (à côté de : *que j'eusse aimé*).

§ 91. Temps. 1° Le latin a des temps que le français n'a pas : *impératif futur*, *infinitif futur*, *participe futur.*

2° Par contre le latin n'a ni participe passé actif *(ayant aimé)*, ni participe présent passif *(étant aimé)*

3° Le parfait de l'indicatif latin joue à la fois le rôle du passé simple, du passé composé et du passé antérieur français :

delevi, *je détruisis*, *j'ai détruit*, *j'eus détruit.*

§ 92. Désinences des personnes :

	VOIX ACTIVE	VOIX PASSIVE	INDICATIF PARFAIT ACTIF (terminaisons spéciales)
Sing. 1re pers. *je*	-o *ou* -m	-or *ou* -r	-ī
2e pers. *tu*	-s	-rĭs (-rĕ)	-istī
3e pers. *il, elle*	-t	-tŭr	-ĭt
Plur. 1re pers. *nous*	-mŭs	-mŭr	-ĭmŭs
2e pers. *vous*	-tĭs	-mĭnī	-istĭs
3e pers. *ils, elles*	-nt	-ntŭr	-ĕrunt (-ērĕ)

NOTIONS COMPLÉMENTAIRES

I. **Les éléments des formes verbales.** *Les verbes des* 1re, 2e *et* 4e *conjugaisons ont le* radical du présent *terminé par une* voyelle longue : **amā, delē, audī** (conjugaisons en **-ā, -ē, -ī**), *ceux de la* 3e *conjugaison par une* consonne (*parfois par un* **u**) : **leg-** (conjugaison consonantique). *Certains verbes en* **-io** (conjugaison mixte) *se distinguent du type* audio *par leur voyelle* **-ĭ** (capĭs *à côté de* audīs) *qui devient* -ĕ *devant un* -r- : capĕre.

Dans les modes personnels, *au radical s'ajoutent le plus souvent les* désinences des personnes (§ 92) *soit directement :* ama-**s,** ama-**nt,** ama-**ris,** *soit par l'intermédiaire d'une voyelle :* leg-**i**-s, leg-**u**-nt, leg-**e**-ris. *Ces désinences, en dehors de l'indicatif présent, sont précédées de* suffixes *qui caractérisent les divers temps et modes :* ama-ba-s, *(indic. imparfait)* ama-re-s. *(subj. imparfait)*

L'impératif présent *offre à la* 2e *personne du sing. de l'actif* le radical pur, sans désinence *dans* amā, delē, audī ; *à la* 3e *conjugaison et à la mixte, les formes régulières comportent la terminaison* **-e** (legĕ, capĕ) *sauf dans :* dic *(dis)*, duc *(conduis)*, fac *(fais) et dans* fer *(porte). Au pluriel, la désinence de la* 2e *personne est* **-te** : *ama-te.*

Modes impersonnels actifs. Suffixes caractéristiques :

infinitif présent **-rĕ** (*primitivement* -se, *cf.* es-se ; s *devient* r *entre* 2 *voyelles,* cf. p. 19, II) : ama-re.

participe présent **-nt-** : amans, amantis.

gérondif **-nd-** : amandi.

II. **Répartition des temps dans la conjugaison.** *On distingue* 3 *séries de temps qui se forment respectivement sur :*

1° le radical du présent : *le présent, l'imparfait, le futur de tous les modes actifs et passifs* (sauf le futur de l'infinitif et du participe), *le gérondif et l'adjectif verbal. (Il y a* 5 *types de conjugaison pour cette série.)*

2° le radical du parfait : *les parfait, plus-que-parfait, futur antérieur actifs.*

3° le radical du supin : *le supin, le participe et l'infinitif futur actifs, le participe parfait passif, tous les temps composés passifs.*

III. **Le participe dans les temps composés.** *Dans les temps composés de l'auxiliaire* esse *et d'un participe (parfait ou futur), ce participe suit les règles de l'accord de l'attribut* (§ 178 et p. 105, I et II). *En particulier* amaturum (am, um) esse *et* amatum (am, um) esse, *des tableaux de conjugaison, pourront selon la phrase devenir* amaturus (a, um) *ou* amatus (a, um) esse.

§ 93. Le verbe SUM, es, esse, fui.

		INDICATIF	SUBJONCTIF et CONDITIONNEL	INFINITIF	PARTICIPE
RADICAL DU PRÉSENT	PRÉSENT	je suis sŭm ĕs est sŭmŭs estĭs sunt	que je sois, je serais (*potentiel*) sīm sīs sīt sīmŭs sītĭs sint	être essĕ	
	IMPARFAIT	j'étais ĕrăm erās erăt erāmŭs erātĭs erant	que je fusse, je serais (*irréel*) essĕm (fŏrem) essēs (fores) essĕt (foret) essēmŭs essētĭs essent (forent)		
	FUTUR	je serai ĕro erĭs erĭt erĭmŭs erĭtĭs er*u*nt		devoir être fŭtūrum (am, um) esse *ou* fŏrĕ	sur le point d'être futūrus (a, um)
RADICAL DU PARFAIT	PARFAIT	j'ai été, je fus, j'eus été fŭī fuistī fuĭt fuĭmŭs fuistĭs fuĕrunt ou *fuērĕ*	que j'aie été fŭĕrĭm fuerĭs fuerĭt fuerĭmŭs fuerĭtĭs fuerint	avoir été fuissĕ	
	PLUS-QUE-PARFAIT	j'avais été fŭĕrăm fuerās fuerăt fuerāmŭs fuerātĭs fuerant	que j'eusse été, j'aurais été fŭissĕm fuissēs fuissĕt fuissēmŭs fuissētĭs fuissent		
	FUT. ANTÉRIEUR	j'aurai été fŭĕro fuerĭs fuerĭt fuerĭmus fuerĭtis fuerint	IMPÉRATIF — PRÉSENT ĕs, *sois* estĕ, *soyez*	IMPÉRATIF — FUTUR estō, *sois* estō, *qu'il soit* estōtĕ, *soyez* suntō, *qu'ils soient*	

Les verbes composés de SUM

§ 94. Les verbes suivants, composés de **sum** précédé d'une préposition employée comme **préfixe,** se conjuguent exactement comme **sum.**

absum[1], *je suis loin* (*de*, ab + abl.)
adsum *je suis près* (*de*, datif)
dēsum, *je manque* (*à*, dat.)
insum, *je suis dans* (dat.)
intersum, *je participe* (*à*, dat.)
obsum, *je nuis* (*à*, dat.)
praesum, *je commande* (*à*, dat.)
supersum, *je survis* (*à*, dat.)

Ex. : adsum, ades, adesse, adfuī.

1. Absum *fait au parfait* āfui, *plutôt que* abfui.

§ 95. Possum, potes, posse, potui, *pouvoir.*

Dans les temps formés sur le radical du présent *(sauf l'infinitif présent et le subjonctif imparfait)* conjuguer *sum* précédé de :

pŏt, devant une voyelle; **pos,** devant une consonne.

Prosum, prodes, prodesse, profui, *être utile à.* Conjuguer *sum.*
Le préfixe est **prōd,** devant voyelle; **prō,** devant consonne.

	INDICATIF	SUBJONCTIF	INDICATIF	SUBJONCTIF
Prés.	je peux possum potes potest possumus potestis possunt	que je puisse, je pourrais *(potentiel)* possim possis possit possimus possitis possint	je suis utile prosum prodes prodest prosumus prodestis prosunt	que je sois utile.. prosim prosis prosit prosimus prositis prosint
Imp.	je pouvais poteram	que je pusse, je pourrais *(irréel)* possem, **posses**	j'étais utile proderam	que je fusse utile... prodessem, -esses
Fut.	je pourrai potero		je serai utile prodero	
Parf.	j'ai pu, je pus potui	que j'aie pu, je pourrais **potu**erim	j'ai été utile profui	que j'aie été utile profuerim
Pl. q. P.	j'avais pu **potu**eram	que j'eusse pu, j'aurais pu **potui**ssem	j'avais été utile profueram	que j'eusse été utile... profuissem
Fut. A.	j'aurai pu **potu**ero		j'aurai été utile profuero	

INFINITIF *Prés.* posse, *pouvoir*
Parf. potu isse, *avoir pu*
Pas de futur

Pas de gérondif, ni d'impératif, ni de participe, ni de supin.

INFINITIF
Prés. prod esse
Parf. profuisse
Fut. profuturum esse

IMPÉRATIF
Prés. prod es, -este
Fut. prod esto, -estote

PARTICIPE. *Futur :* profuturus, a, um.
Pas de présent. — Ni gérondif, ni supin.

§ 96. 1re CONJ. ACTIVE. — ămo, ās, āre, āvi, ātum

		INDICATIF	SUBJONCTIF et CONDITIONNEL	INFINITIF	PARTICIPE
RADICAL DU PRÉSENT	PRÉSENT	j'aime ămo amās amăt amāmŭs amātĭs amant	que j'aime, j'aimerais *(potentiel)* amĕm amēs amĕt amēmŭs amētĭs ament	aimer amārĕ	aimant amans, *amantis*
	IMPARFAIT	j'aimais amābăm amabās amabăt amabāmŭs amabātĭs amabant	que j'aimasse, j'aimerais *(irréel)* amārĕm amarēs amarĕt amarēmŭs amarētĭs amarent		
	FUTUR	j'aimerai amābo amabĭs amabĭt amabĭmŭs amabĭtĭs amabunt		RADICAL DU SUPIN devoir aimer amātūrum *(am, um)* esse	RADICAL DU SUPIN sur le point d'aimer amātūrus *(a, um)*
RADICAL DU PARFAIT	PARFAIT	j'ai aimé, j'aimai, j'eus aimé amāvī amavistī amavĭt amavĭmŭs amavistĭs amavĕrunt ou *amavērĕ*	que j'aie aimé amāvĕrĭm amavĕrĭs amavĕrĭt amavĕrĭmŭs amavĕrĭtĭs amaverint	avoir aimé amāvissĕ	**SUPIN** pour aimer amātum à aimer amātū
	PLUS-QUE-PARFAIT	j'avais aimé amāvĕrăm amaverās amaverăt amaverāmŭs amaverātĭs amaverant	que j'eusse aimé, j'aurais aimé amāvissĕm amavissēs amavissĕt amavissēmŭs amavissētĭs amavissent	GÉRONDIF *(déclinaison de l'infinitif)* *Gén.* amandī, *d'aimer* *Dat.* amandō, *à aimer* *Abl.* amandō, *en aimant* *Acc.* (ad) amandŭm, *(pour) aimer*	
	FUTUR ANTÉRIEUR	j'aurai aimé amāvĕro amavĕrĭs amaverĭt amavĕrĭmŭs amavĕrĭtĭs amaverint	IMPÉRATIF PRÉS. amā, *aime* amātĕ, *aimez* FUT. amātō, *aime* amātō, *qu'il aime* amātōtĕ, *aimez* amantō, *qu'ils aiment*		

§ 97. 1re CONJ. PASSIVE — ămŏr, āris, āri, ātus sum

	INDICATIF	SUBJONCTIF et CONDITIONNEL	INFINITIF	PARTICIPE
RADICAL DU PRÉSENT	je suis aimé ăm**ŏr** am**āris** *ou* amārĕ am**atŭr** am**amŭr** am**amĭnī** am**antŭr**	que je sois aimé, je serais aimé *(potentiel)* am**ĕr** am**ēris** *ou* amērĕ am**ētŭr** am**ēmŭr** am**ēmĭnī** am**entŭr**	être aimé am**ārī**	
	j'étais aimé am**ābăr** am**abāris** *ou* amabarĕ am**abātŭr** am**abāmŭr** am**abāmĭnī** am**abantŭr**	que je fusse aimé, je serais aimé *(irréel)* am**ārĕr** am**arēris** *ou* amarērĕ am**arētŭr** am**arēmŭr** am**arēmĭnī** am**arentŭr**		
	je serai aimé am**ābŏr** am***abĕris*** *ou* amabĕrĕ am**abĭtŭr** am**abĭmŭr** am**abĭmĭnī** am**abuntŭr**		devoir être aimé amātum īrī *(invariable)*	ADJECTIF VERBAL devant être aimé, à aimer am**andus** *(a, um)*
RADICAL DU SUPIN	je fus, j'ai été, j'eus été aimé amātŭs *(ă, ŭm)* sum amatus es amatus est amatī *(ae, ă)* sumus amati estis amati sunt	que j'aie été aimé amātŭs *(ă, ŭm)* sim amatus sis amatus sit amatī *(ae, ă)* simus amati sitis amati sint	avoir été aimé amātum *(am, um)* esse	ayant été aimé amāt**us** *(a, um)*
	j'avais été aimé amātŭs *(ă, ŭm)* eram amatus eras amatus erat amatī *(ae, ă)* eramus amati eratis amati erant	que j'eusse été aimé, j'aurais été aimé amātŭs *(ă, ŭm)* essem amatus esses amatus esset amatī *(ae, ă)* essemus amati essetis amati essent		
	j'aurai été aimé amātŭs *(ă, ŭm)* ero amatus eris amatus erit amati *(ae, ă)* erimus amati eritis amati erunt			

IMPÉRATIF

PRÉS. am**ārĕ**, *sois aimé*
am**āmĭnī**, *soyez aimés*
FUT.[1] amāt**ŏr**, *sois aimé*
amāt**ŏr**, *qu'il soit aimé*
aman**tŏr**, *qu'ils soient aimés*

1. très rare.

§ 98. 2e CONJ. ACTIVE — dēlĕo, ēs, ēre, ēvi, ētum

		INDICATIF	SUBJONCTIF et CONDITIONNEL	INFINITIF	PARTICIPE
RADICAL DU PRÉSENT	PRÉSENT	je détruis dēlĕo delēs delĕt delēmŭs delētĭs delent	que je détruise, je détruirais *(potentiel)* delĕăm deleās deleăt deleāmŭs deleātĭs deleant	détruire delērĕ	détruisant delens *delentis*
	IMPARFAIT	je détruisais delēbăm delebās delebăt delebāmŭs delebātĭs delebant	que je détruisisse, je détruirais *(irréel)* delērĕm delerēs delerĕt delerēmŭs delerētĭs delerent		
	FUTUR	je détruirai delēbo delebĭs delebĭt delebĭmŭs delebĭtĭs deleb*u*nt		**RADICAL DU SUPIN** devoir détruire delētūrum *(am, um)* esse	sur le point de détruire delētūrus *(a, um)*
RADICAL DU PARFAIT	PARFAIT	j'ai détruit, je détruisis, j'eus détruit delēvī delevistī delevĭt delevĭmŭs delevistĭs delevĕrunt ou *delevērĕ*	que j'aie détruit delēvĕrĭm deleverĭs deleverĭt deleverĭmŭs deleverĭtĭs deleverint	avoir détruit delēvissĕ	**SUPIN** pour détruire delētum à détruire delētū
	PLUS-QUE-PARFAIT	j'avais détruit delēvĕrăm deleverās deleverăt deleverāmŭs deleverātĭs deleverant	que j'eusse détruit, j'aurais détruit delēvissĕm delevissēs delevissĕt delevissēmŭs delevissētĭs delevissent		
	FUTUR ANTÉRIEUR	j'aurai détruit delēvĕro deleverĭs deleverĭt deleverĭmŭs deleverĭtĭs deleverint			

IMPÉRATIF

PRÉS. delē, *détruis*
delētĕ, *détruisez*

FUT. delētō, *détruis*
delētō, *qu'il détruise*
delētōtĕ, *détruisez*
delentō, *qu'ils détruisent*

GÉRONDIF
(déclinaison de l'infinitif)

Gén. delendī, *de détruire*
Dat. delendō, *à détruire*
Abl. delendō, *en détruisant*
Acc. (ad) delendŭm, *(pour) détruire*

§ 99. 2e CONJ. PASSIVE — dēlĕŏr, ēris, ēri, ētus sum

	INDICATIF	SUBJONCTIF et CONDITIONNEL	INFINITIF	PARTICIPE
RADICAL DU PRÉSENT	je suis détruit dēlĕŏr delērĭs *ou* delērĕ delētŭr delēmŭr delēmĭnī delentŭr	que je sois détruit, je serais détruit *(potentiel)* delĕăr deleārĭs *ou* deleārĕ deleātŭr deleāmŭr deleāmĭnī deleantŭr	être détruit delērī	
	j'étais détruit delēbăr delebārĭs *ou* delebārĕ delebātŭr delebāmŭr delebāmĭnī delebantŭr	que je fusse détruit, je serais détruit *(irréel)* delērĕr delerērĭs *ou* delerērĕ delerētŭr delerēmŭr delerēmĭnī delerentŭr		
	je serai détruit delēbŏr delebĕrĭs *ou* delebĕrĕ delebĭtŭr delebĭmŭr delebĭmĭnī delebuntŭr		devoir être détruit delētum īrī *invariable*	ADJECTIF VERBAL devant être détruit, à détruire delendus *(a, um)*
RADICAL DU SUPIN	je fus, j'ai été, j'eus été détruit delētŭs *(ă, ŭm)* sum deletus es deletus est delētī *(ae, ă)* sumus deleti estis deleti sunt	que j'aie été détruit delētŭs *(ă, ŭm)* sim deletus sis deletus sit delētī *(ae, ă)* simus deleti sitis deleti sint	avoir été détruit delētum *(am, um)* esse	ayant été détruit, delētus *(a, um)*
	j'avais été détruit delētŭs *(ă, ŭm)* eram deletus eras deletus erat delētī *(ae, ă)* eramus deleti eratis deleti erant	que j'eusse été, j'aurais été détruit delētŭs *(ă, ŭm)* essem deletus esses deletus esset delētī *(ae, ă)* essemus deleti essetis deleti essent		
	j'aurai été détruit delētŭs *(ă, ŭm)* ero deletus eris deletus erit delētī *(ae, ă)* erimus deleti eritis deleti erunt			

IMPÉRATIF

PRÉS. delērĕ, *sois détruit*
delēmĭnī, *soyez détruits*
FUT.[1] delētŏr, *sois détruit*
delētŏr, *qu'il soit détruit*
delentŏr, *qu'ils soient détruits*

1. très rare.

§ 100. 3e CONJ. ACTIVE — lĕgo, ĭs, ĕre, lēgi, lectum

		INDICATIF	SUBJONCTIF et CONDITIONNEL	INFINITIF	PARTICIPE
RADICAL DU PRÉSENT	PRÉSENT	je lis lĕgo legĭs legĭt legĭmŭs legĭtĭs legunt	que je lise, je lirais *(potentiel)* lĕgăm legās legăt legāmŭs legātĭs legant	lire lĕgĕrĕ	lisant lĕgens, *legentis*
	IMPARFAIT	je lisais lĕgēbăm legebās legebăt legebāmŭs legebātĭs legebant	que je lusse, je lirais *(irréel)* lĕgĕrĕm legerēs legerĕt legerēmŭs legerētĭs legerent		
	FUTUR	je lirai lĕgăm legēs legĕt legēmŭs legētĭs legent		RADICAL DU SUPIN devoir lire lectūrum (*am, um*) esse	sur le point de lire lectūrus (*a, um*)
RADICAL DU PARFAIT	PARFAIT	j'ai lu, je lus j'eus lu lēgī legistī legĭt legĭmŭs legistĭs legĕrunt ou *lēgērĕ*	que j'aie lu lēgĕrĭm legerĭs legerĭt legerĭmŭs legerĭtĭs legerint	avoir lu lēgissĕ	**SUPIN** pour lire lectum à lire lectū
	PLUS-QUE-PARFAIT	j'avais lu lēgĕrăm legerās legerăt legerāmŭs legerātĭs legerant	que j'eusse lu, j'aurais lu lēgissĕm legissēs legissĕt legissēmŭs legissētĭs legissent		
	FUTUR ANTÉRIEUR	j'aurai lu lēgĕro legerĭs legerĭt legerĭmŭs legerĭtĭs legerint			

IMPÉRATIF

PRÉS.	lĕgĕ[1], *lis*
	legĭtĕ, *lisez*
FUT.	legĭtō, *lis*
	legĭtō, *qu'il lise*
	legĭtōtĕ, *lisez*
	leguntō, *qu'ils lisent*

GÉRONDIF
(*déclinaison de l'infinitif*)

Gén. legendī, *de lire*
Dat. legendō, *à lire*
Abl. legendō, *en lisant*
Acc. (ad) legendŭm, (*pour*) *lire*

1. *Exceptions :* dic *(dis)*, *mais* dice *dans les composés de* dico.
duc *(conduis) ainsi que dans les composés de* duco (adduc, *amène*).

§ 101. 3e CONJ. PASSIVE — lĕgŏr, ĕris, lĕgi, lectus sum

	INDICATIF	SUBJONCTIF et CONDITIONNEL	INFINITIF	PARTICIPE
RADICAL DU PRÉSENT	je suis lu lĕg**ŏr** leg**ĕris** *ou* legĕrĕ leg**ĭtŭr** leg**ĭmŭr** leg**ĭmĭnī** leg**untŭr**	que je sois lu, je serais lu *(potentiel)* lĕg**ăr** leg**āris** *ou* legārĕ leg**ātŭr** leg**āmŭr** leg**āmĭnī** leg**antŭr**	être lu lĕg**ī**	
	j'étais lu lĕg**ēbăr** leg**ebāris** *ou* legebārĕ leg**ebātŭr** leg**ebāmŭr** leg**ebāmĭnī** leg**ebantŭr**	que je fusse lu, je serais lu *(irréel)* leg**ĕrĕr** leg**erēris** *ou* legerērĕ leg**erētŭr** leg**erēmŭr** leg**erēmĭnī** leg**erentŭr**		
	je serai lu lĕg**ăr** leg**ēris** *ou* legērĕ leg**ētŭr** leg**ēmŭr** leg**ēmĭnī** leg**entŭr**		devoir être lu lectum īrī *(invariable)*	ADJECTIF VERBAL devant être lu, à lire lĕg**endus** *(a, um)*
RADICAL DU SUPIN	je fus, j'ai été, j'eus été lu lectŭs *(ă, ŭm)* sum lectus es lectus est lectī *(ae, ă)* sumus lecti estis lecti sunt	que j'aie été lu lectŭs *(ă, ŭm)* sim lectus sis lectus sit lectī *(ae, ă)* simus lecti sitis lecti sint	avoir été lu lectum *(am, um)* esse	ayant été lu lect**us** *(a, um)*
	j'avais été lu lectŭs *(ă, ŭm)* eram lectus eras lectus erat lectī *(ae, ă)* eramus lecti eratis lecti erant	que j'eusse été, j'aurais été lu lectŭs *(ă, ŭm)* essem lectus esses lectus esset lectī *(ae, ă)* essemus lecti essetis lecti essent		
	j'aurai été lu lectŭs *(ă, ŭm)* ero lectus eris lectus erit lectī *(ae, ă)* erimus lecti eritis lecti erunt	IMPÉRATIF PRÉS. lĕg**ĕrĕ**, *sois lu* leg**ĭmĭnī**, *soyez lus* FUT.[1] leg**ĭtŏr**, *sois lu* leg**ĭtŏr**, *qu'il soit lu* leg**untŏr**, *qu'ils soient lus* 1. très rare.		

§ 102. 4e CONJ. ACTIVE — audĭo, īs, īre, īvi, ītum

RADICAL DU PRÉSENT

PRÉSENT

INDICATIF — j'entends

audĭo
audīs
audĭt
audīmŭs
audītĭs
audĭunt

SUBJONCTIF et CONDITIONNEL — que j'entende, j'entendrais *(potentiel)*

audĭăm
audĭās
audĭăt
audĭāmŭs
audĭātĭs
audĭant

INFINITIF — entendre

audīrĕ

PARTICIPE — entendant

audĭens, *audĭentis*

IMPARFAIT

INDICATIF — j'entendais

audĭēbăm
audĭebās
audĭebăt
audĭebāmŭs
audĭebātĭs
audĭebant

SUBJONCTIF et CONDITIONNEL — que j'entendisse, j'entendrais *(irréel)*

audīrĕm
audīrēs
audīrĕt
audīrēmŭs
audīrētĭs
audīrent

FUTUR

INDICATIF — j'entendrai

audĭăm
audĭēs
audĭĕt
audĭēmŭs
audĭētĭs
audĭent

RADICAL DU SUPIN

INFINITIF — devoir entendre

audītūrum *(am, um)* esse

PARTICIPE — sur le point d'entendre

audītūrus *(a, um)*

SUPIN

pour entendre — audĭtum

à entendre — audītū

RADICAL DU PARFAIT

PARFAIT

INDICATIF — j'ai entendu, j'entendis, j'eus entendu

audīvī
audivistī
audivĭt
audivĭmŭs
audivistĭs
audivērunt
ou *audivērĕ*

SUBJONCTIF — que j'aie entendu

audīvĕrĭm
audivĕrĭs
audivĕrĭt
audivĕrĭmŭs
audivĕrĭtĭs
audiverint

INFINITIF — avoir entendu

audīvissĕ

PLUS-QUE-PARFAIT

INDICATIF — j'avais entendu

audīvĕrăm
audiverās
audiverăt
audiverāmŭs
audiverātĭs
audiverant

SUBJONCTIF et CONDITIONNEL — que j'eusse entendu, j'aurais entendu

audīvissĕm
audivissēs
audivissĕt
audivissēmŭs
audivissētĭs
audivissent

FUTUR ANTÉRIEUR

INDICATIF — j'aurai entendu

audīvĕro
audivĕrĭs
audivĕrĭt
audivĕrĭmŭs
audivĕrĭtĭs
audiverint

IMPÉRATIF

PRÉS. audī, *entends*
audītĕ, *entendez*
FUT. audītō, *entends*
audītō, *qu'il entende*
audītōtĕ, *entendez*
audĭuntō, *qu'ils entendent*

GÉRONDIF
(déclinaison de l'infinitif)

G. audĭendī, *d'entendre*
D. audiendō, *à entendre*
Abl. audiendō, *en entendant*
Acc. (ad) audiendŭm, *(pour) entendre*

§ 103. 4e CONJ. PASSIVE — audĭŏr, īris, īri, ītus sum

	INDICATIF	SUBJONCTIF et CONDITIONNEL	INFINITIF	PARTICIPE
RADICAL DU PRÉSENT	je suis entendu audĭŏr audīrĭs *ou* audīrĕ audītŭr audīmŭr audīmĭnī audĭuntŭr	que je sois entendu je serais entendu *(potentiel)* audĭăr audiārĭs *ou* audiārĕ audiātŭr audiāmŭr audiāmĭnī audiantŭr	être entendu audīrī	
	j'étais entendu audiēbăr audiebārĭs *ou* audiēbārĕ audiebātŭr audiebāmŭr audiebāmĭnī audiebantŭr	que je fusse entendu je serais entendu *(irréel)* audīrĕr audirērĭs *ou* audirērĕ audirētŭr audirēmŭr audirēmĭnī audirentŭr		
	je serai entendu audĭăr audiērĭs *ou* audiērĕ audiētŭr audiēmŭr audiēmĭnī audientŭr		devoir être entendu audītum īrī *(invariable)*	ADJECTIF VERBAL devant être entendu à entendre audĭendus *(a, um)*
RADICAL DU SUPIN	je fus, j'ai été entendu j'eus été entendu audītŭs *(ă, ŭm)* sum auditus es auditus est auditī *(ae, ă)* sumus auditi estis auditi sunt	que j'aie été entendu audītŭs *(ă, ŭm)* sim auditus sis auditus sit auditī *(ae, ă)* simus auditi sitis auditi sint	avoir été entendu audītum *(am, um)* esse	ayant été entendu audītus *(a, um)*
	j'avais été entendu audītŭs *(ă, ŭm)* eram auditus eras auditus erat auditī *(ae, ă)* eramus auditi eratis auditi erant	que j'eusse été entendu j'aurais été entendu audītŭs *(ă, ŭm)* essem auditus esses auditus esset auditī *(ae, ă)* essemus auditi essetis auditi essent		
	j'aurai été entendu audītŭs *(ă, ŭm)* ero auditus eris auditus erit auditī *(ae, ă)* erimus auditi eritis auditi erunt	IMPÉRATIF PRÉS. **audīrĕ**, *sois entendu* **audīmĭnī**, *soyez entendus* FUT.[1] **audītŏr**, *sois entendu* **audītŏr**, *qu'il soit entendu* **audĭuntŏr**, *qu'ils soient entendus*		

1. très rare.

§ 104. CON MIXTE ACTIVE, căpĭo, ĭs, ĕre, cēpi, captum

RADICAL DU PRÉSENT

	INDICATIF	SUBJONCTIF et CONDITIONNEL	INFINITIF	PARTICIPE
PRÉSENT	je prends căpĭo capĭs capĭt capĭmŭs capĭtĭs capĭunt	que je prenne, je prendrais (potentiel) capĭăm capĭās capĭăt capĭāmŭs capĭātĭs capĭant	prendre capĕrĕ	prenant capĭens, capĭentis
IMPARFAIT	je prenais capĭēbăm capiebās capiebăt capiebāmŭs capiebātĭs capiebant	que je prisse, je prendrais (irréel) capĕrĕm caperēs caperĕt caperēmŭs caperētĭs caperent		
FUTUR	je prendrai capĭăm capiēs capiĕt capiēmŭs capiētĭs capient		**RADICAL DU SUPIN** devoir prendre captūrum (am, um) esse	sur le point de prendre captūrus (a, um)

RADICAL DU PARFAIT

	INDICATIF	SUBJONCTIF et CONDITIONNEL	INFINITIF	SUPIN
PARFAIT	j'ai pris... cēpī cepistī cepĭt cepĭmŭs cepistĭs cepĕrunt ou *cepērĕ*	que j'aie pris cēpĕrĭm ceperĭs ceperĭt ceperĭmŭs ceperĭtĭs ceperint	avoir pris cēpisse	SUPIN pour prendre captum à prendre captū
PLUS-QUE-PARFAIT	j'avais pris cēpĕrăm ceperās ceperăt ceperāmŭs ceperātĭs ceperant	que j'eusse pris j'aurais pris cēpissĕm cepissēs cepissĕt cepissēmŭs cepissētĭs cepissent	GÉRONDIF (*déclinaison de l'infinitif*) *Gén.* capĭendī, *de prendre* *Dat.* capiendō, *à prendre* *Abl.* capiendō, *en prenant* *Acc.* (ad) capiendŭm, (*pour*) *prendre*	
FUTUR ANTÉRIEUR	j'aurai pris cēpĕro ceperĭs ceperĭt ceperĭmŭs ceperĭtĭs ceperint	IMPÉRATIF PRÉS. căpĕ [1], *prends* capĭtĕ, *prenez* FUT. capĭtō, *prends* capĭtō, *qu'il prenne* capĭtōtĕ, *prenez* capĭuntō, *qu'ils prennent*		

1. *Exception :* fac *(fais), ainsi que dans les composés terminés par* -facio (calefacio : calefac, *réchauffe*).

§ 105. CON MIXTE PASSIVE, căpĭŏr, ĕris, căpī, captus sum

	INDICATIF	SUBJONCTIF et CONDITIONNEL	INFINITIF	PARTICIPE
RADICAL DU PRÉSENT	je suis pris căpĭŏr capĕrĭs *ou* capĕrĕ capĭtŭr capĭmŭr capĭmĭnī capĭuntŭr	que je sois pris, je serais pris *(potentiel)* capĭăr capiārĭs *ou* capiārĕ capiātŭr capiāmŭr capiāmĭnī capiantŭr	être pris căpī	
	j'étais pris capĭēbăr capiebārĭs *ou* capiebārĕ capiebātŭr capiebāmŭr capiebāmĭnī capiebantŭr	que je fusse pris, je serais pris *(irréel)* capĕrĕr caperērĭs *ou* caperērĕ caperētŭr caperēmŭr caperēmĭnī caperentŭr		
	je serai pris capĭăr capiērĭs *ou* capiērĕ capiētŭr capiēmŭr capiēmĭnī capientŭr		devoir être pris captum īrī *(invariable)*	ADJECTIF VERBAL devant être pris, à prendre capĭendus *(a, um)*
RADICAL DU SUPIN	je fus, j'ai été, j'eus été pris captŭs *(ă, ŭm)* sum captus es captus est captī *(ae, ă)* sumus capti estis capti sunt	que j'aie été pris captŭs *(ă, ŭm)* sim captus sis captus sit captī *(ae, ă)* simus capti sitis capti sint	avoir été pris captum *(am, um)* esse	ayant été pris captus *(a, um)*
	j'avais été pris captŭs *(ă, ŭm)* eram captus eras captus erat captī *(ae, ă)* eramus capti eratis capti erant	que j'eusse été, j'aurais été pris captŭs *(ă, ŭm)* essem captus esses captus esset captī *(ae, ă)* essemus capti essetis capti essent		
	j'aurai été pris captŭs *(ă, ŭm)* ero captus eris captus erit captī *(ae, ă)* erimus capti eritis capti erunt	IMPÉRATIF PRÉS. căpĕrĕ, *sois pris* capĭmĭnī, *soyez pris* FUT.[1] capĭtŏr, *sois pris* capĭtŏr, *qu'il soit pris* capĭuntŏr, *qu'ils soient pris* 1. très rare.		

NOTIONS COMPLÉMENTAIRES SUR LES VERBES

I. **Parfaits et supins.**

Les parfaits *latins sont de formation variée :*

1° parfaits en **-vi** ou **-ui :** amavi *(de amare) ;* cubui *(de cubare).*

2° parfaits en **-i,** *avec allongement du radical :* vēni *(de vĕnire).*

3° parfaits en **-i,** *avec redoublement de la 1re syllabe :* cucurri *(de currĕre).*

4° parfaits en **-si :** scripsi *(de scribĕre) ;* duxi (duc-si, *de ducĕre*).

Les supins *sont d'ordinaire en* **-tum :** amatum
A certains parfaits à redoublement, ou en -si, *ou en* -di, *répondent des supins en* **-sum :**

curro, is, ĕre, **cucurri,** cur**sum,** *courir*
maneo, es, ēre, man**si,** man**sum,** *rester*
fundo, is, ĕre, fud**i,** fu**sum,** *répandre.*

Tous les verbes n'ont pas un supin ; certains n'ont ni parfait ni supin.

II. **Formes abrégées ou contractes à l'actif.**

1° Dans les parfaits réguliers en -avi et en -evi, *et dans les temps qui en dérivent,* **-vi-** *peut se supprimer devant* **s; -ve-** *devant* **r.**

ama(vi)sti : amasti — ama(vi)sse : amasse
ama(ve)ram : amaram — dele(ve)runt : delerunt

De même pour novi (*de* nosco) : nosti, norunt, noram, nosse.

2° Dans les parfaits en -ivi, **-vi-** *peut se supprimer devant* s
-v- *seulement devant* er

audi(vi)stis : audistis — audi(v)erunt : audierunt.

N. B. **-ve-** *ne se supprime jamais dans les formes en* -vere (*pour* -verunt).

III. **Double forme des temps composés.**

1° *A côté de* amatus sum *on rencontre* amatus **fui.**
.......amatum (am, um) esse.....amatum (am, um) **fuisse.**

En principe il y a une différence de sens entre ces deux séries (p. 93, 3° d).

2° *De même on rencontre* amatus **fueram (fuero, fuerim, fuissem)** *à côté de* amatus eram (ero, sim, essem), *mais souvent, surtout à l'époque postclassique, sans la différence de sens indiquée ci-dessus.*

IV. **Suppression** de **esse** dans les temps composés.

1° **A l'actif,** *souvent* esse *est supprimé à l'infinitif futur :*

amaturum (am, um) [esse], *devoir aimer*
Apollo se id daturum respondet. *Apollon répond qu'il le donnera.*

NOTIONS COMPLÉMENTAIRES SUR LES VERBES *(suite)*

2° **Au passif.**

a) est *et* sunt *sont souvent supprimés au parfait de l'indicatif :*

amatus [est], *il fut aimé ;* auditae [sunt], *elles furent entendues*

Multi hostes caesi. *Beaucoup d'ennemis furent tués.*

b) esse *est parfois omis à l'infinitif parfait et avec l'adjectif verbal :*

amatum, am, um [esse], *avoir été aimé*

amandum, am, um [esse], *devoir être aimé*

Ferunt pictorem reprehensum. *On raconte qu'un peintre fut critiqué.*

Censeo delendam Carthaginem. *J'estime qu'il faut détruire Carthage.*

V. **Verbes actifs** ou **déponents.** *Certains verbes sont en même temps actifs et déponents :* luxurio *et* luxurior, *je suis luxuriant ;* mereo *et* mereor, *je mérite ;* assentio *ou* assentior, *j'approuve.*

De même on dit reverto *et* revertor, *je retourne. Mais les formes déponentes s'emploient plutôt au présent et aux temps qui en dérivent* (revertor, revertebar, revertar...). *Les formes actives s'emploient plutôt au parfait et aux temps qui en sont tirés* (reverti, reverteram, revertero).

VI. **Verbes personnels** ou **impersonnels.** *Certains verbes qui ont une conjugaison normale peuvent être employés impersonnellement ; ils ont alors un sens particulier :*

fio, *je deviens*	**fit,** *il arrive*
praesto, *je l'emporte sur*	**praestat,** *il vaut mieux*
expedio, *je débarrasse*	**expedit,** *il est utile*, etc.

VII. **Archaïsmes.**

1° Imparfait en **-i-bam** (*au lieu de* -i-ebam) *à la* 4ᵉ *conjugaison :*
scibat (*au lieu de* sciebat)

2° Gérondif en **-undi...** Adjectif verbal en **-undus, a, um** *à la* 3ᵉ *et à la* 4ᵉ *conjugaison, surtout après* -i *ou* une consonne :

audi**und**i, leg**und**us *au lieu de* audiendi, legendus

Ces formes se rencontrent très souvent chez Salluste et dans des expressions traditionnelles.

3° Infinitif présent passif ou déponent en **-ier** (*au lieu de* -i) :

lauda**rier** (laudari) ; fate**rier** (fateri) ; lab**ier** (labi) ; i**rier** (iri)

Il se rencontre surtout chez Lucrèce ; plus rarement chez Virgile et Horace.

4° Ancien futur antérieur en **-so :**

caps**o** (cepero) ; fa**xo** (*pour* facso = fecero)

5° Ancien parfait du subjonctif en **-sim.**

au**sim** (ausus sim), *j'oserais ;* fa**xim** (fecerim), *puissé-je faire !*

§ 106. CONJ. DÉPONENTES imitor, vereor, utor, blandior, patior

	1re	2e	3e	4e	Mixte
Suivre les conjugaisons passives correspondantes	imitor,	vereor,	utor,	blandior,	patior
	j'imite,	je crains,	je me sers de,	je flatte,	je souffre

		INDICATIF	SUBJONCTIF et CONDITIONNEL	INFINITIF	PARTICIPE
RADICAL DU PRÉSENT	PRÉSENT	j'imite... ĭmĭtŏr, ārĭs [1] ... vĕrĕŏr, ēris... ūtŏr, ĕris, ĭtur... blandĭŏr, īris... pătĭŏr, *tĕris*, tĭtur..	que j'imite, j'imiterais *(potent.)* imitĕr, ērĭs [1] ... verĕăr, āris... utăr, āris... blandĭăr, āris... patĭăr, tiāris	imiter... imitārī verērī utī blandīrī patī	imitant... *imitans* [2], *antis* *verens, entis* *utens, entis* *blandiens, entis* *patiens, tientis*
	IMPARFAIT	j'imitais... imitābăr, bārĭs [1] ... verēbar, baris... utēbar, baris... blandĭēbar, baris.. patĭēbar, baris...	que j'imitasse, j'imiterais *(irréel)* imitārĕr, rērĭs [1]... verērer, reris... utĕrer, reris... blandīrer, reris... patĕrer, reris...		**ADJECTIF VERBAL** [3] devant être imité imitandus (a, um) verendus... utendus... patiendus...
	FUTUR	j'imiterai... imitābŏr, bĕrĭs [1] ... verēbor, bĕris... utăr, ēris... blandĭăr, ērĭs... patĭăr, tiēris...		devoir imiter *imitātūrum* [2] *(am um) esse* De même : *verĭturum... esse* *(etc.)*	sur le point d'imiter *imitātūrus (a, um)* [2] *verĭturus (a, um)* *ūsurus (a, um)* *blandīturus (a, um)* *passurus (a, um)*
RADICAL DU SUPIN	PARFAIT	j'ai imité... imitātus sum verĭtus sum ūsus sum blandītus sum passus sum	que j'aie imité... imitātus sim verĭtus sim ūsus sim blandītus sim passus sim	avoir imité imitātum (am, um) esse *De même :* verĭtum... esse (etc.)	ayant imité imitātŭs (a, um) verĭtus... ūsus... blandītus... passus...
	PLUS-QUE-PARFAIT	j'avais imité... imitātus eram verĭtus eram ūsus eram blandītus eram passus eram	que j'eusse imité... j'aurais imité... imitātus essem verĭtus essem ūsus essem blandītus essem passus essem		**SUPIN** pour imiter *imitātum* [2] à imiter *imitātū* De même : *verĭtum, ūsum* *blandītum, passum*
	FUTUR ANTÉRIEUR	j'aurai imité... imitātus ero verĭtus ero ūsus ero blandītus ero passus ero	**IMPÉRATIF** PRÉS. imitārĕ, *imite* verēre utĕrĕ blandīrĕ patĕrĕ FUT. imitātŏr (très rare)	**GÉRONDIF** Gén. *imitandi* [2] = d'imiter Dat. *imitando* = à imiter Abl. *imitando* = en imitant Acc.*(ad) imitandum* = (pour) imiter De même : *verendi, utendi, blandiendi, patiendi, etc.*	

1. Au lieu de *-ris* on trouve souvent **-rĕ** à la 2e p. du sing. : *imitarĕ* = *imitaris*, etc...
2. Il existe quelques formes actives. Elles sont en italiques dans ce tableau.
3. Seul l'adjectif verbal en **-ndus** est de sens **passif** *(devant* être *imité)* ; blandior, *intransitif, n'a pas d'adjectif verbal.*

NOTIONS COMPLÉMENTAIRES

I. Analogies avec l'actif.

1° *Les verbes déponents ont partout le sens actif,* sauf dans l'adjectif verbal en -ndus.

2° *Ils possèdent quelques formes de la voix active :*

le participe présent	: imitans, antis, *imitant*
le gérondif	: imitandi, *d'imiter*
le supin	: imitatum, *pour imiter*
le participe futur	: imitaturus, a, um, *sur le point d'imiter*
l'infinitif futur	: imitaturum, am, um esse, *devoir imiter*

II. Analogies avec le passif.

1° *Ils ont toutes les formes de la voix passive,* sauf l'infinitif futur.

2° *Ils conservent le sens passif dans l'adjectif verbal en* -ndus :

imitandus, a, um, *devant être imité.*

Par suite cet adjectif verbal n'existe en principe que dans les déponents qui se construisent avec un complément d'objet à l'accusatif. Cependant il y a quelques exceptions que le dictionnaire indique. Ainsi :

utor (+ abl.), *je me sers de, fait* utendus, a, um, *devant être utilisé.*

III. Particularités.

1° *Certains verbes déponents ont un participe passé tantôt de sens actif, tantôt de sens passif.*

Confiteor : confessus { *ayant avoué* ou *avoué* } experior : expertus { *ayant éprouvé* ou *éprouvé* }

2° *Quelques verbes actifs ont un participe passé déponent (forme passive, sens actif).*

Adolesco : adultus, *ayant grandi.* Conjuro : conjuratus, *ayant conspiré.*

3° *Souvent les participes passés des déponents ont le sens de participes présents.* Vereor : veritus, *ayant craint* ou *craignant.* Reor : ratus, *croyant.*

4° *Noter la conjugaison irrégulière du verbe :* **orior,** orĕris, orīri, ortus sum, *naître, se lever (et de ses composés, sauf* adorior, *attaquer).*

Il appartient à la 4ᵉ conj., mais il a des formes de la 3ᵉ : orior, orĕris, orĭtur, orĭmur, orĭmini *(ind. prés.) ;* orĕre, orĭmini *(impér. prés.) ;* orĕretur, *à côté de* orīretur *(subj. imp.). — Le participe futur est* orĭturus.

5° Morior, moreris, mori, *mourir, dont le participe parfait est* mortuus, *fait au participe futur* moriturus.

VERBES SEMI-DÉPONENTS

§ 107. Quelques verbes sont *actifs* aux temps dérivés du présent, et *déponents* aux autres temps. On les appelle **semi-déponents** :

2ᵉ c.	**audeo,** es	audēre,	**ausus sum,**	*oser*
	gaudeo, es	gaudēre,	**gavīsus sum,**	*se réjouir*
	soleo, es	solēre,	**solĭtus sum,**	*avoir coutume*
3ᵉ c.	**fīdo,** is	fidĕre,	**fīsus sum,**	*se fier*
	confido, is	confidĕre,	**confisus sum,**	*avoir confiance*
	diffido, is	diffidĕre,	**diffisus sum,**	*se défier*

VERBES IRRÉGULIERS

§ 108. FIO, fis, fieri, **factus sum,** *je suis fait* ou *je deviens.*

Ce verbe sert de passif à **facio,** *je fais.* Sa conjugaison est un mélange de formes.

FORMES ACTIVES

INDICATIF	SUBJONCTIF
je suis fait, je deviens *Prés.* fīo fīs fīt fīmŭs fītĭs fīunt	que je sois fait je serais fait *(potentiel)* fīăm fīās fīăt fīāmŭs fīātĭs fīant
j'étais fait, je devenais *Imp.* fīēbăm	que je fusse fait je serais ait *(irréel)* fīĕrĕm
je serai fait, je deviendrai *Fut.* fīăm fīēs, etc.	

FORMES PASSIVES

INDICATIF	SUBJONCTIF
j'ai été fait je suis devenu *Parf.* factus sum	que j'aie été fait que je sois devenu factus sim
j'avais été fait *Pl. q. P.* factus eram	que j'eusse été fait j'aurais été fait factus essem
j'aurai été fait *Fut. A.* factus ero	

	INFINITIF
PARTICIPE parfait ayant été fait factus (a, um)	être fait devenir *Prés.* fĭĕrī
ADJECTIF VERBAL devant être fait faciendus (a, um)	avoir été fait être devenu *Parf.* factum (*am, um*) esse
	devoir être fait *Fut.* factum iri
	(devoir devenir [1] fŏrĕ) *ou* futurum (am, um) esse

N. B. 1. *Employé surtout pour l'impersonnel* **fit,** il arrive, *dans l'expression* fore ut *ou* futurum [esse] ut (*littéralement* qu'il arrivera que).

2. **Fio** *n'a pas de gérondif, de participe présent ni futur, pas de supin ; l'impératif* fi, fite *est rare et non classique.*

Passif des composés de facio.

I. *Les verbes terminés en* -facio *font leur passif sur* **fio**
patefacio, *j'ouvre ;* calefacio, *j'échauffe... font* patefio, calefio.

II. *Les verbes en* **-ficio** *font leur passif en* **-ficior** (sur *capior*)
conficio, *j'achève ;* interficio, *je tue... font* conficior, interficior.

§ 109. EO, is, ire, ii ou ivi, itum, *aller* (apparenté à la 4e conjugaison).

INDICATIF	SUBJONCTIF	INFINITIF	PARTICIPE
je vais	que j'aille, j'irais	aller	allant
Pr. **ĕo** īmŭs īs ītĭs ĭt **ĕunt**	**ĕăm** **ĕāmŭs** **ĕās** **ĕātis** **ĕăt** **ĕant**	*Pr.* īrĕ *Fu.* ĭtūrum... esse *Parf.* issĕ [1]	*Présent* Nom. **iens** Gén. **euntis** *Fu.* ĭtūrus (a, um)
Imp. **ībăm** *Fut.* **ībo** *Parf.* **īĭ** iĭmŭs istī[1] [illegible] iĭt iĕrunt (iēre) *Pl. q. P.* iĕram *Fut. A.* iĕro	īrĕm ĭerĭm issĕm[1]	IMPÉRATIF *P.* **ī**, va **ītĕ** *F.* **ītō** ītōtĕ ĕuntō	GÉRONDIF *gén.* **eundi** *dat.* **eundo** *abl.* **eundo** *acc.* (ad) **eundum** SUPIN : ĭtum ĭtu

1. *Les temps dérivés du parfait peuvent aussi être tirés de* īvi (*d'où* ivisti; ivissem; ivisse) *ou de* ĭi (iisti; iissem; iisse).

§ 110. Verbes composés de *eo*. (Parfait **-ii**, *mieux que* ivi.)

abeo, *je m'éloigne* — exeo, *je sors* — pereo, *je suis perdu*
redeo, *je reviens* — intereo, *je péris* — veneo, *je suis vendu*

Conjuguez aussi sur **eo :** quĕō, quīs, quīre, *je peux ;* nĕqueo, *je ne peux pas.*

§ 111. Passif de *eo.* **Eo** et plusieurs de ses composés sont intransitifs. Ils ne prennent la forme passive qu'au sens impersonnel (§ 125).

itur, *on va ;* redit**um** est, *on est revenu ;* eundum est, *il faut aller*
īrī *est l'infinitif* de itur *(passif impersonnel). Il s'unit aux supins pour former les infinitifs futurs passifs :* amatum iri (p. 55 *et suivantes*).

D'autres composés ont un sens transitif et s'emploient à tous les temps du passif : adeo, *j'aborde ;* transeo, *je traverse ;* ineo, *je vais dans, je commence.*

Alpes ab Hannibale transeu**ntur.** *Les Alpes sont traversées par Hannibal.*

§ 112. FERO, fers, ferre, **tuli, latum,** *je porte* (apparenté à la 3e conjugaison).

INDICATIF

	ACTIF *je porte*	PASSIF *je suis porté*
Prés.	fĕro	fĕrŏr
	fers	**ferrĭs**
	fert	**fertŭr**
	fĕrĭmŭs	fĕrĭmŭr
	fertĭs	fĕrĭmĭnī
	fĕrunt	fĕruntŭr
Imp.	*je portais* fĕrēbăm	*j'étais porté* fĕrēbăr
Fut.	*je porterai* fĕrăm, ēs...	*je serai porté* fĕrăr, ērĭs...
Parf.	*j'ai porté* tŭlī	*j'ai été porté* lātus sum
Pl.-q.-P.	*j'avais porté* tŭlĕrăm	*j'avais été porté* lātus eram
Fut. A.	*j'aurai porté* tŭlĕro	*j'aurai été porté* lātus ero

SUBJONCTIF

	A. *que je porte*	P. *que je sois porté*
Prés.	fĕrăm, ās...	ferăr, ārĭs...
Imp.	*que je portasse* **ferrĕm**, ferrēs...	*que je fusse porté* **ferrĕr**, ferrērĭs...
Parf.	*que j'aie porté* tŭlĕrĭm	*que j'aie été porté* lātus sim
Pl.-q.-P.	*que j'eusse porté* tŭlissĕm	*que j'eusse été porté* lātus essem

INFINITIF

Prés.	**ferrĕ**, *porter*	**ferrī**, *être porté*
Parf.	tŭlisse, *avoir porté*	lātum... esse, *avoir été porté*
Fut.	lātūrum... esse, *devoir porter*	lātum iri, *devoir être porté*

IMPÉRATIF

	porte, portez	*sois porté, soyez portés*
Prés.	**fĕr, fertĕ**	**ferrĕ**, fĕrĭmĭnī
Fut.	fertō, fertōtĕ, feruntō	

PARTICIPE

Prés. fĕrens, entis *Parf.* lātus (a, um)
Fut. lātūrus (a, um) *Adj. v.* fĕrendus...

GÉRONDIF : ferendi, o, um. — SUPIN : lātum, latu.

§ 113. Verbes composés de fero :

affero (attuli, allatum), *j'apporte*
aufero (abstuli, ablatum), *j'emporte*
confero (contuli, collatum), *je réunis*
effero (extuli, elatum), *j'emporte*
infero (intuli, illatum), *je porte dans*
offero (obtuli, oblatum), *j'offre*
rĕfero (rettuli ou retuli), *je rapporte*
rēfert, *impers.* (retulit), *il importe.*

§ 114. EDO, ĕdis (*ou* es), ĕdĕre (*ou* esse), **ēdi, ēsum,** *je mange* (3e) peut avoir certaines formes identiques à celles du verbe **esse,** *être.*

Ind. prés. *ĕdo, ĕdis* (**ēs**), *ĕdit* (**est**), *ĕdimus, ĕditis* (**estis**), *ĕdunt.*
Subj. imp. *ĕderem, ederes* (**essĕm, essēs...**). Impér. prés. *ĕde* (**ēs**), *edite* (**este**) ; fut. *ĕdito* (**esto**), *ĕditote* (**estote**). — Comedo, *je dévore, se conjugue sur* edo.

§ 115. VOLO, vis, velle, **volui,** *je veux;* **NOLO,** non vis, nolle, **nolui,** *je ne veux pas;* **MALO,** mavis, malle, **malui,** *je préfère.*
(apparentés à la 3e conjugaison.)

INDICATIF présent	je veux	je ne veux pas	je préfère
Prés.	vŏlo	*nōlo*	*mālo*
	vīs	*non vīs*	*māvīs*
	vult[1]	*non vult*	*māvult*
	vŏlŭmŭs	*nōlŭmŭs*	*mālŭmŭs*
	vultĭs[1]	*non vultĭs*	*māvultĭs*
	vŏlunt	*nōlunt*	*mālunt*
	je voulais		
Imp.	vŏlēbăm	*nōlēbăm*	*mālēbăm*
	j'ai voulu		
Parf.	vŏlŭī	*nōlŭī*	*mālŭī*
	j'avais voulu		
Pl.q.P.	vŏlŭĕrăm	*nōlŭĕrăm*	*mālŭĕrăm*
	je voudrai		
Fut.	vŏlăm, ēs...	*nōlăm*	*mālăm*
	j'aurai voulu		
F. A.	vŏlŭĕro	*nōlŭĕro*	*mālŭĕro*

SUBJONCTIF présent	que je veuille / je voudrais	que je ne veuille pas / je ne voudrais pas	que je préfère / je préférerais
	vĕlĭm	*nōlim*	*mālim*
	velīs	*nolīs*	*malīs*
	velĭt	*nolĭt*	*malĭt*
	velīmŭs	*nolīmus*	*malīmus*
	velītĭs	*nolītis*	*malītis*
	velint	*nolint*	*malint*
	que je voulusse		
	vellĕm, ēs	*nollĕm*	*mallĕm*
	que j'aie voulu		
	vŏlŭĕrĭm	*nōlŭĕrĭm*	*mālŭĕrĭm*
	que j'eusse voulu		
	vŏlŭissĕm	*nōlŭissĕm*	*mālŭissĕm*

INFINITIF			
	vouloir		
Prés.	**vellĕ**	*nollĕ*	*mallĕ*
	avoir voulu		
Parf.	vŏlŭissĕ	*nōlŭissĕ*	*mālŭissĕ*

Remarques : *Participe présent :* vŏlens, entis; nōlens, entis (malo *n'en a pas*). — *Pas d'impératif, sauf pour* nolo : nōlī, nōlītĕ (§ 159); *Fut.* nōlītō, nōlītōtĕ. — *Pas de gérondif.* — *Pas de supin.*

1. *Formes anciennes :* volt, voltis.

VERBES DÉFECTIFS

§ 116. Certains verbes manquent de parfait ou de supin ou des deux formes et de celles qui en dérivent. *Consulter le dictionnaire.*

§ 117. D'autres verbes sont encore plus incomplets :

1° **coepisse,** parfait qui se traduit par un passé (§ 118) et qui ne possède que les temps formés sur le radical du parfait.

2° **meminisse** et **odisse,** parfaits traduits par un présent (§ 119).

3° **inquam, aio** (§ 120); **fari,** dép., *parler, dire (employé en poésie).*

4° **quaesō**, quæsumus, *s'il vous plaît.*
salve *(pluriel :* salvete), *salut, bonjour ;* **ăve** *(pluriel :* avete) *salut, bonjour ;*
cĕdŏ (*pluriel* : cette), *donne, dis.*

§ 118. COEPISSE, *avoir commencé.*

coepi, isti...	*j'ai commencé*	**coepĕrim,** is...	*que j'aie commencé*
coepĕram, as...	*j'avais commencé*	**coepissem,** es...	*que j'eusse commencé*
coepĕro, is...	*j'aurai commencé*	Passif :	
		coeptus sum,	*je fus commencé*

N. B. 1. *Avec un infinitif* passif *le latin classique emploie* coeptus sum, eram, etc., *au lieu de* coepi, coeperam, *avec le sens de* j'ai commencé..., etc. :

Pons institui **coeptus est.**

On se mit à construire un pont. (Un pont commença à être construit.)

2. *Au présent, à l'imparfait et au futur, on utilise* incipio, is, ĕre, je commence.

§ 119. MEMINISSE, *se souvenir* et **ODISSE,** *haïr ;* le parfait se rend par un présent, le plus-que-parfait par un imparfait, le futur antérieur par un futur.

memĭni, isti...	*je me souviens*	**memĭnĕrim,** is...	*que je me souvienne*
memĭnĕram, as...	*je me souvenais*	**memĭnissem,** es...	*que je me souvinsse*
memĭnĕro, is...	*je me souviendrai*	**memento,** tote	*souviens-toi*
ōdi, isti...	*je hais*	**ōdĕrim,** is...	*que je haïsse*
ōdĕram, as...	*je haïssais*	**ōdissem,** es...	*que je haïsse*
ōdĕro, is...	*je haïrai*	Participe futur :	
		ōsurus,	*disposé à haïr*

§ 120. INQUAM, *dis-je.* AIO, *dis-je* et *je dis.*

Prés.	**inquam,**	*dis-je ;* inquis, *dis-tu ;* inquit, *dit-il ;* inquiunt, *disent-ils*
	āio,	*dis-je ;* ăis, *dis-tu ;* ait, *dit-il ;* aiunt, *disent-ils*
Imp.	**inquiēbat,**	*disait-il ;*
	aiēbam,	*disais-je ;* aiebas, *disais-tu ;* aiebat, *disait-il ;* aiebamus, *disions-nous ;* aiebatis, *disiez-vous ;* aiebant, *disaient-ils*
Fut.	**inquies,**	*diras-tu ;* inquiet, *dira-t-il*
Parf.	**inquisti,**	*as-tu dit ;* inquit, *a-t-il dit ;* **ait,** a-t-il dit.

N. B. Inquam *s'emploie toujours dans une proposition intercalée (incise).* — Aio *s'emploie tantôt comme* inquam, *tantôt avec le sens de :* je dis, j'affirme, je dis oui.

VERBES IMPERSONNELS

Comme en français on les emploie à la 3e personne du singulier de tous les temps et à l'infinitif

§ 121. Phénomènes atmosphériques.

fulgŭrat*, are, avit	*il y a des éclairs*
grandĭnat*, are, avit	*il grêle*
lucet, ēre, luxit	*il fait jour*
ningit*, ĕre, ninxit	*il neige*
pluit*, ĕre, pluit	*il pleut*
tonat*, are, tonuit	*il tonne*

§ 122. Verbes d'évidence, de convenance, de nécessité.

constat, are, constitit	*il est établi*
patet, ēre, patuit	*il est évident*
decet*, ēre, decuit	*il convient*
expĕdit, ire, -ivit	*il est avantageux*
juvat, āre, juvit	*il est agréable*
libet, ēre, libuit (libitum est)	*il plaît*
placet, ēre, placuit (placitum est)	*il paraît bon*
licet*, ēre, licuit (licitum est)	*il est permis*
praestat, are, praestitit	*il vaut mieux*
interest, esse, interfuit	*il importe*
rēfert, referre, retulit	*il importe*
oportet*, ēre, oportuit	*il faut*

Ces verbes ont souvent pour sujet réel un infinitif *ou* une proposition infinitive (§ 233) :

Sil**ēre** decet. *Il convient de se taire. (Se taire convient.)*
Puer**um** sil**ēre** decet. *Il convient que l'enfant se taise.*

§ 123. Verbes d'événement.

accĭdit, ĕre, accidit	*il arrive (par malheur)*
contingit, ĕre, contigit	*il arrive (par bonheur)*
evĕnit, ire, evēnit	*il arrive*
fit, fieri, factum est	*il arrive*
est, esse, fuit	*il arrive*

Ces verbes sont souvent suivis de ut + subjonctif (§ 236).

Fit ut puer legat. *Il arrive que l'enfant lise.*

N. B. *Les verbes marqués d'un astérisque s'emploient presque* uniquement *sous la forme* impersonnelle. *Les autres ont des conjugaisons complètes avec des sens très divers.*

VERBES IMPERSONNELS (suite)

§ 124. Expression de certains sentiments. Certains sentiments s'expriment par des verbes impersonnels :

me miseret *(pas de parfait)*	*j'ai pitié*
me paenitet, me paenituit	*je me repens*
me piget, me piguit	*je suis ennuyé*
me pudet, me puduit (me puditum est)	*j'ai honte*
me taedet, me pertaesum est	*je suis dégoûté.*

La construction de ces verbes est très particulière. On met à l'accusatif la personne qui éprouve le sentiment, et au génitif la cause de ce sentiment.

Me paenitet erroris mei. *Je me repens de mon erreur.*

Furem paenitet furti sui. *Le voleur se repent de son larcin.*

Remarques. 1. Pour rendre plus sensible le mécanisme de la construction, on commente chacun des cinq verbes impersonnels par une périphrase :

La pitié (le repentir, l'ennui, la honte, le dégoût) envahit...

2. L'infinitif de ces verbes est parfois amené par un autre verbe, tel que **incipio** *(je commence)*, ou **soleo** *(j'ai l'habitude)*, qui se présente alors lui-même sous la forme impersonnelle.

Incipit me pudēre. *Je commence à avoir honte (La honte commence à m'envahir.)*

§ 125. Passif impersonnel. Tous les verbes, transitifs **et intransitifs,** peuvent avoir à la 3e personne du singulier de tous les temps, et à l'infinitif, **des formes passives sans sujet.** Ces formes mettent en évidence l'action en elle-même. On les traduit en général en français par *On + v. actif.*

Pugnatur. *On combat. (L'action de combattre est faite ;* **il** *est combattu.)*
Curritur. *On court.*

Quand ces formes comportent un participe ou un adjectif verbal, celui-ci est naturellement neutre et singulier :

Pugnatum est. *On a combattu.*
Pugnandum est. *On doit combattre, il faut combattre.*
Dicis esse pugnandum. *Tu dis qu'il faut combattre.*

§ 126. PASSIF IMPERSONNEL

Curritur = *On court.*

	INDICATIF	SUBJONCTIF	INFINITIF
Présent	curritur *on court*	curratur *qu'on coure* *on courrait*	(dico) curri *(je dis) qu'on court*
Imparfait	currebatur *on courait*	curreretur *qu'on courût* *on courrait*	
Futur	curretur *on courra*		(dico) cursum iri *(je dis) qu'on courra*
Parfait	cursum est *on a couru*	cursum sit *qu'on ait couru*	(dico) cursum esse *(je dis) qu'on a couru*
Pl.-q.-parf.	cursum erat *on avait couru*	cursum esset *qu'on eût couru* *on aurait couru*	
Fut. ant.	cursum erit *on aura couru*		

Est currendum = *On doit (il faut) courir.*

	INDICATIF	SUBJONCTIF	INFINITIF
Présent	est currendum *on doit courir*	sit currendum *qu'on doive courir* *on devrait courir*	(dico) esse currendum *(je dis) qu'on doit courir*
Imparfait	erat currendum *on devait courir*	esset currendum *qu'on dût courir* *on devrait courir*	
Futur	erit currendum *on devra courir*		
Parfait	fuit currendum *on a dû courir*	fuerit currendum *qu'on ait dû courir*	(dico) fuisse currendum *(je dis) qu'on a dû courir*
Pl.-q.-parf.	fuerat currendum *on avait dû courir*	fuisset currendum *qu'on eût dû courir* *on aurait dû courir*	
Fut. ant.	fuerit currendum *on aura dû courir*		

LES ADVERBES

ADVERBES ET PARTICULES D'INTERROGATION

§ 127. Adverbes d'interrogation. Certains adverbes posent des questions sur le **lieu**, le **temps**, la **manière**, la **cause**, la **quantité**.

ubi? quō? *où?*
unde? *d'où?* **quā?** *par où?*
quando? *quand?*
quamdiu? *pendant combien de temps?*
quamdūdum? *depuis combien de temps?*
quotiēs? *combien de fois?*
quomŏdo? ut? *comment?*
quemadmŏdum? *comment?*
quamŏbrem? *pourquoi?*
quid? cur? quāre? *pourquoi?*
quin? *pourquoi ne... pas? que ne...?*
quam? quantum, i, o? *combien?*

La plupart peuvent prendre une valeur exclamative.

§ 128. Particules interrogatives. Certaines particules, comme l'expression **est-ce que?** en français, interrogent sur le verbe *(oui ou non?)* et non sur une circonstance.

I. **Interrogation simple.**

-nĕ : *est-ce que?* — Vidisti**ne** Romam? *As-tu vu Rome?*

On ne sait si la réponse sera *oui* ou *non*.

num : *est-ce que par hasard?* — Num insanis? *Est-ce que tu es fou?*

On a l'idée que la réponse sera *non*.

nonne : *est-ce que... ne... pas?* — Nonne amicus meus es? *N'es-tu pas mon ami?*

On a l'idée que la réponse sera *oui*, *si*.

Remarques : 1° **-nĕ** est *enclitique :* il se soude en général au premier mot de la phrase, celui sur lequel porte l'interrogation.

Vidisti**ne** Romam? *Est-ce que tu as vu Rome?*
Roma**mne** vidisti? *Est-ce Rome que tu as vu?*

2° Interrogation sans particule. *Parfois*, le ton *seul*, *comme en français, suffit à marquer l'interrogation.*

Clodius insidias fecit Miloni? *Clodius a-t-il tendu une embuscade à Milon?*

II. **Interrogation double.** L'interrogation est double, quand deux questions s'excluant l'une l'autre sont posées dans la même phrase :
utrum (*ou* **-nĕ**)**... an :** *est-ce que... ou bien est-ce que...?*

Utrum vigilas **an** dormis? Vigilas**ne an** dormis?

Est-ce que tu es réveillé ou est-ce que tu dors?

utrum... annon (*ou parfois* **necne**) : *est-ce que... ou non?*

Utrum vigilas **annon** [necne]? *Est-ce que tu es réveillé ou non?*

NOTIONS COMPLÉMENTAIRES

I. **Interrogation double.**

-ne 1° *Parfois,* -ne *s'ajoute à une interrogation double comprenant déjà* utrum.

Utrum legitne an scribit ?
(Laquelle chose des deux) Que fait-il : lit-il ou écrit-il?

2° *Parfois,* -ne *s'ajoute à une interrogation commençant par* uter ?

Uter leget, tune an ego ?
(Lequel des deux) Qui lira, toi ou moi?

absence de ne *ou de* **utrum.** *Parfois il n'y a pas de mot interrogatif dans le premier élément.*

Legit an scribit ? *Est-ce qu'il lit ou est-ce qu'il écrit?*

an 1° an *se répète quand l'interrogation comporte plus de deux questions s'excluant l'une l'autre.*

Utrum legit, an scribit, an dormit ?
Lit-il, ou écrit-il, ou dort-il ?

2° an *s'emploie parfois dans une interrogation simple avec un sens analogue à celui de* num : *est-ce que par hasard?*

An existimas... ? *Estimes-tu par hasard... ?*

II. **Interrogation indirecte.**

L'interrogation indirecte emploie les mêmes adverbes et particules que l'interrogation directe (sauf *annon* § 229).

III. **Réponse à une question.**

Pour répondre

oui, si 1° *on répète le verbe sous forme affirmative.*

Vidistine Romam ? — Vidi *(J'ai vu). Oui.*
Nonne vidisti Romam ? — Vidi *(j'ai vu). Si.*

2° *on répond par un des adverbes* ita, etiam, sic, vero.

Vidistine Romam ? — Ita *(Il en est ainsi). Oui.*

non 1° *on répète le verbe sous la forme négative ;*
2° *on répond par un adverbe tel que* minimē.

Vidistine ? — Non vidi *(Je n'ai pas vu).* — Minime *(Pas du tout).*

Remarque : *Parfois, c'est un autre mot que le verbe qu'on répète.*

Romamne vidisti ? / *Est-ce Rome que tu as vu ?* { Romam. *Oui, c'est Rome.* / Non Romam. *Non, ce n'est pas Rome.*

IV. **Adverbes d'affirmation et de doute.**

ita, etiam, *oui ;* **profectō, sanē,** *assurément ;* **sanē,** *vraiment ;* **nē** (à côté d'un pronom sujet), *certes ;* **certō,** *certes ;* **certē,** *du moins ;* **quidem, equĭdem,** *à la vérité ;* **immō,** *bien plus, même ;* **quin, quin etiam,** *bien plus, et même ;* **videlĭcet, scilĭcet,** *évidemment* (souvent ironique) ; **nimirum,** *sans doute ;* **forsan, forsĭtan** (suivis d'un subjonctif à l'époque classique), **fortassĕ,** *peut-être.*

ADVERBES DE NÉGATION

§ 129. 1° **non, haud** (moins fréquent), *ne... pas.*

Non legit. *Il ne lit pas.*
Haud dubito. *Je ne doute pas.*

2° **nē,** *ne pas* (négation du subjonctif de volonté, défense, souhait, etc.). Ne legat. *Qu'il ne lise pas.*

Ne confondez pas **-nĕ,** *interrogation,* **nē,** *négation,* **nē,** *conj. de subordination.*

§ 130. Combinés avec une conjonction de coordination ces adverbes deviennent :

1° **nĕque** *ou* **nĕc** (= et non), *et ne... pas, ni.*

Ludit **neque** legit. *Il joue et ne lit pas.*
Non ludit neque legit. *Il ne joue ni ne lit.*

neque (nec)... **neque** (nec), *ni... ni...*

Nec pater **nec** mater venit. *Ni le père ni la mère ne vient.*
Neque ludit **neque** legit. [Ni] *il ne joue ni* [il] *ne lit.*

2° **nēvĕ** (*ou* **neu**) (= et nē), *et ne... pas.*
Ne legat **neve** scribat. *Qu'il ne lise pas et qu'il n'écrive pas.*

§ 131. Négation double. En latin, dans la même proposition, deux négations se détruisent et valent une affirmation.

Non nescio. *Je n'ignore pas, je sais.*

Selon que *non* suit ou précède une autre négation, une même expression offre deux sens différents :

(affirmation généralisée)		(affirmation restreinte)	
nemo non	*tout le monde*	**non nemo**	*quelques-uns*
nihil non	*tout*	**non nihil**	*quelque chose*
nullus non	*tous*	**non nullus**	*quelque*
nunquam non	*toujours*	**nonnunquam**	*quelquefois*
nusquam non	*partout*	**nonnusquam**	*en quelques endroits*

Nemo non venit. *Il n'est personne qui ne soit venu, tout le monde vint.*
Non nemo venit. *Quelques-uns vinrent.*

§ 132. Autres adverbes négatifs.

nondum, *ne... pas encore*
nunquam, *ne... jamais*
non jam, *ne... plus*
nusquam, *ne... nulle part*
nē... quidem [1], *ne... pas même ; non plus*
mĭnĭmē, *ne... pas du tout*
nēquāquam, *nullement.*

Nunquam legit. *Il ne lit jamais.*
Jam non veniet. *Il ne viendra plus.*

1. Ne... quidem *encadre le mot sur lequel porte la négation.*
Ne in Gallia quidem.
Pas même en Gaule ou *en Gaule non plus* (selon le contexte).

NOTIONS COMPLÉMENTAIRES

I. **non** et **haud.** *Avec* **non** *la négation porte :*

1° sur une proposition, *quand* non *est en tête de phrase ou devant un verbe* (non = ne pas) :

Puer attentus non ludit. *L'élève attentif ne joue pas.*

2° sur un seul mot, *celui qui suit* (non = non, non pas) :

Puer non attentus tempus perdit. *L'élève non attentif perd son temps.*

Avec **haud** *la négation porte sur un seul mot, en général sur un adjectif ou sur un adverbe* (haud = non, non pas), *parfois sur un verbe (comme* dubitare, *douter,* scire, *savoir).*

Puer haud attentus, *un élève non attentif.* Haud procul, *non loin.*

II. **Liaisons négatives.**

A. **et non.** *Le latin emploie* et non *(et non pas) au lieu de* neque :

1° *si la négation porte sur le mot qui suit, et non sur le verbe de la proposition :*

Loquax et non attentus puer es.
Tu es un garçon bavard et non pas attentif.

2° *quand* et *a le sens de :* et pourtant *(étonnement, indignation) :*

Haec audis et non commoveris! *Tu entends cela et tu n'es pas ému!*

B. **nec** (neque) **unquam.** Le latin ne dit pas d'ordinaire :

et nunquam	mais	**nec unquam**	et... ne... jamais
et nusquam	mais	**nec usquam**	et... ne... nulle part
et nemo	mais	**nec quisquam**	et personne ne
et nihil	mais	**nec quidquam**	et rien ne
et nullus	mais	**nec ullus**	et aucun... ne

Abiit neque unquam rediit. *Il est parti et n'est jamais revenu.*

Remarque : *et nunquam* etc. s'emploient dans les mêmes conditions que *et non.*

C. **neve, neque.**

neve *s'emploie normalement après une première proposition contenant déjà* nē (§ 130, 2°).

neque *s'emploie aussi bien que* neve :

1° *après une première proposition affirmative :*

Legat neque scribat. *Qu'il lise et qu'il n'écrive pas.*

2° *dans les subordonnées introduites par* ut *de volonté ou de but avec le sens de* ni... ni... *On trouvera alors* ut... neque... neque... *ou* ut... neve... neve...

III. **Plusieurs négations ne se détruisent pas toujours** (§ 131). *Le sens négatif se conserve quand une première négation est* suivie dans la même proposition :

1° de **neque... neque...**

Nihil tam tutum nec fieri nec cogitari potest.
Rien d'aussi sûr ne peut être fait ni imaginé.

2° de **ne... quidem.**

Non praetereundum est ne id quidem.
Il ne faut pas omettre ce fait-là non plus.

ADVERBES DE LIEU

§ **133.** Certains **adverbes de lieu** sont formés sur des pronoms :

sur *interr.* quis	**UBI,** *Où* (est-on) ?	**QUO,** *Où* (va-t-on) ?	**UNDE,** *D'où* (vient-on) ?	**QUA,** *Par où* (passe-t-on)?
relatif qui	**ŭbi,** *...où*	**quō,** *...où*	**undĕ,** *...d'où*	**quā,** *...par où*
dém. hic	**hīc,** *ici*	**hūc,** *ici*	**hinc,** *d'ici*	**hāc,** *par ici*
iste	**istīc,** *là*	**istūc,** *là*	**istinc,** *de là*	**istāc,** *par là*
ille	**illīc,** *là-bas*	**illūc,** *là-bas*	**illinc,** *de là-bas*	**illāc,** *par là-bas*
is	**ĭbi,** *là, y*	**eō,** *là, y*	**inde,** *de là, en*	**eā,** *par là*
idem	**ibīdem** *au même endroit*	**eōdem,** *au même endroit*	**indĭdem** *du même endroit*	**eādem** *par le même endroit*
indéf. alius	**alĭbī** *ailleurs*	**aliō** *ailleurs*	**aliunde** *d'ailleurs*	**aliā** *par ailleurs*
(ali)quis [1]	**(ali)cŭbi** [1] *quelque part*	**(ali)quō** [1] *quelque part*	**(ali)cunde** [1] *de quelque part*	**(ali)quā** [1] *par quelque endroit*
quicumque	**ubĭcumque** *partout où*	**quōcumque** *partout où*	**undecumque** *de quelque endroit que*	**quācumque** *par quelque endroit que*
uterque		**utrōque,** des 2 côtés	**utrimque,** des 2 côtés	

(1) **Cubi, quo,..** *s'emploient pour* alicubi, aliquo... *après* **num, si, ne** (p. 43, I, 1°)
Numcubi ? *est-ce que quelque part?* — Si quo, *si quelque part.*

Noter aussi : **quatĕnus,** *jusqu'où ?* **hactenus,** *jusqu'ici ;* **eatenus,** *jusque-là.*

§ 134. Autres adverbes de lieu.

ubīque, *partout* (ubi ?)
undĭque, *de partout*
forīs, *dehors* (ubi ? unde ?)
forās, *dehors* (quo ?)

intus, *dedans* (ubi ?)
intrō, *dedans* (quo ?)
usquam, *quelque part*
nusquam, *nulle part*

passim, *çà et là*
procul, *au loin*
longē [1], *au loin*
latē [1], *au loin*

§ 135. Adverbes-Prépositions (§ 140, 141).

antĕ, *devant, avant*
post, *derrière, après*
ultrā, *au delà*

suprā, *au-dessus*
infrā, *au-dessous*
citrā, *en deçà*

circā, *à l'entour*
circum, *à l'entour*
propĕ [1], *près.*

Ces adverbes sont aussi des prépositions :

Prope sta. *Tiens-toi près.*
Prope janu**am.** *Près de la porte.*

1. *Compar. :* longius, latius, propius. *Superl. :* longissimē, latissimē, proximē.

ADVERBES DE TEMPS

§ 136. **hĕrī**, *hier*
cras, *demain*
hodiē, *aujourd'hui*
pridiē, *la veille*
postridiē, *le lendemain*
nuper [1], **modo**, *récemment*
nunc, *maintenant*
adhuc, *jusqu'à présent*
abhinc, *à partir de maintenant*
anteā, *auparavant*
posteā, *ensuite*
intereā, *pendant ce temps*
olim, *un jour*
aliquandō, *un jour*
quondam, *autrefois*
unquam [2], *quelque jour*
nunquam, *ne... jamais*
semper, *toujours*
saepĕ [1], *souvent*
plerumque, *la plupart du temps*
ferē, *presque toujours*
interdum, *de temps à autre*
semel, *une fois*
alias, *une autre fois*
diū [1], *longtemps*
interdiū, *pendant le jour*
noctū, *pendant la nuit*
denĭque, **postrēmo** [3], *enfin, à la fin*
tandem, *enfin, à la fin*
simul, *en même temps*
statim, *aussitôt*
tum, **tunc**, *alors*
repentĕ, **subĭtō**, *soudain*
jam, *déjà, maintenant, désormais*
non jam, *ne... plus*
nondum, *ne... pas encore*
quotidiē (cottidie), *chaque jour*
quotannis, *chaque année*, etc.

1. diu, *comparatif* diutius, *superlatif* diutissime. — saepe, *comparatif* saepius *superlatif* saepissime. — nuper, *superlatif* nuperrime.

2. unquam, *quelque jour*, se traduit aussi par *jamais* (cf. français : *Si jamais tu viens...*). — Il s'emploie aussi après une négation, au lieu de *nunquam*, pour laisser à la phrase le sens négatif (p. 79, II, § 235, N. B. et 241, N. B.).

3. denique, postremo *servent souvent à conclure une énumération.*

ADVERBES DE MANIÈRE

§ 137. Beaucoup d'adverbes de manière sont tirés d'adjectifs qualificatifs (§§ 52, 53) et forment un comparatif et un superlatif selon les indications de la page 31.

§ 138. Adverbes d'origines diverses.

admŏdum, *tout à fait*
alĭter, *autrement*
clam, *en cachette*
etiam, *même, aussi, encore*
ferē, *presque*
fortĕ, *par hasard*
frustrā, *en vain*
gratīs, *gratuitement*
injuriā, *injustement*
jurĕ, *avec raison*
meritō, *avec raison*
modŏ, *seulement*
omnīnō, *tout à fait*
palam, *ouvertement*
penĭtūs, *profondément*
praetereā, *en outre*
praesertim, *surtout*
quŏque, *aussi*
sīc, **ĭta**, *ainsi*
unā, *ensemble*
vix, *à peine, avec peine*

ADVERBES DE QUANTITÉ

§ 139. Comme en français, les adverbes de quantité peuvent porter non seulement sur le verbe, mais aussi sur un adjectif ou sur un autre adverbe.

minus laboras	minus doctus	minus docte
tu travailles moins	*moins savant*	*moins savamment.*

Quand la notion de quantité est *liée à un nom*, elle s'exprime **tantôt par un adverbe** (qui joue le rôle d'un nom neutre et peut avoir dans la phrase une fonction de sujet ou d'objet), **tantôt par un adjectif.**

Multum vini (bibis). *(Tu bois) beaucoup de vin.*
Multi cives, *beaucoup de citoyens (de nombreux citoyens).*
Magnus labor, *beaucoup de travail (un grand travail).*

A. L'adverbe porte sur

un verbe			**un adjectif** ou un **adverbe**	
tu travailles autant			*aussi savant*	
tantum	*laboras*	←autant, aussi→	**tam**	*doctus*
quantum	*laboras*	combien, comme, que	**quam**	*doctus*
paulum	*laboras*	un peu	**paulum** *doctus*	(rare)
parum	*laboras*	(trop) peu	**parum**	*doctus*
satis	*laboras*	assez	**satis**	*doctus*
nimis, nimium	*laboras*	trop	**nimis**	*doctus*
minus	*laboras*	moins	**minus**	*doctus*
minime	*laboras*	le moins, très peu	**minime**	*doctus*
magis	*laboras*	plus	**doctior** *(compar. § 39)*	
maxime	*laboras*	le plus, très→	**doctissimus** *(superl. § 43)*	
multum	*laboras*	←beaucoup, très→	**doctissimus** *(superl. § 43)*	

B. La notion de quantité est liée à un **nom**

	concret singulier (adverbe + génitif)		**concret pluriel** (adjectif + nom)		**abstrait** [1] (adjectif + nom)	
	beaucoup de vin		*de nombreux citoyens*		*un grand travail*	
beaucoup de	**multum**	*vini*	**multi**	*cives*	**magnus**	*labor*
autant de	**tantum**	*vini*	**tam multi** [2]	*cives*	**tantus**	*labor*
combien de	**quantum**	*vini*	**quam multi** [2]	*cives*	**quantus**	*labor*
un peu de	**paulum**	*vini*	**pauci** (quelques)	*cives*	**parvus**	*labor*
(trop) peu de	**parum**	*vini*	**nimis pauci**	*cives*	**nimis parvus**	*labor*
plus de le plus de	**plus** **plurimum**	*vini*	**plures** **plurimi**	*cives*	**major** **maximus**	*labor*
moins de le moins de	**minus** **minimum**	*vini*	**pauciores** **paucissimi**	*cives*	**minor** **minimus**	*labor*
trop de	**nimis, nimium**	*vini*	**nimis multi**	*cives*	**nimius**	*labor*
assez de	**satis**	*vini*	**satis multi**	*cives*	**satis magnus**	*labor*

1. *On peut employer aussi un adverbe accompagné du génitif :* multum laboris, *beaucoup de travail.*

2. *A côté de* tam multi *et* quam multi *on emploie aussi* **tot** *et* **quot,** invariables.

NOTIONS COMPLÉMENTAIRES

I. **Verbes d'estimation et de prix.** *Ces verbes sont accompagnés d'adverbes spéciaux à terminaison de génitif et d'ablatif* (p. 117, I) :

	ESTIMATION	PRIX
beaucoup, cher	magn**i**	magn**o**
autant, aussi cher	tant**i**	tant**i**
combien	quant**i**	quant**i**
peu, bon marché	parv**i**	parv**o**
plus, plus cher	plur**is**	plur**is**
le plus, le plus cher	plurim**i**	plurim**o**
moins, moins cher	minor**is**	minor**is**
le moins, le moins cher	minim**i**	minim**o**
trop, trop cher	nimis magn**i**	nimis magn**o**
assez, assez cher	satis magn**i**	satis magn**o**

Magni hunc librum putas. *Tu estimes beaucoup ce livre.*
Magno constat. *Il coûte cher.*
Tanti constat. *Il coûte autant (aussi cher).*

II. **Adverbes portant sur un comparatif.** Multō, tantō, quantō, paulō *s'emploient au lieu de* multum, tantum, quantum, paulum *avec un adjectif ou un adverbe* au comparatif *ainsi qu'avec des mots évoquant une idée de comparaison* (ante, post, alius, praestare, etc.) (p. 117, III).

Multo doctior, *beaucoup plus savant ;* multo post, *bien après.*

III. **Expressions corrélatives.** *Certains adjectifs et adverbes de quantité sont fréquemment employés deux à deux en corrélation pour exprimer l'égalité* (cf. pp. 41, III, 138 et 139).

tantus... quantus	*aussi grand... que*
tam multi... quam multi	*aussi nombreux... que*
tot... quot	*aussi nombreux... que*
tam... quam	*aussi... que*
tantum... quantum	*autant... que*
tanti... quanti	*aussi cher... que*
tanto... quanto	*d'autant (plus)... que (plus)*

Id tanti vendidit quanti aestimabat.
Il a vendu cet objet au prix qu'il l'évaluait.

N. B. Quanti *peut être en corrélation avec* tantum, quantum *avec* tanti, *la forme de l'adverbe dépendant du sens du verbe sur lequel il porte :*
Je l'aime autant que je l'estime.
Eum **tantum** (§ 139, A) diligo **quanti** (p. 83, I) aestimo.

IV. **Exclamatifs.** Tantum, tam, tot; quantum, quam, quot, quanti, quanto *introduisent souvent des exclamations.*

Quantum terroris injecit ! *Que de terreur il inspira !*

LES PRÉPOSITIONS

§ 140. Prépositions suivies de l'accusatif.

ad, *vers, pour, jusqu'à*
adversus, *en face de, contre*
ante, *devant, avant*
apud, *près de, chez*
circa, circum, *autour de*
cis, citrā, *en deçà de*
contrā, *en face de, contre*
ergā, *envers, à l'égard de*
extrā, *en dehors de*
infrā, *au-dessous de*
inter, *entre, parmi*
intrā, *en dedans de*
juxtā, *à côté de*
ob, *devant, à cause de*
penes, *au pouvoir de*
per, *à travers, pendant, grâce à*
post, *derrière, après*
praeter, *le long de, excepté*
prope, *près de*
propter, *à côté de, à cause de*
secundum, *le long de, après, selon*
suprā, *au-dessus de*
trans / **ultrā** } *au-delà de*

N. B. *Les prépositions soulignées peuvent être employées comme adverbes, c'est-à-dire sans être suivies de complément.*

§ 141. Prépositions suivies de l'ablatif.

ā[1], **ab**[2] *(en s'éloignant) de, par*
clam, *à l'insu de*
coram, *en présence de*
cum, *avec, en compagnie de*
dē *(du haut) de, au sujet de*
ē[1], **ex** *(en sortant) de, par suite de*
prae[3], *devant, en comparaison de*
prō, *devant, au lieu de, pour*
sinĕ, *sans*
tenus[4], *jusqu'à.*

1. Devant une *voyelle* ou *h* on n'emploie jamais **a** ni **e.**
2. Parfois aussi : **abs** (emploi rare à l'époque classique).
3. **prae** signifie *à cause de* dans une proposition négative.
4. **tenus** se place après son régime : Tauro tenus, *jusqu'au Taurus ;* il se construit aussi avec le génitif : lumborum tenus, *jusqu'aux reins.*

§ 142. Prépositions suivies de l'accusatif et de l'ablatif.

in { + abl., *dans, sur* (*question* ubi ?)[1] ; *au sujet de*
+ acc., *dans, sur* (quo ?)[1]; *en*[2]; *pour* (temps); *envers, contre*

sub { + abl., *sous* (ubi ?)[1]; *au moment de*
+ acc., *sous* (quo ?)[1]; *vers* (temps); *immédiatement après*

super { + abl., *au sujet de* (parfois, en poésie : *sur, au-dessus de*)
+ acc., *sur, au-dessus de, en plus de*

subter, *au-dessous de*, gouverne indifféremment les deux cas.

1. L'accusatif indique le lieu où on va; l'ablatif le lieu où on est (§ 189).
2. *in* + *acc.* peut exprimer, au figuré, un résultat auquel on parvient.
In pisc**em** mutatur. *Il se change en poisson.*

NOTIONS COMPLÉMENTAIRES

I. **Emploi des prépositions.** *Les prépositions sont très souvent, par leur origine, des adverbes de sens local plus ou moins étendu. Elles sont devenues des instruments très nuancés, souvent obligatoires, servant à présenter des noms (et pronoms) compléments circonstanciels à tel ou tel cas.*

circum, *autour* (adverbe); circum silvam, *autour de la forêt* (préposition).

Cependant

1° *l'emploi des prépositions ne s'est pas étendu à tous les compléments circonstanciels :* gladio, *par l'épée* (moyen);

2° *les prépositions ne sont jamais suivies, en latin, d'un infinitif, mais d'un gérondif ou d'un adjectif verbal* (§§ 219, 220) *:*

ad vincendum, *pour vaincre ;* ad vincendam Galliam, *pour vaincre la Gaule.*

Du latin au français l'emploi des prépositions s'étend encore. En français la préposition introduit bien d'autres fonctions que les compléments circonstanciels.

II. **Prépositions accidentelles.** *Certains noms et certains adverbes (outre ceux qui sont soulignés § 140) jouent parfois le rôle de prépositions :*

causā [1], *à cause de, en vue de, pour*
gratiā [1], *à cause de, pour l'amour de, pour*
locō, *à la place de, en guise de*
vicem, *à la façon de, pour le compte de*
instar, *sur le modèle de*
} avec le génitif.

Libertatis gratiā. *Pour l'amour de la liberté.*

pridie, *la veille*
postridie, *le lendemain*
} avec l'accusatif.

Pridie Kalendas. *La veille des Calendes.*

obviam, *à la rencontre de* — avec le datif.

Obviam amico. *A la rencontre d'un ami.*

1. *Des expressions telles que* tuā causā, vestrā gratiā *doivent s'interpréter comme :* tui causā, *pour toi ;* vestri gratiā, *pour vous, qui ne s'emploient pas.*

III. **Place des prépositions.** *Elles se placent d'ordinaire avant le complément qu'elles accompagnent. Cependant :*

1° cum, *accompagnant un pronom personnel, le suit toujours et se soude à lui. Il fait de même souvent pour un pronom relatif :*

Nobiscum, *avec nous* (§ 60). Quibuscum, *avec lesquels.*

2° *certaines prépositions sont parfois placées après le complément :*

Hunc circum, *autour de lui.*

3° Les prépositions monosyllabiques *qui introduisent un complément fait de 2 mots accordés s'intercalent souvent entre eux :*

Magnā cum curā. *Avec un grand soin.*

4° causā, gratiā, loco *sont toujours placés* après *le complément.*

N. B. Les poètes prennent avec la place des prépositions, comme avec l'ordre général des mots, de très grandes libertés.

LES CONJONCTIONS : I. DE COORDINATION

§ 143. Elles unissent des termes équivalents par la nature et la fonction, *par exemple :* 2 noms, 2 adjectifs, 2 propositions, 2 sujets, etc.

ET	**et, -quĕ, ac, atque**	*et*
OU	**aut, vel, -ve**	*ou*
NI	**neque, nec; — neve, neu** (§ 130)	*et... ne... pas, ni*
MAIS	**sed, verum; at**	*mais, mais alors*
	... vero, ... autem	*d'autre part, or, quant à*
	... tamen	*cependant*
CAR	**nam, ... enim; namque, etenim**	*car, en effet*
DONC	**ergo, ... igitur**	*donc, ainsi donc*
	itaque, quare, quamobrem, ideo, idcirco, quapropter, quocirca	*c'est pourquoi, aussi*

1. **et** et **vel**, *quand ils n'unissent pas des termes équivalents, sont adverbes.*
   et : *même, aussi.* Et ipse adfui. *Moi aussi j'ai été présent.*
   vel : *même, aussi.* Vel stertas licet. *Tu peux même ronfler.*
   peut-être. Domus vel notissima. *La maison peut-être la plus connue.*

2. **ac, atque** *se trouvent souvent, avec le sens de* que, *après des mots de comparaison* (p. 139, III) : alius ac, *autre que ;* idem ac, *le même que.*

3. *Devant une consonne* (*autre que* h) *on emploie* **ac** *et non* atque; *et, le plus souvent,* **nec** *et* **neu** *au lieu de* neque *et* neve.

4. **-que** et **-ve**, *enclitiques, se soudent à la fin du 2*e *terme :* pater filiusve.

5. **... vero, ... autem, ... enim** *ne se placent jamais en tête de la proposition;* **tamen** et **igitur** *y sont parfois.*

§ 144. Énumération. En latin pour énumérer on peut :

juxtaposer les divers termes : *pater, mater, filius...*
les relier par **et** : *pater* et *mater* et *filius...*
relier le dernier par **-que** : *pater, mater filius*que...

Asyndète. On appelle *asyndète (f.)* l'absence de lien conjonctif entre plusieurs éléments équivalents. De là, des formules telles que :

L. Pisone A. Gabinio consulibus. *Sous le consulat de Pison et Gabinius.*
Velim nolim, *que je le veuille* ou *non.*

§ 145. Expressions balancées (conjonctions ou adverbes).

et... et, *d'une part... et de l'autre*
aut... aut, *ou bien... ou bien*
vel... vel, *ou... ou*
sive (seu)... **sive** (seu), *soit... soit*
neque (nec)... **neque** (nec), *ni... ni*
neve (neu)... **neve** (neu...), *ni... ni*
modo..., modo, *tantôt... tantôt*
alias... alias, *tantôt... tantôt*
tum... tum, *tantôt... tantôt*
cum... tum, *d'une part... d'autre part*
non solum [1]**... sed etiam** [2], *non seulement... mais encore.*

1. *ou* non tantum; *ou* non modo. — 2. *ou* sed et; *ou* verum etiam.

II. DE SUBORDINATION

§ 146. Elles unissent une proposition subordonnée à une principale.

SUBORDONNÉES	CONJONCTIONS	MODES	SENS
objet	**ut** (uti)	*Subj.*	que
	nē, quin, quominus	*Subj.*	que... ne... pas, que ne
	neve (neu)	*Subj.*	et que... ne... pas
	quod	*Indic.*	ce fait que
but	**ut, quo**	*Subj.*	afin que
	nē	*Subj.*	afin que... ne pas
	neve	*Subj.*	et afin que... ne pas
conséquence	**ut, ita ut**	*Subj.*	de sorte que
	ut non, quin	*Subj.*	de sorte que... ne pas
temps	**ubi, ut, cum, quando**	*Ind.*	lorsque
	ubi (**ut**) **primum**	*Ind.*	aussitôt que
	simul ac (atque)	*Ind.*	aussitôt que
	quotiēs, si	*Ind.*	toutes les fois que
	postquam	*Ind.*	après que
	antĕquam, priusquam	*Ind., Subj.*	avant que
	dum, donec, quoad	*Ind.*	tant que, jusqu'à ce que
	dum, donec, quoad	*Subj.*	jusqu'à ce que
	cum (quom)	*Subj.*	comme, alors que
cause	**quod, quia**	*Ind., Subj.*	parce que
	quoniam, quando	*Ind., Subj.*	puisque
	cum	*Subj.*	puisque
	ut	*Ind.*	vu que
comparaison	**quam**	*Ind.*	que
	ut, velut(i), **sicut**(i)	*Ind.*	ainsi que
	prout, ut	*Ind.*	selon que
concession	**quanquam**	*Ind.*	quoique
	etsi, tametsi		*ou* bien que
	etiamsi	*Ind., Subj.*	même si, quand même
	cum, licet	*Subj.*	quoique
	quamvis	*Subj.*	quelque... que
condition	**si**	*Ind., Subj.*	si
	nisi	*Ind., Subj.*	si... ne pas, à moins que
	quasi, tanquam	*Subj.*	comme si
	sive (seu)... **sive** (seu)	*Ind.*	soit que... soit que
	ut	*Subj.*	à supposer que
	dum, modo, dummodo	*Subj.*	pourvu que
opposition	**nēdum**	*Subj.*	bien loin que

Plusieurs conjonctions sont aussi adverbes : ut (§ 275); ne (§ 129 et p. 77, IV); ubi (§ 278); quando (§ 278); quin (§ 127 et p. 77, IV); nisi (§ 256, N. B.)...

LES INTERJECTIONS

§ **147. Les interjections** sont des sortes de cris qui accompagnent avec des nuances diverses un mot, ou parfois une proposition complète.

ĕhŏ, heus, *holà !*	appel
age, agite, *allons !* **cĕdo,** *allons, voyons !* **eia, euge,** *courage !* **macte,** *courage, bravo !*	encouragement

heu, ēheu, *hélas !* **hei, ei,** *hélas !*	douleur
prō, proh, *oh ! ô !*	indignation
vae, *malheur !*	menace
vale *(pluriel* valete*), adieu !*	

āh ou **ā,** *ah, oh !* **ō,** *ô, oh, ah !* expriment des sentiments divers.

Remarque : Certaines de ces interjections sont d'anciennes formes verbales dégradées : **age,** *impératif du verbe* ago; **cedo,** *ancien impératif, en rapport avec le verbe* do; **vale,** *impératif du verbe* valeo (= *porte-toi bien*), etc.

Aux interjections proprement dites, il convient d'ajouter :

a) des particules démonstratives :

en, ecce, *voici* ou *voilà*

b) des jurons familiers :

hercule, hercle, mehercule, mehercle : *par Hercule !*
edepol, *par Pollux !* **ecastor,** *par Castor !*

§ **148. Le cas** du mot précédé d'une interjection ne dépend pas de l'interjection elle-même. Dans les phrases exclamatives sans verbe, le latin emploie le nominatif, le vocatif, le datif *(d'intérêt)*, l'accusatif dit *exclamatif ;* souvent cet accusatif exclamatif n'est pas précédé d'une interjection.

nominatif	O conservandus civis ! *O citoyen à conserver !*
vocatif	O mi puer ! *O mon cher enfant !* Pro supreme Juppiter ! *O grand Jupiter !*
accusatif	O fortunatos nimium agricolas ! *Trop heureux paysans !* Pro fidem deum et hominum ! *Au nom des dieux et des hommes !* Me miserum ! *Malheureux que je suis !*
datif	Vae victis ! *Malheur aux vaincus !* Hei mihi ! *Hélas (pour moi) !*

Remarque : en, ecce amènent un nominatif (**rarement** un accusatif).

Ecce lupus ! *Voici le loup !*

ecce peut introduire une proposition.

Ecce autem senem video ! *Mais voilà que j'aperçois le vieillard !*

LES MOTS DÉRIVÉS

§ **149. Les mots dérivés** sont faits d'un **radical**, qui exprime une idée générale, et d'un **suffixe**. Le suffixe donne au mot une forme grammaticale : nom, adjectif, adverbe, verbe, et pour chaque forme un sens particulier. Voici quelques suffixes très employés.

SUFFIXES	SENS	EXEMPLES
	Forment **des noms**	
-(t)or, -(s)or *fém.* **-trix**	*auteur d'une action*	venat-or, *chasseur* vena-trix, *chasseresse*
-io **-us** (*gén.* **-us**)	*action de...*	venat-io, *action de chasser, chasse* curs-us, *action de courir, course*
-or	*état*	tim-or, *crainte*
-ia, -itia **-tas, -tudo** **-tus** (*gén.* **-tutis**)	*qualité*	just-itia, *justice* fort-itudo, *courage* vir-tus, *vaillance*
-mentum **-trum**	*instrument*	orna-mentum, *ornement* ara-trum, *charrue*
-ulus, -culus	*diminutif*	riv-ulus, *ruisselet*
	Forment **des adjectifs**	
-ax	*tendance*	aud-ax, *enclin à oser, audacieux*
-ilis, -bilis	*aptitude, possibilité*	fac-ilis, *apte à être fait, facile*
-anus, -ensis	*origine*	Rom-anus, *de Rome, romain*
-alis, -aris	*relatif à*	milit-aris, *du soldat, militaire*
-eus	*matière*	aur-eus, *en or*
	Forment **des adverbes**	
-e **-ter** **-im, -tim**	*manière*	doct-e, *savamment* forti-ter, *courageusement* rapt-im, *précipitamment*
-ies (iens)	*multiplication*	dec-ies, *dix fois*
	Forment **des verbes**	
-tare, -itare, **-sare**	*répétition*	dic-tare, dict-itare, *répéter* pul-sare, *heurter*
-scĕre	*début d'une action*	no-scĕre, *apprendre à connaître*
-urire	*désir de*	es-urire, *avoir envie de manger*

LES MOTS COMPOSÉS

§ 150. Les mots composés sont formés *soit* de mots simples **juxtaposés**, *soit* d'un **préfixe** placé devant un mot simple ou un radical.

§ 151. Juxtaposition.

I. La juxtaposition fournit surtout des mots invariables :

antequam, priusquam, *avant que ;* postquam, *après que ;* etiamsi, *même si ;* etsi, *bien que ;* tanquam, *comme ;* atque, *et ;* propterea, *à cause de cela ;* quamobrem, *c'est pourquoi, pourquoi ?* quomodo, *comment ?* etc...

II. Elle fournit aussi quelques mots variables :
Pronoms, adjectifs, noms, dont on décline le premier ou le dernier des éléments, ou parfois les deux.

quisque, chacun : *gén.* **cujus**que ; *acc.* **quem**que ; *dat.* **cui**que...
alteruter, l'un ou l'autre : *gén.* alter**utrius ;** *acc.* alter**utrum,** etc. (Mais aussi : **alterius utrius, alterum utrum**...)
senatus**consultum,** décret du sénat : *gén.* senatus**consulti ;** abl. senatus**consulto**...
jusjurandum, serment : *gén.* ju**ris** jurand**i**, *abl.* ju**re** jurand**o**...
respublica, l'État : *gén.* **rei** public**ae**, *acc.* **rem** public**am**...

Verbes :

maledico, is, ĕre, maledixi, maledictum, *dire du mal de*
satisfacio, is, ĕre, satisfeci, satisfactum, *satisfaire à,* etc.

Remarques :

1° *Certains de ces composés peuvent s'écrire indifféremment en deux mots ou en un seul.*

2° *Les éléments constitutifs de certains mots composés se trouvent parfois présentés séparément dans la proposition :*

Paucis **post** diebus **quam** discesserat...
Peu de jours après qu'il était parti...
Ante hos sex menses **male,** ait, **dixisti** mihi.
Il y a six mois, tu as, dit-il, parlé mal de moi.

Ce procédé, souvenir d'un état ancien de la langue, est fréquent chez les poètes et porte le nom grec de tmèse.

III. Parfois ce sont des mots plus ou moins altérés, ou de simples radicaux qui forment le mot composé. Ainsi dans :

nunquam, *jamais* (*de* ne-unquam)
magnanimus, a, um, *généreux* (*de* magnus-animus)
animadverto, is, ere, *remarquer* (*de* animum-adverto)
agricola, ae, m., *paysan* (*de* ager-colĕre)
signifer, feri, m., *porte-enseigne* (*de* signum-ferre).

§ 152. Composition par préfixes. Elle fournit surtout des verbes.

I. Les préfixes ajoutent généralement au mot simple, sans modifier son espèce, une nuance de sens particulière :

prae, *à la tête ;* sum, *je suis ;* praesum, *je suis à la tête de, je commande.*

II. La plupart des préfixes sont en même temps prépositions :

ad, *près de ;* ab, *loin de ;* ex, *hors de ;* in, *dans*

Quelques-uns s'emploient uniquement comme préfixes :

in-, *négation ;* re-(red-), *en arrière ;* semi-, *à demi,* etc.

§ 153. Altérations.

a) **du préfixe.** La consonne finale de certains préfixes disparaît, ou se modifie *(s'assimile, s'accommode)* au contact d'un mot simple :

Disparition	*Assimilation*	*Accommodation*
ex, e-ducĕre, *faire sortir*	*ad,* **af**-ferre, *apporter*	*in,* im-par, *inégal*

N. B. *Les mots composés notamment avec* ad, in, ex *se présentent, selon les dictionnaires et les éditions, soit sous la forme assimilée, soit sous la forme primitive :* affero *et* adfero ; assiduus *et* adsiduus, etc.

b) **du radical.** La voyelle initiale du radical se modifie souvent en composition : ă *devient parfois* **i :** *făcĕre, jăcĕre* — conf**i**cĕre, inj**i**cĕre.

PRÉFIXE	SENS	PRÉFIXE PUR	PRÉFIXE ALTÉRÉ
ab (a, abs)	*éloignement*	abeo, *je m'éloigne*	averto, *je détourne*
ad (at, al, af, ar)	*rapprochement*	advenio, *j'arrive*	affero, *j'apporte*
amb-(am, an)	*des deux côtés*	ambio, *je vais autour*	anceps, *qui a deux têtes*
ante (anti)	*devant, avant*	antecedo, *je précède*	antisto, *je surpasse*
cum (con, cor, col, co)	*rassemblement*		corripio, *je saisis*
de	*du haut de, de*	depono, *je dépose*	
dis-(di, dif)	*séparation*	discurro, *je cours çà et là*	dimitto, *j'envoie çà et là*
ex (e, ef, ...)	*sortie*	exeo, *je sors*	ejicio, *je rejette*
in (im, ir, il)	*dans, sur*	ineo, *je vais dans*	irrumpo, *je me précipite*
in (im, ir, il)	*négation*	intrepidus, *sans crainte*	impar, *inégal*
ne (neg, nec, n)	*négation*	nescio, *je ne sais pas*	nunquam, *jamais*
ob (op, oc, of)	*en face de*	obsto, *je fais obstacle*	oppono, *j'oppose*
prae	*devant*	praesum, *je suis à la tête*	
re-(red)	{ *en arrière* { *à nouveau*	reduco, *je ramène* repleo, *j'emplis de nouveau*	redeo, *je reviens* redintegro, *je recommence*
se-	*séparation*	secerno, *je mets à l'écart*	
semi-	*à demi*	semideus, *demi-dieu*	
sub (suf, sus,...)	*sous*	subeo, *je vais sous*	suffigo, *je fixe sous*
super	*au-dessus de*	supersum, *je survis*	
ve, etc...	*privation*	vesanus, vecors, *insensé*	

N. B. *Certains mots sont à la fois composés et dérivés :* **eruptio.**

LES TERMES DE LA PROPOSITION

LE VERBE

EMPLOI DES PERSONNES

§ 154. L'emploi des personnes est, dans son ensemble, le même qu'en français. Mais le pronom sujet est rarement exprimé (§ 60).

I. 2e personne du singulier.

1° *Le pluriel de politesse n'existe pas. On tutoie tout le monde.*

Quid agĕre destin**as,** o rex ? *Que décidez-vous de faire, ô roi ?*

2° *Au subjonctif, la 2e personne du singulier s'emploie parfois avec la valeur de :* on

Credas, *on croirait ;* crederes, *on aurait cru.*

même dans des cas où l'indicatif s'imposerait (p. 149, III) :

Ubi intend**eris** ingenium, valet.

Quand on tend les ressorts de l'esprit, il est fort.

II. 3e personne du pluriel. *Avec les verbes* dire, raconter, *la 3e personne du pluriel sans sujet exprimé équivaut souvent au francais :* on

Dicunt, *on dit ;* ferunt, *on rapporte ;* memorant, *on rappelle.*

EMPLOI DES TEMPS

§ 155. Ils expriment, selon leur radical, deux aspects de l'action :

1° **action non terminée**, en cours d'accomplissement :

(dans le présent) **présent**	deleo, *en ce moment je détruis, je suis en train...*
(dans le passé) **imparfait**	delebam, *à ce moment je détruisais...*
(dans l'avenir) **futur**	delebo, *plus tard je détruirai...*

2° **action terminée :**

(dans le présent) **parfait**	delevi, *en ce moment j'ai détruit, j'ai fini...*
(dans le passé) **plus-q.-parf.**	deleveram, *à ce moment j'avais détruit...*
(dans l'avenir) **futur antér.**	delevero, *plus tard j'aurai détruit...*

I. **Emplois particuliers des temps de l'indicatif.**

1° **Le présent.**

a) Présent d'effort. *Il indique une action que l'on essaie de faire :*

Domum vendo. *Je cherche à vendre ma maison.*

b) Futur prochain. *Parfois le présent indique une action imminente :*

Mox abeo. *Je pars (je vais partir) bientôt.*

c) Présent historique ou de narration. *Dans un récit, il remplace souvent le parfait et présente le passé d'une manière plus vivante :*

Postero die castra movent. *Le lendemain ils lèvent le camp.*

2° **L'imparfait.** *a*) Imparfait d'effort :

Domum vendebam. *Je cherchais à vendre ma maison.*

b) Imparfait épistolaire. *Il exprime un fait présent pour celui qui écrit, mais qui sera passé quand on recevra la lettre :*

Nihil habebam quod ad te scriberem. *Je n'ai rien à t'écrire.*

(Au moment où j'ai pris la plume, je n'avais rien...).

N. B. L'auteur se met à la place du destinataire. Pour la même raison, le plus-que-parfait remplacera le parfait.

Nam nihil novi audieram. *En effet je n'ai rien appris de nouveau.*

3° **Le parfait.** *Le parfait traduit des nuances diverses :*

a) Résultat présent d'une action passée (cf. parfait grec).

Vixit, *il a vécu (il est mort).*

Novi, *j'ai fini d'apprendre*, donc : *je sais.*

b) Simple fait passé : *temps du récit, parfois de la description* (cf. aoriste grec) :

Athenis vixit. *Il vécut à Athènes.*

Pater ejus generosus fuit. *Son père était noble.*

c) Fait d'expérience. *Ce parfait se traduit par un présent, ou par un passé accompagné d'un adverbe :* souvent, toujours, jamais :

Ruperunt horrea messes. *Les récoltes font crouler les greniers.*

(Souvent les récoltes ont fait crouler...).

d) Au passif, *il faut bien distinguer :*

Templum clausum est : a) *le temple est actuellement fermé* (résultat).
b) *le temple fut fermé, on le ferma* (simple fait passé).

Templum clausum fuit : *le temple se trouva fermé, resta fermé.*

N. B. *La même distinction est à faire en principe pour* clausum erat *ou* fuerat, *et* clausum erit *ou* fuerit, *mais elle n'est pas toujours respectée.*

4° **Le futur antérieur** *est parfois très voisin du futur simple :*

Id mox videro. *Je l'examinerai tout à l'heure.*

II. **L'impératif futur.** *Il s'emploie :* 1° *pour donner un ordre à exécuter plus tard, et surtout dans les préceptes et les textes de lois :*

Justa imperia sunto. *Que les ordres soient justes.*

2° *au lieu du présent dans certains verbes :* scito, *sache ;* putato, *pense.*

III. **Les temps du subjonctif.** *L'emploi des temps est lié à l'emploi du mode* (p. 96). *Mais en principe on peut distinguer :*

1° le présent et le parfait, *legam, legerim — qui expriment une supposition, un ordre, ou un souhait pour le présent et l'avenir ;*

2° l'imparfait et le plus-que-parfait, *legerem, legissem — qui expriment une supposition sur un fait passé, ou un regret.*

N. B. Le parfait et le plus-que-parfait marquent une action terminée. Cependant le parfait se présente parfois avec le sens d'un simple subjonctif présent :

ne scripseris, *n'écris pas* — dixerit aliquis, *quelqu'un pourrait dire.*

EMPLOI DES VOIX

§ 156. Le passif s'emploie comme en français par une sorte de retournement de l'actif : l'agent de l'action, le sujet, devient complément du verbe passif ; l'objet devient sujet.

Pater me amat ⟶ Amor a patre (§ 202).
Mon père m'aime ⟶ Je suis aimé de mon père.

Ce retournement ne peut avoir lieu pour les déponents.

Amicus me imitatur. *Un ami m'imite.*

I. **Voix active.**

a) **Verbes transitifs, verbes intransitifs.** Sont transitifs *les verbes qui appellent un complément d'objet (le plus souvent à l'accusatif* § 180) ; intransitifs ceux *qui n'appellent pas de complément d'objet.*

Verbes transitifs employés intransitivement. *Parfois, comme en français, un verbe transitif est employé sans complément d'objet :*

Appellĕre navem, *faire aborder le navire* — appellĕre, *aborder.*

Verbes intransitifs employés transitivement. *Un verbe d'ordinaire intransitif est quelquefois accompagné d'un complément d'objet :*

1° avec changement de sens :
dolēre, *souffrir* — dolēre (casum), *déplorer (un malheur).*
2° sans changement de sens (*le nom complément d'objet reprend le sens exprimé par le verbe* (accusatif de l'objet interne) (p. 107, II).
Vivĕre vitam miseram. *Vivre une vie misérable.*

b) **Le sens factitif.** *A l'actif le verbe peut exprimer que le sujet ne fait pas directement l'action, mais la fait faire :*

Caesar pontem fecit. *César fit construire un pont.*

II. **Voix passive.** *N'ont de conjugaison passive complète que les verbes actifs transitifs dont le complément d'objet se construit à l'accusatif :*

amo (acc.), *j'aime* : amor, *je suis aimé*
Mais parco (dat.), *j'épargne* *n'a pas de passif.*

a) Le passif impersonnel. *Cependant tous les verbes actifs, transitifs ou non, peuvent prendre la forme du* passif impersonnel (3ᵉ *p. sing. sans sujet ; participe neutre dans les temps composés*) *à tous les temps et modes* (p. 75) :

Ibitur, *on ira ;* itum est, *on alla ;* eundum est, *il faut aller.*

N. B. *Si dans un thème vous rencontrez une forme passive impossible à traduire directement en latin, recourez à un autre tour :*
Je suis épargné par toi. *Tu mihi parcis. A te mihi parcitur* (impers.).

b) Le passif à sens réfléchi. *Le passif peut indiquer, non que le sujet subit l'action, mais qu'il la fait pour lui-même* (cf. le moyen grec) :

lavor, *je me lave, je me baigne ;* dedor, *je me rends ;* exerceor, *je m'exerce*.

N. B. *En poésie, certains participes parfaits passifs peuvent être employés au sens réfléchi et recevoir un complément à l'accusatif :*

Matres percussae pectora. *Les mères s'étant frappé la poitrine.*

c) **coepi, coeptus sum.** *A côté d'un infinitif passif les parfaits* coepi, *j'ai commencé* (§ 118), et desii, *j'ai cessé, sont remplacés en latin classique par* coeptus sum, desitus sum, *qui gardent le même sens :*

Veteres orationes legi sunt desitae. *Les vieux discours cessèrent d'être lus.*

EMPLOI DES MODES : L'INDICATIF

§ 157. Chaque mode colore en principe l'action de nuances particulières : mais c'est surtout dans les propositions indépendantes (et principales) que ces nuances sont sensibles. Dans les subordonnées, l'emploi du mode s'est souvent figé dans des règles mécaniques qui seront exposées plus tard (p. 130 à 151).

§ 158. L'indicatif exprime en général un fait réel, présenté sous une forme soit affirmative, soit négative, soit interrogative.

Venit, *il vient*. Non venit, *il ne vient pas*. Venitne ? *vient-il* ?

1° *L'indicatif des verbes exprimant une possibilité, une obligation, une convenance se traduit parfois par le conditionnel français :*

possum,	*je pourrais*	debeo,	*je devrais* (mais je ne le fais pas)
poteram potui potueram	*j'aurais pu*	debebam debui debueram	*j'aurais dû* (mais je ne l'ai pas fait)

dicendum est, *il faudrait dire*
dicendum erat (*ou* fuit), *il aurait fallu dire*
longum est, *il serait trop long ;* aequum erat, *il aurait été juste*

2° *L'indicatif à un temps passé remplace parfois le subjonctif conditionnel pour exprimer une action qui a failli se produire :*

Perierat imperium, si Fabius ausus esset.
L'État aurait été perdu (était perdu), si Fabius avait eu de l'audace.

EMPLOI DU SUBJONCTIF

En principe, le subjonctif évoque un fait non pas réel, mais envisagé par celui qui parle. Il sert principalement à exprimer l'ordre, le souhait, l'éventualité. Il correspond en français soit au subjonctif, soit au conditionnel

§ 159. L'ordre. Un ordre est exprimé :

aux 1re et 3e personnes, par le **subjonctif présent.**

Scrib**amus.** *Écrivons.* — Abeat. *Qu'il parte.*

à la 2e personne, par **l'impératif** (présent ou futur).

Scrib**e.** *Écris.* — Cras venito. *Viens demain.*

Un ordre négatif, ou **défense**, s'exprime, avec la négation **nē** :

aux 1re et 3e personnes, par le **subjonctif présent.**

Ne hoc faci**amus.** *Ne faisons pas cela.* Ne abeat. *Qu'il ne parte pas.*

à la 2e personne, par le **subjonctif parfait** *ou par :* **noli, nolite** *(ne veuille, ne veuillez pas)* + **l'infinitif présent.**

Ne hoc fec**eris.** *Ne fais pas cela.* Ne abieritis. *Ne partez pas.*
Noli hoc facere. *Ne fais pas cela.* Nolite abire. *Ne partez pas.*

§ 160. Le souhait. On ajoute ordinairement l'adverbe **utinam.**

Souhait réalisable dans l'avenir : **subjonctif présent** ou **parfait**

[Utinam] dives **sim!** { *Plaise aux dieux que je sois riche (un jour)!* / *Si seulement j'étais riche (un jour)!* }

Utinam intell**exeris!** *Puisses-tu avoir compris (bientôt)!*

Souhait irréalisable, regret : Utinam + { **subjonctif imparfait** / **subjonctif plus-que-parfait** }

Utinam dives **essem!** *Plût aux dieux que je fusse riche (maintenant)!*
Utinam dives **fuissem!** *Plût aux dieux que j'eusse été riche (autrefois)!*

Dans l'expression du souhait et du regret, la négation est **nē.**

Utinam ne pauper **sim!** *Plaise aux dieux que je ne sois pas pauvre!*

§ 161. Le subjonctif-conditionnel. Il permet d'exprimer qu'un fait soumis à une condition est envisagé comme possible ou impossible.

Fait *réalisable* (dans l'avenir : potentiel) : **subjonctif présent.**

Felix **sim,** si... *Je serais heureux (un jour), si... (Pourquoi pas?).*

Fait { *irréalisable* (dans le présent : irréel) : **subjonctif imparfait.**

Felix **essem,** si... *Je serais heureux (maintenant), si... (Hélas!).*

irréalisable (dans le passé : irréel) : **subjonctif plus-que-parfait.** }

Felix **fuissem,** si... *J'aurais été heureux, si... (Hélas!).*

Avec le subjonctif-conditionnel, la négation est **non.**

Non felix fuissem. *Je n'aurais pas été heureux.*

NOTIONS COMPLÉMENTAIRES

I. **Possibilité; affirmation atténuée.** *Ces nuances s'expriment par le présent ou le parfait du subjonctif (négation* non) *sans différence de sens.*

Quis credat ? *Qui croirait, qui pourrait croire ?*
Dicat, dixerit aliquis. *On dira peut-être, il se peut qu'on dise.*
Velim, *je voudrais bien.* — Dixerim, *je dirais volontiers.*

S'il s'agit du passé, on emploie l'imparfait :

Quis crederet ? *Qui pouvait croire, qui aurait cru ?*
Diceres. *On aurait dit.*
Nollem, *j'aurais voulu que... ne... pas.* — mallem, *j'aurais préféré.*

II. **Protestation.** *Dans des phrases interrogatives ou exclamatives le subjonctif sert à protester, à repousser une hypothèse avec indignation* (cf. *français :* Moi, héron, que je fasse une si pauvre chère !)

Ego tibi irascar ! *Moi, je me fâcherais contre toi !*
Ego tibi irascerer ! *Moi, je me serais fâché contre toi !*

III. **Supposition et concession.** *Le subjonctif peut parfois se traduire en ajoutant les expressions :* supposons que, admettons que.

Vendat aedes. *Supposons qu'il vende une maison.*
Fuerint cupidi. *Admettons qu'ils aient été cupides.*

L'imparfait se traduit souvent comme un plus-que-parfait :

At dares hanc vim illi. *Supposons qu'on lui eût donné ce pouvoir...*

Si la supposition est négative, la négation est ne :

Ne sit sane summum malum dolor : malum certe est. *Admettons que la douleur ne soit pas le plus grand mal : c'est un mal à coup sûr.*

IV. **Le subjonctif délibératif.** *Il s'emploie pour indiquer qu'on est dans le doute sur la décision à prendre (négation* non*).*

Quid faciam ? *Que faut-il que je fasse ? Que* [*dois-je*] *faire ?*
Quid facerem ? *Que fallait-il que je fisse ? Que devais-je faire ?*

V. **L'ordre négatif.**

1° *Au lieu de* ne, *le latin peut employer une négation composée :* nihil, nullus, nemo, nunquam, nusquam.

Nihil feceris. *Ne fais rien.*

à côté de : Ne quidquam feceris. *Ne fais rien (Ne fais pas quelque chose).*

2° Et... ne... pas *se traduit par* neve, *parfois par* neque (p. 79, II, *c*).

3° *On trouve le* présent du subjonctif à la 2ᵉ personne *pour exprimer l'idée de* on *(maximes générales), parfois l'idée de* tu *(style familier).*

L'impératif précédé de ne (ne time, *ne crains pas*) *ne se rencontre qu'en poésie ou dans la langue familière.*

EMPLOI DE L'INFINITIF

L'infinitif s'emploie comme verbe et comme nom.

§ 162. Comme verbe : 1° il entre parfois *(infinitif de narration)* dans des propositions indépendantes. Son sujet est au nominatif.

Rex primo nihil metuĕre. *Le roi d'abord ne craignait rien.*

2° il entre souvent dans des propositions subordonnées dites infinitives. Son sujet est à l'accusatif (p. 132).

Scio vit**am** esse brevem. *Je sais que la vie est brève.*

§ 163. Comme nom, l'infinitif est du genre neutre et s'emploie comme :

sujet	Errare humanum est.	*Il est humain de se tromper. (Se tromper est...)*
attribut	Vivĕre est cogitare.	*Vivre c'est penser.*
apposition	Id vitium, mentiri.	*Ce défaut, le mensonge.*
c^t d'objet	Incipit ludĕre.	*Il commence à jouer.*
c^t d'adjectif	Paratus ludĕre.	*Prêt à jouer.*

Remarques : I. En latin une préposition n'est **jamais** suivie de l'infinitif.

II. *Aux autres fonctions de l'infinitif présent employé comme nom correspondent les divers cas du* gérondif *et du* supin.

EMPLOI DU GÉRONDIF

§ 164. Le gérondif n'existe qu'à la voix active et déponente. Il peut être :

c^t de nom	Lege**ndi** tempus.	*Le moment de lire.*
c^t d'adjectif	Lege**ndi** cupidus.	*Désireux de lire.*
c^t circ. (abl.)	Lege**ndo** disces.	**En** *lisant tu t'instruiras.*
	In legendo cautus esto.	*Dans la lecture sois prudent.*
	Ex legendo voluptatem capis.	*De la lecture tu tires du plaisir.*
c^t circ. (acc.)	**Ad** legendum te hortor.	*Je t'exhorte à lire.*

Remarques : I. Le gérondif se traduit tantôt par *un infinitif présent*, tantôt par *un gérondif (participe* précédé de *en)*, tantôt par *un nom abstrait.*

II. Le gérondif est parfois remplacé par *l'adjectif verbal* (p. 99, III).

III. Le *datif du gérondif* se trouve rarement dans la langue classique.

EMPLOI DU SUPIN

§ 165. Le supin en **-um** est un complément circonstanciel de but. On ne l'emploie qu'à côté d'un verbe **de mouvement :** *eo, mitto, curro...*

Eo lus**um**. *Je vais jouer* (pour *jouer*).

Le supin en **-u** complète surtout des adjectifs : *facilis*, facile ; *mirabilis*, admirable ; *jucundus*, agréable ; *turpis*, honteux ; *incredibilis*, incroyable, etc.

Res jucunda audit**u**. *Chose agréable à entendre.*

NOTIONS COMPLÉMENTAIRES

I. **L'Infinitif d'exclamation.** *L'infinitif entre aussi dans des propositions exclamatives. S'il a un sujet, celui-ci est à l'accusatif :*

Condemnari tot homines !

Est-il possible que tant d'hommes soient condamnés!

N. B. Souvent la particule interrogative **-nĕ** accompagne l'exclamation. Mene incepto desistĕre ! *Moi, renoncer à mon projet !*

II. **L'Infinitif complément.**

1° L'infinitif peut compléter certains participes pris adjectivement : paratus, *prêt à ; moins souvent* assuetus, *habitué à ;* doctus, *habile à.*

N. B. *Les poètes et certains prosateurs postclassiques emploient l'infinitif avec toute sorte d'adjectifs* (peritus, *habile à ;* idoneus, *capable de ;* avidus, *désireux de ;* dignus, *digne de,* etc.).

2° L'infinitif exprime quelquefois le but , en poésie, *avec des verbes de mouvement* (§ 165) *ou du sens de* donner (§ 169, 1°) :

Praedas vertĕre non venimus (Virg.).
Nous ne sommes pas venus pour détourner le butin.
Tristitiam tradam portare ventis (Hor.).
Je donnerai aux vents ma tristesse à emporter.

III. **Le Gérondif remplacé par l'adjectif verbal en -ndus.** *Forme active, le gérondif peut avoir un complément d'objet ; mais le gérondif complété par un accusatif est souvent remplacé par l'adjectif verbal correspondant, sans qu'il y ait changement de sens.*

Tempus legend**i** histori**am**	Legend**o** histori**am** disces
histori**ae** legend**ae**	Histori**ā** legend**ā**
Le moment de lire l'histoire	*En lisant l'histoire tu t'instruiras.*

Remarques : 1° *L'adjectif verbal ne marque pas ici l'obligation ; c'est l'équivalent d'un passif du gérondif. Dans ce latinisme, le complément du gérondif prend le cas du gérondif, et l'adjectif verbal s'accorde avec lui.*

2° *La substitution de l'adjectif verbal au gérondif est obligatoire quand le gérondif devrait être au datif* ou *après une préposition :*

(dat.) Impar oner**i** ferend**o.** *Impuissant à porter le fardeau.*
(ad + acc.) Ad histori**am** legend**am.** *Pour lire l'histoire.*
(ab + abl.) Deterrĕre a bell**o** faciend**o.** *Dissuader de faire la guerre.*

3° *Cette substitution est rare quand un pronom neutre complète un gérondif au génitif ou à l'ablatif sans préposition. Elle est impossible avec le gérondif d'un verbe intransitif.*

IV. **En lisant.** *Ne pas confondre :*

Leg**endo** discis. *Tu t'instruis en lisant* (cause, moyen).
Leg**ens** ambulas. *Tu te promènes en lisant* (simultanéité).

EMPLOI DU PARTICIPE

Le participe latin est toujours déclinable. Il s'accorde avec un nom, ou un pronom, en cas, en genre et en nombre, comme un adjectif. De plus, il peut comme tout autre mode avoir un complément.

§ 166. Rôle du participe.

1° Le participe se rapporte ordinairement à un nom ou à un pronom, mais celui-ci peut être sous-entendu :

Cum Delphos venisses, [tibi] interroganti Pythia respondit.
Quand tu allas à Delphes, la Pythie répondit à tes questions.

2° Parfois le participe prend la valeur d'un nom (ajoutez-lui : **homme, gens, chose, celui qui...**).

Similis vocanti. *Semblable à un homme qui appelle.*

3° Il entre comme verbe dans des propositions subordonnées dites participes, ou **ablatif absolu** (p. 145).

Partibus factis,... *Les parts étant faites, (le lion parla ainsi).*

§ 167. Traduction du participe présent et du participe parfait.

Le participe présent et le participe parfait se rendent souvent en français par diverses expressions équivalentes.

Caesari descendenti occurrit.
Il rencontra César qui descendait, au moment où il descendait.

Urbem captam hostis diripuit.
L'ennemi pilla la ville une fois prise, qu'il avait prise, après l'avoir prise.

§ 168. Participe futur actif.

Il s'emploie d'ordinaire avec le verbe *esse*, comme attribut, et signifie : *sur le point de..., disposé à..., destiné à...*

Scripturus sum. *Je suis sur le point d'écrire, je vais écrire.*
Haec sunt civitati noci**tura.** *Ces choses sont destinées à nuire à la cité.*

Avec un autre verbe, il marque parfois le **but** *(non classique).*

Venit lecturus. *Il vient pour lire.*

§ 169. Adjectif verbal en -ndus.

1° *Employé comme attribut,* il exprime l'**obligation** (parfois le but).

Cole**nda** est virtus. { *La vertu (est devant être) doit être pratiquée.* / *Il faut, on doit pratiquer la vertu.* }

Dedit mihi libr**os** lege**ndos.** *Il m'a donné des livres à lire* (but).

N. B. *L'adjectif verbal marquant le but se rencontre avec des verbes signifiant* donner (à faire) *ou* se charger (de faire) : dare, *donner ;* tradĕre, *remettre ;* mittĕre, *envoyer ;* ducĕre, *mener ;* curare, *s'occuper de ;* suscipĕre, *se charger de.*

2° *Comme épithète,* il peut remplacer le gérondif suivi d'un objet

Tempus histori**ae** lege**ndae**
= tempus lege**ndi** histori**am**
} *Le moment de lire l'histoire* (p. 99, III)

NOTIONS COMPLÉMENTAIRES

I. **Équivalents latins des participes.** *Le tour* cum + subjonctif *se substitue souvent à certains participes. Il supplée d'autre part aux participes* (parfait actif, présent passif) *que le latin n'a pas — et au participe présent qui manque dans* esse, posse, velle...

Alexander, cum Clitum interfecisset, magnitudinem facinoris perspexit.
Alexandre, ayant tué *Clitus, mesura l'étendue de son crime.*

Cum Cicero consul **esset**, detecta est conjuratio.
Cicéron étant *consul, la conjuration fut découverte.*

II. **Valeur circonstancielle du participe.** *Parfois, le participe se substitue à une subordonnée complément circonstanciel de :*

temps : Plato scribens mortuus est. *Platon mourut pendant qu'il écrivait*

cause : Stellas non conspicis solis luce obscuratas.
Tu ne vois pas les étoiles parce qu'elles sont voilées par l'éclat du soleil.

condition : Mendaci homini ne verum quidem dicenti credĕre solemus.
Nous ne croyons pas le menteur, même s'il dit la vérité.

concession : Non sitiens bibit. *Il boit, bien qu'il n'ait pas soif*

III. **Les participes-adjectifs.** *Certains participes présents, employés comme adjectifs, ont leur complément au génitif ; ils peuvent avoir aussi un comparatif et un superlatif (voir le dictionnaire) :*

amans otii, *amoureux du repos ; compar.* amantior; *superl.* amantissimus.
Ainsi : diligens, *attentif à ;* fugiens, *qui fuit ;* patiens, *qui supporte.*

Les participes parfaits passifs peuvent aussi devenir adjectifs :
doctus, *instruit ;* comptus, *soigné ;* lautus, *somptueux,* etc...

Il en est de même pour l'adjectif verbal en -ndus *qui marque alors la possibilité :*
Malum vix ferendum. *Un mal à peine supportable.*

IV. **Les participes-noms** (part. présents; parfaits passifs) :

sapiens, *le sage ;* legentes, *les lecteurs ;* praesentia (plur. neutre), *le présent,* etc.
obsessi, *les assiégés ;* responsum, *la réponse ;* acta, *les actes,* etc.

(L'emploi de ces participes est rare au singulier, *surtout au nominatif masculin.)*

V. **Emplois particuliers du participe parfait passif.**

1° *Il équivaut souvent à une proposition introduite par* quod : ce fait que
Angebat virum **amissa Sicilia.**
Le fait que la Sicile avait été perdue tourmentait cet homme.

ou à un nom abstrait : La perte de la Sicile...
Post Urb**em** condit**am.** *Après la fondation de Rome.*

2° *Attribut au neutre, il forme avec* habeo *des locutions verbales :*
cognitum habeo, *je sais ;* persuasum habeo, *j'ai la conviction...,* etc.

LE SUJET ET LE VERBE

§ 170. Cas du sujet. Le sujet, nom ou pronom, est en général au nominatif.

Discipul**us** legit. *L'élève lit.*

Mais il est *à l'accusatif* dans la proposition subordonnée infinitive :

Scio vitam esse brevem. *Je sais que la vie est brève.* (p. 132).

à l'ablatif dans la proposition subordonnée participe :

Partibus factis,... *Les parts étant faites,...* (§ 262).

§ 171. Accord du verbe avec le sujet. Le verbe s'accorde en nombre et en personne avec le sujet, **comme en français.**

Discipul**i** leg**unt.** *Les élèves lisent.*

Ego et **tu** legi**mus.** *Toi et moi, nous lisons.*

§ 172. Particularités.

I. **Accord de voisinage.** Cependant, quand le verbe a plusieurs sujets, il s'accorde parfois avec **un seul, le plus voisin.**

Tempus necessitasque postul**at.**
Le moment et la nécessité l'exigent.

II. **Accord par le sens.** Quand le verbe a pour sujet un nom singulier **collectif** (ou un pronom tel que *uterque, quisque)*, suivi d'un complément au pluriel, il se met parfois au pluriel.

Turba puerorum ru**unt** (*ou* ruit).
Une foule d'enfants se précipitent (ou *se précipite).*
Uterque eorum exercitum educ**unt** (*au lieu de* educit).
Chacun des deux fait sortir son armée.

III. **Accord du participe.** Le participe des formes verbales composées suit les règles d'accord de l'attribut (§§ 177, 178).

Pu**er** et puel**la** vocat**i** sunt. *Le garçon et la fille furent appelés.*

§ 173. Sujet réel. Certains verbes impersonnels (§§ 122, 124) ont souvent un infinitif comme sujet réel.

Non eum pudet sic loqui. *Il n'a pas honte de parler ainsi.*

Il en est de même pour certaines locutions telles que :

fas est, *il est permis par les dieux*	necesse est, *il est nécessaire*	mos est, *c'est la coutume*
nefas est, *il est interdit...*	opus est, *il est besoin*	satis est, *il suffit*

Nefas est deserĕre patriam. *C'est un crime d'abandonner sa patrie.*

L'ÉPITHÈTE

§ 174. L'adjectif épithète d'un nom s'accorde avec lui en cas, en genre et en nombre.

Rar**a** avi**s**. *Un oiseau rare.*

§ 175. Accord de voisinage. L'adjectif épithète de plusieurs noms s'accorde en général avec un seul, le plus voisin.

Ardor gaudi**um**que maxim**um**. *Une ardeur et une joie extrêmes.*

Place de l'épithète. *L'adjectif qui exprime une qualité se place le plus souvent* avant *le nom :*

Pulchra domus. *Une belle maison.*

L'adjectif qui exprime la classification (catégorie, espèce de la chose dont on parle) se place le plus souvent après le nom :

Domus urbana. *Une maison de ville.* — Via Appia. *La voie Appienne.*

N. B. *Les poètes séparent volontiers l'adjectif du nom qu'il détermine et le placent avec la plus grande liberté. C'est le procédé de la disjonction.*

Silvestr*em* tenu**i** mus*am* meditaris aven**ā** (Virg.).
Tu essaies un air champêtre sur ton léger chalumeau.

L'APPOSITION

§ 176. Un nom apposé à un autre se met au même cas que lui.

Democrit**o** philosoph**o**. *Au philosophe Démocrite.*
Alexandr**um**, reg**em** Macedonum. *Alexandre, roi des Macédoniens.*

Remarque : De *introduit parfois en français une apposition (et non un complément de nom)* : La ville (de) Rome. *Urbs Roma.*

Particularités.

1° L'apposition à un nom de ville *(complément de lieu sans préposition) se construit comme un complément de lieu indépendant :*

Redeo Corintho, **e** loco nobili.
Je reviens de Corinthe, endroit célèbre.

2° C'est parfois un infinitif, ou une proposition subordonnée (p. 129, IV) *qui constitue l'apposition. Précisez en français par :* à savoir, à savoir que :

Hoc vitium, minime sapĕre,...
Ce défaut, (à savoir) manquer de bon sens,...

3° Quand le nom en apposition est précisé par une proposition relative, *il se place souvent dans cette proposition et prend le cas du relatif.* Le relatif est alors adjectif.

In finibus Carnutum, **quae regio** Galliae media habetur.
Dans le pays des Carnutes, région qui (laquelle région) passe pour le centre de la Gaule.

L'ATTRIBUT

L'attribut s'accorde **en cas**, et, s'il est adjectif, **en nombre et en genre** avec le nom *(ou le pronom)* auquel il se rapporte.

§ 177. Cas de l'attribut.

I. Il se rapporte au sujet et se met au **nominatif,** quand il est amené par **esse,** ou par certains verbes intransitifs, *ou par certains verbes passifs comme :*

nomina**ri,** vocar**i,** *être appelé ;* dic**i,** *être dit ;* existimar**i,** *être estimé ;* cred**i,** *être cru ;* duc**i,** *être jugé ;* vide**ri,** *paraître ;* fie**ri,** *être fait, devenir ;* crea**ri,** *être créé ;* habe**ri,** *passer pour ;* inscri**bi,** *être désigné ;* numera**ri,** *être mis au nombre de*, etc.

Pater est bonus. *Le père est bon.*
Ego nominor Leo. *Je m'appelle le Lion. (Je suis appelé le Lion.)*

II. Il se rapporte au complément d'objet et se met à **l'accusatif,** quand il est amené par les verbes cités ci-dessus, à la forme active :

nominare, vocare, *appeler ;* dicĕre, *dire ;* existimare, *estimer ;* credĕre, *croire ;* ducĕre, habēre, *regarder comme ;* facĕre, reddĕre, *faire, rendre ;* creare, *nommer;* numerare, *mettre au nombre de*, etc.

Pecunia homines beat**os** non reddit. *L'argent ne rend pas les gens heureux.*

Remarque : En français, *comme, pour, en* introduisent souvent des attributs On n'exprime pas ces mots en latin.

Croesus habebatur divitissimus. *Crésus passait* pour *très riche.*

§ 178. Nombre et genre de l'attribut.

I. L'adjectif attribut de deux noms de *personnes* de genre différent se met au **masculin** pluriel *(comme en français).*

Pater et mater sunt bon**i**. *Le père et la mère sont bons.*

II. L'adjectif attribut de deux noms de *choses* de genre différent se met le plus souvent au **neutre** pluriel.

Virt**us** et viti**um** sunt contrari**a**. *Vertu et vice sont (choses) contraires.*

III. L'adjectif attribut d'un infinitif prend le genre **neutre.**

Errare human**um** est. *Se tromper est humain, il est humain de se tromper.*

§ 179. Attraction (accord inverse); *le gallicisme* c'est.

Le pronom démonstratif sujet ou objet, accompagné d'un attribut, s'accorde en genre et en nombre **avec cet attribut.** *En français il reste* invariable, *sous la forme neutre* ce, cela.

Haec est invidia. *C'est de la jalousie.*
Ea sunt templa. *Ce sont des temples.*
Illam dicimus insaniam. *Nous appelons* cela *folie.*

NOTIONS COMPLÉMENTAIRES

I. **Cas de l'attribut.**

1° *L'attribut du sujet est à* l'accusatif *dans une prop. subordonnée infinitive;* à l'ablatif *dans une subordonnée participe* (ablatif absolu) :

Eos esse beat**os** credebamus. *Nous croyions qu'ils étaient heureux.*

Ciceron**e** consul**e** facto. *Cicéron étant devenu consul.*

2° *Quand il accompagne un infinitif sans sujet dépendant d'un verbe* personnel, *l'attribut s'accorde avec le sujet du verbe personnel :*

Volo esse clem**ens.** *Je veux être clément.*

Homerus dicitur fuisse caec**us.**

Homère, dit-on, était aveugle. (Homère est dit avoir été aveugle.)

Homo dicitur locut**us** esse aliquot horas.

On dit que l'homme parla quelques heures. (L'homme est dit...)

3° *Quand il accompagne un infinitif dépendant d'un verbe* impersonnel (§ 173) *l'attribut est* à l'accusatif, *même si l'infinitif n'a pas de sujet exprimé* (p. 133, I, *b*) :

Non licet esse pigr**um.** *Il n'est pas permis d'être paresseux.*

N. B. *Cependant, par une sorte d'attraction, le latin dira :*

Mihi non licet esse pigr**o.** *Il ne m'est pas permis d'être paresseux.*

II. **Nombre et genre de l'attribut.**

1° *L'adjectif ou le participe attribut de plusieurs sujets s'accorde avec le plus rapproché quand le verbe reste au singulier* (§ 172, I) :

Mirabil**e** erat Socratis ingeni**um** ac virtus.

Le génie et la vertu de Socrate étaient admirables.

2° *L'adjectif ou le participe attribut s'accorde parfois* non avec le sujet grammatical, *mais avec le sujet qui est dans l'esprit :*

Hostium duo milia caes**i** sunt. *Deux mille ennemis furent tués.*

3° *L'attribut peut être neutre, même avec un sujet masculin ou féminin ;* l'expression prend alors un caractère de généralité :

Turpitudo pej**us** est quam dolor.

Le déshonneur est une chose pire que la douleur.

III. **Attraction.**

1° *Le pronom relatif et le pronom interrogatif prennent souvent aussi le genre et le nombre de l'attribut :*

Alesia, **quod** est oppid**um** Mandubiorum.

Alésia, qui est la cité des Mandubiens.

Animal **quem** vocamus hominem. *L'animal que nous appelons l'homme.*

Quae dicitur insania ? *Qu'est-ce qui s'appelle la folie?*

2° *Noter un fait d'ordre analogue dans :*

Non omnis error *(suj. masc.)* stultiti**a** dicend**a**[1] est.

Toute erreur ne doit pas être appelée sottise.

1. *Dicenda* s'accorde avec l'attribut *stultitia* et non avec le sujet *error*.

LE COMPLÉMENT DU VERBE : **OBJET**

§ 180. Objet à l'accusatif. C'est à l'accusatif que se met en général l'objet d'un verbe transitif personnel ou impersonnel, actif ou déponent.

Amo patrem. *J'aime mon père.*
Patrem imitor. *J'imite mon père.* Paenitet me. *Cela me chagrine.*

§ 181. Objet au datif, avec :

1° *des verbes transitifs directs en français :*

faveo, *je favorise ;* invideo, *je jalouse ;* studeo, *j'étudie ;* parco, *j'épargne ;* nubo, *j'épouse ;* occurro, *je rencontre ;* blandior, *je flatte ;* minor, *je menace ;* gratulor, *je félicite,* etc.

Studeo grammaticae. *J'étudie la grammaire.*

2° *des verbes suivis en français de diverses prépositions :*

fido, confido, *j'ai confiance en ;* diffido, *je me défie de ;* placeo, *je plais à ;* pareo, *j'obéis à ;* studeo, *je m'applique à ;* noceo, *je nuis à ;* ignosco, *je pardonne à ;* irascor, *je m'irrite contre ;* insidior, *je tends un piège à,* etc.

Patri puer confidit. *L'enfant a confiance en son père.*

3° presque tous les *composés du verbe* esse.

Vires mihi desunt. *Les forces me manquent.*

§ 182. Objet à l'ablatif, avec :

1° *des verbes de sentiment, d'abondance ou de privation :*

gaudeo, *je me réjouis de ;* maereo, *je m'afflige de ;* superbio, *je m'enorgueillis de ;* abundo, *je regorge de ;* careo, *je manque de ;* egeo, *j'ai besoin de,* etc.

Abundat divitiis, nulla re caret. *Il regorge de biens, il ne manque de rien.*

2° *certains déponents :*

utor, *je me sers de ;* fruor, *je jouis de ;* vescor, *je me nourris de ;* potior, *je m'empare de ;* nitor, *je m'appuie sur ;* fungor, *je m'acquitte de,* etc.

Vescor pane. *Je me nourris de pain.*

§ 183. Objet au génitif, avec les verbes :

reminiscor, memini, *je me souviens de ;* obliviscor, *j'oublie* (cf. p. 118, VII) ; — misereor, *j'ai pitié de ; — parfois aussi avec* egeo, potior (§ 182)

Beneficiorum memini. *Je me souviens des bienfaits.*
Injuriarum obliviscor. *J'oublie les offenses.*

§ 184. L'infinitif objet accompagne souvent les verbes :

possum, *je peux ;* debeo, *je dois ;* scio, *je sais ;* volo, *je veux ;* cupio, *je désire ;* statuo, instituo, *je décide de ;* incipio, *je commence à ;* coepi, *j'ai commencé à* (§ 118) ; desino, *je cesse de ;* audeo, *j'ose ;* non dubito, *je n'hésite pas à ;* soleo, *j'ai coutume de ;* desisto, *je renonce à,* etc.

Incipit ludĕre; *il commence à jouer.* Desiit loqui; *il a cessé de parler.*

N. B. *Pour* coeptus sum *et* desitus sum, *voir* p. 95, *c.*

NOTIONS COMPLÉMENTAIRES

I. **Le double accusatif.**

1° *Certains verbes peuvent avoir deux compléments d'objet à l'accusatif : l'un désignant la personne et l'autre la chose :*

Doceo pueros grammaticam. *J'enseigne la grammaire aux enfants.*

On trouve parfois ainsi construits : des verbes du sens général de demander poscere, orare, flagitare *(réclamer)*, rogare, interrogare *(interroger) — et le verbe* celare, *cacher.*

Rogare aliquem sententiam. *Demander son avis à quelqu'un.*

N. B. a) Le double accusatif est assez rare dans la prose classique, sauf pour certaines expressions consacrées.

b) Le verbe peut être passif; il est suivi de l'accusatif de la chose, et c'est le nom de la personne qui devient sujet.

Aliquis rogatur sententiam. *Quelqu'un se voit demander son avis.*

Là encore il s'agit d'un tour assez exceptionnel.

2° *Quelques verbes de déplacement, composés d'une préposition,* trans, ad, circum, *peuvent être accompagnés, en plus de leur complément d'objet à l'accusatif, d'un second complément en rapport avec le sens du préfixe :*

Milites flumen traduxit.

Il fit passer le fleuve à ses soldats. (Il les fit passer au-delà du fleuve.)

II. **Accusatif de l'objet interne.**

Certains intransitifs sont parfois accompagnés d'un complément d'objet à l'accusatif (p. 94, I) :

Vivĕre vitam miseram. *Vivre une vie misérable.*

III. **Accusatif adverbial.**

De nombreux pronoms *et quelques* adjectifs, du neutre singulier ou pluriel, *accompagnent parfois, à l'accusatif, des verbes qui normalement se construisent avec un datif ou un ablatif et même des verbes déjà pourvus d'un objet à l'accusatif. Ces pronoms neutres se rendent assez souvent par un adverbe ou une locution adverbiale.*

Ainsi : id, idem, aliud, nihil, quod, quid, unum, omnia, multa, cetera.

Unum studete. *Appliquez-vous à une seule tâche.*

Id gaudet. *Il se réjouit de cela ; il est satisfait là-dessus.*

Multa filium obtestatus. *Ayant longuement adjuré son fils.*

N. B. Cet accusatif est souvent appelé accusatif *de relation :*

Illud tibi assentior. *Je suis d'accord avec toi sur ce point (quant à cela).*

IV. **Objet au datif, à l'ablatif ou au génitif** (§ 181 à 183).

A l'origine le complément n'indique pas un objet proprement dit, mais plutôt une circonstance parfois assez facile à retrouver.

Ex. : gaudeo *(ablatif de cause)* ; fungor *(abl. de séparation), etc...*

V. **Constructions particulières à certains verbes,** voir p. 118.

LE COMPLÉMENT DU VERBE : **ATTRIBUTION**

§ 185. Le complément d'attribution représente la personne *à qui* on donne (on prête, on dit, on permet, il arrive) quelque chose. Il est au **datif.**

Do vestem pauper**i.** *Je donne un habit au pauvre.*

N. B. En sens inverse, le datif peut exprimer aussi la personne à qui on enlève quelque chose.

Auferre vitam ali**cui.** *Enlever la vie à quelqu'un.*

§ 186. Le complément d'intérêt représente la personne *pour qui* ou *au préjudice de qui* on fait quelque chose. Il se met au **datif.**

Sol omn**ibus** lucet. *Le soleil luit pour tout le monde.*
Mihi peccat. *Il fait des sottises à mes dépens.*

— Le datif permet d'indiquer aussi la personne *à qui appartient* quelque chose (datif de *possession*) surtout avec le verbe *esse.*

Mihi est liber. *J'ai un livre (un livre est à moi).*
Est **ei** nomen Caesar (*ou par attraction :* Caesar**i**). *Il a nom César.*

§ 187. Le complément de destination représente la chose *en vue de laquelle* est faite l'action. Il s'exprime souvent au **datif**, surtout dans des locutions traditionnelles.

Canere recept**ui.** *Sonner [pour] la retraite.*
Diem constituere colloqui**o.** *Fixer un jour pour l'entretien.*

§ 188. Le double datif. Certains verbes sont accompagnés de deux datifs : l'un, *de destination* (en vue de quoi ?) ou *de résultat* (aboutissant à quoi ?), l'autre, *d'intérêt* (pour qui ?).

Milites auxili**o** urb**i** misit.
Il envoya des soldats au secours de la ville (à secours à la ville).
Hoc erit **tibi** dolor**i.** *Ceci te causera de la douleur (sera à douleur à toi).*

Retenez les locutions :

mittĕre auxilio ali**cui**, *envoyer au secours de quelqu'un*
venire auxilio ali**cui,** *venir au secours de quelqu'un*
dare crimini (aliquid) ali**cui,** *accuser quelqu'un (de quelque chose)*
vertĕre vitio (aliquid) ali**cui,** *reprocher (quelque chose) à quelqu'un*
tribuĕre virtuti (aliquid) ali**cui,** *faire un mérite à quelqu'un (de quelque chose)*
esse auxilio ali**cui,** *apporter du secours à quelqu'un*
esse curae ali**cui,** *donner du souci à quelqu'un*
esse gaudio, dolori ali**cui,** *causer de la joie, de la douleur à quelqu'un*
esse saluti ali**cui,** *être salutaire pour quelqu'un.*

Rapprochez le tour français : Il *s'*impute *à péché* la moindre bagatelle.

N. B. Habeo (+ datif) *remplace parfois :* est mihi.

Rem habeo quaestui = Res est mihi quaestui.
La chose est avantageuse pour moi.

NOTIONS COMPLÉMENTAIRES

I. **Datif d'intérêt.**

1° *Il peut indiquer la personne par rapport à laquelle un fait est cité. On l'appelle* datif de point de vue :

Est oppidum primum venientibus ab Epiro.

C'est la première ville pour ceux qui arrivent d'Épire.

2° *Le datif de certains pronoms personnels peut ne pas avoir une valeur précise. Il souligne la vivacité du propos. On l'appelle* datif éthique :

Quo mihi abis ?

Vers où t'en vas-tu? (Vers où te vois-je t'en aller?)

De même en français : Prends-*moi* le bon parti. Il *vous* tranche la bête.

3° *Le complément d'intérêt s'exprime parfois par* pro + ablatif :

Pro patriā mori. *Mourir pour la patrie.*

4° *On traduira parfois par le complément de possession un datif accompagnant un autre verbe que* esse :

Militibus animos accendere. *Enflammer le cœur des soldats.*

II. **Doubles constructions.**

— **Scribo tibi** ou **ad te.** *Avec les verbes :* scribo, *j'écris*, mitto, *j'envoie*, fero, *je porte, on trouve un complément d'attribution au datif, ou un complément* à l'accusatif avec *ad :*

Scribo tibi (*ou* ad te) litteras. *Je t'écris une lettre.*

— **Aufero + dat.** ou **ab, ex, de + abl.** *Avec les verbes du sens de enlever :* aufero, eripio, adimo, etc. *le complément* de la personne à qui on enlève *est en général au* datif (§ 185, N. B.). *Le complément* du lieu d'où l'on enlève *est à* l'ablatif *avec* ab, ex, *ou* de :

Auferre bullas aureas ex valvis. *Enlever les clous d'or aux portes.*

N. B. On trouve aussi ab + abl. pour exprimer la personne :

Auferre clientelam a patronis. *Enlever les clients aux patrons.*

— **Verbes composés de** ad, circum, cum, in, inter, post, sub, super, *etc. Ils admettent un complément construit*

a) *soit avec la préposition répétée :*

Injicĕre se in medios hostes. *Se jeter au milieu des ennemis.*

b) *soit au datif seul :*

Injicĕre terrorem hosti. *Inspirer la terreur à l'ennemi.*

N. B. En général, quand le verbe est pris au sens propre, la préposition se répète. Mais les poètes et parfois des prosateurs emploient le datif :

Messorem inducĕre arvis (= in arva) (Virg.).

Faire entrer le moissonneur dans les champs.

— *Notez aussi pour des verbes simples les doubles constructions suivantes :*

miscēre + *datif ou* miscēre cum + *abl. : mêler à*
jungĕre + *datif ou* jungĕre cum + *abl. : joindre à*
haerēre + *datif ou* haerēre ad + *acc. : être attaché à*

LE COMPLÉMENT DU VERBE : CIRCONSTANCIEL DE LIEU

§ 189. Selon la question à laquelle il répond, le complément circonstanciel de lieu se construit différemment.

QUESTIONS	D'ORDINAIRE	Si le complément est NOM DE VILLE *ou* de petite île *ou* **domus, rus**
I. **UBI** *es* ? *Où es-tu?* (Lieu où l'on est)	**in + ablatif :** dans... Ambulat in horto. *Il se promène dans le jardin.*	*a*) ablatif **sans préposition** Natus est Athenis. *Il est né à Athènes.* *b*) **locatif**[1] Sum Lugduni, domi, ruri.
II. **QUO** *is* ? *Où vas-tu?* (Lieu où l'on va)	**in + accusatif :** dans... Venit in hortum. *Il est venu dans le jardin.*	accusatif **sans préposition** Eo Lutetiam, domum, rus. *Je vais à Lutèce, à la maison, à la campagne.*
III. **UNDE** *venis* ? *D'où viens-tu?* (Lieu d'où l'on vient)	**ex + ablatif :** hors de... Redeo ex urbe. *Je reviens de la ville.*	ablatif **sans préposition** Redeo Romā, domo, rure. *Je reviens de Rome, de la maison, de la campagne.*
IV. **QUĀ** *is* ? *Par où passes-tu?* (Lieu par où l'on passe)	1° **Les routes et portes sont à l'ablatif seul.** Ibam Viā Sacrā. *J'allais par la Voie Sacrée.* 2° Les autres noms avec **per + accusatif.** Iter feci per Galliam. *J'ai passé par la Gaule.*	

1. **Le locatif.** A la question **ubi** les noms de villes et de petites îles des 1re, 2e déclinaisons au singulier, et aussi **domus, rus, humus,** sont construits non pas à l'ablatif, mais au locatif (§§ 15, 20, 28).

Sum Romae, Lugduni, domi, ruri, humi.
Je suis à Rome, à Lyon, à la maison, à la campagne, à terre.

§ 190. Apud, ad, ab s'emploient respectivement au lieu de *in* (+ *abl.*), *in* (+ *acc.*), *ex*, avec une personne, ou pour exprimer un voisinage :

UBI *es* ? Sum apud patrem, apud rivum.
Je suis chez *mon père*, près de *la rivière.*

QUO *is* ? Eo ad patrem, ad rivum.
Je vais chez *mon père*, vers *la rivière.*
Ad urbem accessit.
Il s'avança vers la ville, il s'approcha de la ville.

UNDE *venis* ? Venio a patre, a rivo.
Je viens de chez *mon père*, du bord de *la rivière.*

N. B. ad *remplace parfois* apud : *Dicĕre ad judicem*, parler devant le juge.

NOTIONS COMPLÉMENTAIRES

I. Compléments de lieu sans préposition.

1° *A la question* ubi *la préposition est souvent omise devant un groupe contenant soit les noms* locus, pars, regio, spatium..., *soit les adjectifs* totus, omnis, medius, universus...

Aequo loco pugnare. *Combattre sur un terrain uni.*

N. B. *Notez aussi les expressions :* terrā marique, *sur terre et sur mer ;* dextrā laevāque, *à droite et à gauche.*

2° Le locatif *pour les noms de pays et de grandes îles est exceptionnel.*

3° Avec des verbes composés de : ab, de, ex, *certains écrivains ne répètent pas la préposition devant le complément de la question* unde :

Copias castris (e castris) eduxit. *Il fit sortir les troupes du camp.*

4° Les poètes et certains prosateurs non classiques *suppriment la préposition devant toute sorte de noms :*

Italiam (in Italiam) venit. *Il arriva en Italie.*

Ils mettent parfois au datif le complément de la question quo :

It clamor caelo (ad caelum) (Virg.). *Des cris montent vers le ciel.*

II. La proximité.

1° *A la question* **ubi,** ad *s'emploie au moins aussi fréquemment que* apud *devant un nom de chose.*

Hannibal ad portas ! *Voici Hannibal à nos portes !*

Mais apud *paraît préférable à* ad *devant un nom de personne* (§ 190).

2° *Quand le complément exprime un voisinage, les prépositions* apud, ad, ab *précèdent même un nom de ville ou de petite île :*

Hannibal a Romā discessit. *Hannibal s'éloigna des environs de Rome.*

III. Emplois particuliers de ab et ex. *Locutions à retenir :*

ab eā parte, *de ce côté ;* a latere, *de flanc ;* a dextrā, *à droite ;* ex eā parte, *de ce côté ;* magnā ex parte, *en grande partie.*

IV. Noms de villes déterminés.

1° *Quand ils sont déterminés, les noms de villes, ainsi que* domus *et* rus, *se construisent comme des noms ordinaires :*

Sum Romae ; in magnā Romā. *Je suis à Rome ; dans la grande Rome.*

N. B. *A côté de* in domo meā, in domo Caesaris, *on trouve aussi* dom**i** me**ae**, dom**i** Caesaris, *dans ma maison, dans la maison de César.*

2° *L'apposition à un nom de ville sans préposition se construit le plus souvent comme un complément indépendant* (§ 176, 1°) :

Corinthi, in loco nobili, *à Corinthe, lieu célèbre.*

V. Particularités.

1° *Certains verbes :* ponĕre, collocare, considĕre, deponĕre *ont un complément à la question* ubi *alors qu'ils semblent évoquer l'idée d'un déplacement :* Collocare puerum in cubil**i**. *Mettre l'enfant au lit.*

2° *On emploie parfois* un complément de moyen *pour un complément de lieu :* Se tenēre castris, domo. *Se tenir dans le camp, dans sa maison.*

LE COMPLÉMENT DU VERBE : **CIRCONSTANCIEL DE TEMPS**

§ 191. Selon la question à laquelle il répond, le complément circonstanciel de temps se construit différemment.

ablatif *(nombre ordinal)*

I. **QUANDO** veniet ? — Tertiā horā veniet.
Quand... ? — *Il viendra à la troisième heure.*

---

ablatif *(nombre cardinal)*

II. **QUANTO TEMPORE** id fecit ? — Id fecit duo**bus** die**bus**
En combien de temps... ? — *Il a fait cela en deux jours.*

---

accusatif [1] *(nombre cardinal)*

III. **QUAMDIU** regnavit ? — Tres annos regnavit.
Pendant combien de temps... ? — *Il a régné pendant trois ans.*

1. Parfois aussi *l'ablatif :* Regnavit tribus annis.

---

accusatif *(nombre ordinal)* + **jam** *(adverbe)*

IV. **QUAMDUDUM** regnat ? — Quart**um** jam ann**um** regnat.
Depuis combien de temps règne-t-il ? — *C'est déjà la 4ᵉ année qu'il règne.* / *Il y a* trois *ans qu'il règne.* / *Il règne depuis* trois *ans.*

Remarque : Il s'agit d'une situation qui dure encore. Le verbe est en général au *présent.*

---

accusatif [1] *(nombre cardinal)* + **abhinc** *(adverbe)*

V. **EX QUO TEMPORE** mortuus est ? — Abhinc **tres** ann**os** mortuus est.
Depuis quand est-il-mort ? — *Il y a trois ans qu'il est mort.*

1. Parfois aussi *l'ablatif :* Abhinc tribus annis mortuus est.

Remarques :

1° Il s'agit d'un fait qui est accompli depuis un certain temps. Le verbe est en général au *parfait.*

2° On peut employer **ante** et **l'accusatif** précédé de *hic, haec, hoc.*

Ante hos sex menses... *Il y a six mois que... (avant ces six mois-ci).*

NOTIONS COMPLÉMENTAIRES

I. Question quando.

1° *Le latin exprime par l'ablatif* la date *(jour, mois, année, saison...)*, le moment *où se fait une action :*

Quarto die, *le quatrième jour.* Adventu Caesaris, *à l'arrivée de César.*

2° *L'ablatif peut être précédé de* in : primo congressu ; in primo congressu, *au premier choc, — surtout quand le nom n'est pas déterminé :*

In pace, *en temps de paix ;* in senectute, *dans la vieillesse.*

3° *Dans certaines expressions de date on trouve* un nombre cardinal :

Tribus diebus post (tribus post diebus), *trois jours après.*

4° *Une date dans l'avenir s'exprime souvent par* post, *après*, préposition ou adverbe ; — *ou par* in + accusatif, *pour, jusqu'à :*

Proficiscemur post tres dies *ou* tribus diebus post, *ou* quarto die post.
Nous partirons dans (au bout de) trois jours.
Auctionem constituit in mensem Januarium.
Il fixa la vente au (pour le) mois de janvier.

5° *Pour énoncer* une date dans le mois, *le latin modifiait le plus souvent l'expression logique et disait :*

Ante di**em** non**um** kalend**as** Octob**res** [a. d. IX. Kal. Oct.]
au lieu de Nono die ante kalendas Octobres.
Le neuvième jour avant les Calendes d'octobre.

II. Question quamdiu.

Un fait qui dure sans interruption s'exprime souvent par per *et* l'accusatif :

Facti sunt ludi per decem dies. *Les jeux eurent lieu dix jours* de suite

L'ablatif sans préposition *se rencontre, notamment avec des noms accompagnés des adjectifs* totus *ou* omnis : tota nocte, *pendant toute la nuit.*

III. L'âge s'exprime de plusieurs manières :

1° *surtout avec* natus + *l'accusatif et un nombre cardinal :*

Puer decem ann**os natus**. *Un enfant âgé de dix ans.*
Major (quam) XL annos natus. *Agé de plus de quarante ans.*

2° *parfois par le verbe* ago *accompagné de l'accusatif et d'un ordinal :*

Annum quadragesimum agit. *Il a trente-neuf ans. (Il vit sa 40e année.)*

3° *parfois par* un nom *accompagné du génitif et d'un cardinal :*

Est vir quadraginta annorum. *C'est un homme de quarante ans.*

IV. Diverses expressions de temps :

eo tempore, id temporis, *à cette époque ;* in eo tempore, *dans ces circonstances ;* tempore, in tempore, *au bon moment, à temps ;*
ad tempus, *au moment fixé, selon les circonstances, pour un temps ;* ex eo tempore usque ad hanc diem, *depuis lors jusqu'à ce jour ;* a pueritiā, a puero, *dès l'enfance ;* sub (ad) vesperum, *vers le soir ;* de nocte, *au cours de la nuit ;* ad decem milia annorum, *dans dix mille ans ;*
intra tres dies, *en moins de trois jours ;* in dies, *de jour en jour ;* in horas, *d'heure en heure ;* tertio quoque anno, *tous les trois ans.*

LES AUTRES COMPLÉMENTS CIRCONSTANCIELS

§ 192. Le moyen, la cause, la manière s'expriment par **l'ablatif.**

Ferire gladio. *Frapper avec une épée.*
Fame interiit. *Il est mort de faim.*
Magnā voce clamat.
Il crie d'une voix forte.

Remarque : La cause et le moyen (ou instrument) s'expriment aussi par des prépositions : ob, propter, *à cause de ;* per, *par le moyen de, avec :*

ob eam rem, *à cause de cela* per manus, *à l'aide des mains.*

§ 193. L'accompagnement s'exprime par **cum + ablatif.**

Cum amico cenabam. *Je dînais avec un ami.*

N. B. avec *est équivoque en français. Ci-dessus il exprime l'accompagnement. Souvent il exprime l'instrument, la manière* (§ 192).

§ 194. La provenance s'exprime par **ab, ex, de + l'ablatif.**

Accepi litteras **a** patr**e.**
J'ai reçu une lettre de mon père.
Haurire aquam **ex** (ou **de**) pute**o.**
Puiser de l'eau au puits.

Ce tour se rencontre surtout avec les verbes :

petĕre	*demander (à)*	audire	*apprendre (de)*
postulare	*demander (à)*	emĕre	*acheter (à)*
quaerĕre	*demander (à)*	sumĕre	*prendre (à)*
accipĕre	*recevoir (de)*	haurire	*puiser (à)*
impetrare	*obtenir (de)*	capĕre	*tirer (de)*

N. B. 1° *En général* ab *accompagne un nom de personne,* ex *un nom de chose. Toutefois avec les verbes* audire, *apprendre de,* quærĕre, sciscitari, percontari, *s'informer auprès de, on trouve indifféremment* ab *ou* ex.

Id audivi **ab** (ex) amic**o.** *J'ai appris cela d'un ami.*

2° **Natus, ortus,** issu de, originaire de, *sont suivis*
de l'ablatif seul, *pour désigner la famille*
nobili loco natus, *né d'une famille noble*
de l'ablatif seul *ou avec* ex, *pour désigner le père ou la mère*
e patre nobili natus, *né d'un père noble*
de l'ablatif avec ab, *pour désigner un ancêtre*
a Catone ortus, *descendant de Caton.*

§ 195. La séparation s'exprime par **l'ablatif** avec *ou* sans **ab.**

Gallos **a** Belgis Matrona dividit. *La Marne sépare les Gaulois des Belges*
Hostem castris prohibuit. *Il écarta l'ennemi du camp.*

§ 196. La matière s'exprime par **ex + ablatif.**

Vas ex auro factum est. *Le vase a été fait en or.*

NOTIONS COMPLÉMENTAIRES

I. **La manière.** *Le complément de manière est à l'ablatif*

1° *pour les noms déterminés par un adjectif ou un complément :*
Summo ardore pugnatum est. *On combattit avec une ardeur extrême.*
More Gallorum. *Selon la coutume des Gaulois.*

2° *dans des expressions toutes faites :* jure, *de droit, à bon droit ;* injuriā, *à tort ;* ordine, *avec ordre ;* ratione, *avec méthode ;* cursu, *en courant ;* pedibus, *à pied ;* silentio, *en silence.*

Ailleurs *le latin emploie* cum + ablatif *ou* un adverbe :
Suaviter et cum sensu. *Délicatement et avec tact.*

II. **Le moyen,** l'instrument. *Ce complément est à l'ablatif pour les noms de choses :* Hastā ferire (§ 192).

Pour les personnes (et parfois pour les choses), on emploie per + accusatif :

Id Caesar cognovit per exploratores.
César apprit cela par (l'intermédiaire de) ses éclaireurs.
per litteras, *par lettre ;* per vim, *par la force.*

III. **L'accompagnement.** *Dans certaines expressions militaires on trouve* l'ablatif seul (*sans* cum) :

Barbari reliquis copiis subsecuti sunt.
Les barbares marchèrent à la suite avec le reste de leurs troupes.

IV. **La provenance, l'origine, l'éloignement, la séparation.**

Ces idées s'apparentent à la question unde (§ 189) *et s'expriment d'une manière analogue :* ablatif *avec* ab, ex, de — *ou* ablatif seul.

L'emploi de la préposition varie avec les verbes, les écrivains et les époques. *(Consulter le dictionnaire sur la construction de chaque verbe.)* Les poètes suppriment très volontiers la préposition là où les prosateurs l'emploient.

Voici quelques usages courants :

1° Avec l'ablatif seul : privare, orbare, exuĕre, *priver de.*

2° Avec ab + ablatif : secernĕre, *séparer de ;* differre, *être différent de ;* deterrēre, *détourner de ;* abhorrēre, *se détourner de.*

3° Avec { ab + ablatif *(nom de personne)* / ab + ablatif *ou* ablatif seul *(nom de chose)* }

arcēre, abstinēre, *écarter de ;* excludĕre, *exclure de ;* liberare, *délivrer de.*

V. **Retenez ces expressions :**

nasci, *naître* / esse, *être issu* { **ex,** *de* (s'il s'agit du père ou de la mère) / **ab,** *de* (s'il s'agit d'un ancêtre) }
abesse **a** Romā : *être à une (certaine) distance de Rome*
abesse Romā : *être absent de Rome*

LES AUTRES COMPLÉMENTS CIRCONSTANCIELS (suite)

§ 197. Le prix, l'estimation s'expriment par **l'ablatif.**

Hic liber constat viginti ass**ibus.** *Ce livre coûte vingt as.*
Putare denariis quadringentis. *Estimer à quatre cents deniers.*

§ 198. Le châtiment *(prix d'une faute)* s'exprime par **l'ablatif.**

Mort**e,** pecuni**ā** multatur. *Il est puni de mort, d'une amende.*

N. B. *On trouve :* damnare capit**e** *(abl.)* ou capit**is** *(gén.), condamner à mort.*

§ 199. Le délit *(motif d'une accusation)* s'exprime par **le génitif.**

Morte proditionis multatur. *Il est puni* de *mort* pour *trahison.*

Ce complément se rencontre surtout avec les verbes : accusare, insimulare *accuser ;* absolvĕre, *absoudre ;* damnare, condemnare, *condamner.*

N. B. *On trouve* **de + abl. :** Damnare de vi. *Condamner pour violence.*

§ 200. Le but s'exprime

1° par **ad + accusatif,** s'il s'agit d'un nom :

Ad victori**am** milites ducit. *Il conduit ses soldats à la victoire.*

2° par **ad + gérondif** ou **adj. verbal** s'il s'agit d'un infinitif (§ 164) :

Te hortor **ad** lege**ndum.** *Je t'exhorte à lire.*
Te hortor **ad** lege**ndam** histori**am.** *Je t'exhorte à lire l'histoire.*

N. B. *Voir l'emploi du* supin (§ 165); *de* causā, gratiā (p. 85, II); *de* ut (p. 136).

§ 201. La mesure *(distance, espace parcouru)* se rend par **l'accusatif.**

Abest viginti pass**us.** *Il est éloigné de vingt pas.*

Parfois la distance s'exprime non par l'accusatif mais par l'ablatif :

Mil**ibus** passuum sex a Caesaris castris consedit.
Il s'établit à six mille pas du camp de César.

surtout avec : spati**o,** intervall**o,** *à une distance de.*

LE COMPLÉMENT DU VERBE PASSIF

§ 202. Le complément d'un verbe passif se construit

1° avec **ab + l'ablatif,** *si c'est un* être animé *(complément d'agent) :*

Amor **a** patre. *Je suis aimé par mon père.*

2° **à l'ablatif seul,** *si c'est une* chose *(compl. d'instrument, de cause) :*

Maeror**e** conficior. *Je suis accablé par le (de) chagrin.*

§ 203. On met **au datif** le complément de l'adjectif verbal en **-ndus** *-nda, -ndum* d'obligation (§ 169).

Mihi colenda est virtus. *Je dois pratiquer la vertu.*
(La vertu doit être pratiquée par moi ; c'est une nécessité pour moi...)

On trouve parfois au datif le complément de quelques verbes passifs comme : *probari,* être approuvé.

Hoc **mihi** probatur. *Ceci est approuvé par moi.*

NOTIONS COMPLÉMENTAIRES

I. **Le prix.** *Ce complément se rencontre avec les verbes :* emĕre, *acheter ;* vendĕre, *vendre ;* constare, *coûter ;* conducĕre, *louer*, etc.

Il est souvent exprimé par un adverbe qui prend alors la forme d'un :
ablatif : magno, parvo, plurimo, minimo, nimis magno, nihilo;
génitif : tanti, quanti, pluris, minoris (p. 83).

N. B. *Avec le verbe* esse *(valoir, coûter), et les verbes d'estimation :* putare, facĕre, habēre, pendĕre *(estimer, évaluer) cet adverbe a toujours la forme du génitif :* magni, parvi, *etc ; mais* aestimare *admet certains adverbes en* -o.

Noter les deux expressions nihili facĕre, pro nihilo habēre : *tenir pour rien.*

On trouve aussi un nom au génitif dans quelques expressions familières :

Illud non unius assis aestimo. *Je n'en donnerais pas un as.*

II. **Le but.** *Ce complément est parfois* au datif de destination (§ 187).

Canĕre receptui. *Sonner pour la retraite. (Donner le signal de...)*
Accepit locum condendae urbi (= ad urbem condendam).
Il reçut un emplacement pour fonder une ville.

III. **La différence.** *On met à l'ablatif le mot qui exprime de combien une chose est supérieure, inférieure, antérieure, postérieure à une autre :*

Dimidio minor; multo major; biennio post.
De moitié plus petit ; beaucoup plus grand ; deux ans après.

IV. **Le point de vue** (sous le rapport de, pour ce qui est de, en).
Ce complément est à l'ablatif :

Vincis formā, magnitudine. *Tu l'emportes en beauté, en grandeur.*

Noter les expressions : specie, *en apparence ;* nomine, *de nom ;* reipsā, *en réalité ;* meā sententiā, meo judicio, *à mon avis.*

Du complément de point de vue on rapprochera le complément **de relation.**

1° Génitif de relation *On le trouve notamment dans le nom* animi **:**
Angi animi. *Être angoissé dans son cœur.*

2° Accusatif de relation, accusatif adverbial. *Il se rencontre :*

— *dans certaines expressions comme :* magnam partem, *en grande partie ;*
— *dans des pronoms neutres* (p. 107, III) :
Id gaudet. *Il se réjouit de cela (quant à cela).*
— *chez les poètes et les prosateurs non classiques :*
Femur ictus. *Frappé à la cuisse (quant à la cuisse).*

V. **Le datif complément du verbe passif.** *Ce datif se rencontre, dès l'époque classique, comme complément de quelques verbes au participe parfait passif. Les poètes et les écrivains post-classiques l'emploient avec n'importe quel verbe passif, à n'importe quel temps :*

Neque cernitur ul**li** (ab ullo). *Et il n'est vu par personne* (Virg.).

N. B. On distinguera : mihi videtur, *il me semble,*
a me videtur, *il est vu par moi.*

CONSTRUCTIONS PARTICULIÈRES A CERTAINS VERBES

I. **Decet,** il convient à, **deficĕre,** manquer à, *veulent* l'accusatif :

Regem decet clementia. *La clémence convient à un roi.*
Vires militem deficiunt. *Les forces manquent au soldat.*

II. **Interest,** il importe à, il est de l'intérêt de. *On construit :*
avec ad + accusatif *le nom de chose complément :*

Ad honorem nostrum interest. *Il importe à notre honneur.*

au génitif *le nom de personne complément :*

Interest regis. *Il importe au roi.*

N. B. *Le pronom personnel complément s'exprime par* ejus, eorum, earum *pour la* 3e *personne* non réfléchie, *et par les possessifs* meā, tuā, nostrā, vestrā *pour les autres personnes :*

Interest ejus ; nostrā. *Il lui importe ; il nous importe.*

III. **Admonēre, commonēre,** *faire souvenir de ;* **certiorem facĕre,** *informer de,* admettent deux compléments :
1° à l'accusatif, *celui de la personne qu'on avertit ;*
2° au génitif (*ou* de + ablatif) *celui de la chose dont on avertit :*

Certiorem feci eum periculi (de periculo). *Je l'ai informé du danger.*

N. B. *Ces verbes peuvent prendre le tour passif :*

Certior factus est periculi (de periculo). *Il fut informé du danger.*

IV. **Minari,** menacer de, **gratulari,** féliciter de, *veulent :*
1° au datif, *la personne qu'on menace ou qu'on félicite ;*
2° à l'accusatif, *la chose dont on menace ou dont on félicite :*

Mihi mortem minatur. *Il me menace de la mort.*
Consuli victoriam gratulatus est. *Il félicita le consul de sa victoire.*

V. **Opus est,** besoin est. *Cette locution s'accompagne d'ordinaire :*
1° du datif *pour exprimer la personne qui a besoin ;*
2° de l'ablatif *pour exprimer ce dont on a besoin :*

Mihi opus est duce. *J'ai besoin d'un guide.*

VI. **Interdicĕre,** interdire, *admet le plus souvent :*
1° au datif *le complément de la personne à qui on interdit ;*
2° à l'ablatif *celui de la chose qu'on interdit, dont on écarte :*

Interdico tibi domo meā. *Je t'interdis ma maison.*

VII. **Verbes à constructions multiples :**

meminisse, reminisci, *se souvenir ;* **oblivisci,** *oublier* (+ génitif *ou* accusatif)

Injuriarum (*ou* injurias) obliviscor. *J'oublie les injures.*
Memini tui, — illud. *Je me souviens de toi, — de cela.*

donare aliquem aliquā re, *gratifier quelqu'un de quelque chose*
— aliquid alicui, *donner quelque chose à quelqu'un*
circumdare murum urbi, *construire un mur autour de la ville*
— urbem muro (abl.), *entourer la ville d'un mur*

CONSTRUCTIONS DIVERSES DU VERBE : **ESSE.**

I. **Avec attribut du sujet** (ou des tours équivalents) :

être 1° Pater est bonus. *Le père est bon.*

2° Hic puer est egregiae indolis (*ou* egregiā indole).
Cet enfant est d'un excellent caractère.

3° Hic liber est meus, tuus ; ejus[1] ; Petri.
Ce livre est le mien, le tien ; le sien ; celui de Pierre.

4° Imperare est meum, tuum ; ejus[1] ; regis.
C'est mon rôle, ton rôle ; son rôle ; le rôle du roi de commander.

5° Hic liber est plurimi. *Ce livre* { *est d'un très grand prix.* / *vaut très cher.* }

1. Suus a, um *s'emploie au lieu de* ejus *dans les conditions indiquées* p. 35, III, 2°.

II. **Sans attribut du sujet :**

1° **exister** — Fluvius est in campo.
Il y a un fleuve dans la plaine. (Un fleuve existe...)

2° **appartenir à** (+ datif) — Est mihi liber.
J'ai un livre. (Un livre m'appartient.)

3° **être cause de** (double datif) — Hoc erit tibi dolori.
Ceci te causera de la douleur (sera à douleur à toi).

III. **Avec gérondif ou adjectif verbal :**

1° **tendre à** (+ génitif) — Regium imperium erat conservandae libertatis.
Le pouvoir royal tendait à maintenir la liberté.

2° **être propre à** (+ datif) — Pauci erant oneri ferendo.
Peu étaient capables de supporter cette charge.

N. B. *Dans ce dernier sens on trouve aussi* ad + l'accusatif :
Ad solvendum (*ou* solvendo) non erat.
Il n'était pas capable de payer.

IV. **Autres expressions :**

Sunt qui { + indic. : *Il y a des gens qui...* / + subj. : *Il y a des gens capables de..., pour...* }

Est quod + subj. : *Il y a une raison de...* **Nihil est quod** (*ou* cur) + subj. : *Il n'y a aucune raison de...* **Quid est quod**[1] (*ou* cur) + subj. : *quelle raison y a-t-il pour que...?*

Est ubi, cum { + indic. : *Il y a des endroits, des moments où...* / + subj. : *Il y a des endroits, des moments tels que...* }

Est ut + subj. : *Il arrive que...,* parfois *il y a lieu de...*

1. *Que l'on ne confondra pas avec la formule de transition* Quid quod *(sans* est)... ? — *Et que dire du fait que...?*

LE COMPLÉMENT DU NOM

§ 204. Le génitif est le cas ordinaire du complément d'un nom.

Il exprime des nuances diverses, entre autres :

la possession :	liber Petri, *le livre de Pierre.*
la mesure :	fossa quindecim pedum, *un fossé de quinze pieds*
la qualité :	puer egregiae indolis, *un enfant d'un excellent naturel*
le tout dont on prend une partie	pars militum, *une partie des soldats* *Ce génitif est dit* partitif.

§ 205. Au génitif partitif se met aussi le complément de certains pronoms, adverbes et adjectifs employés comme noms.

pronoms m., f.	**quis** poetarum ? *lequel des poètes ?*
pron. neutres	**quid** (est) novi ? *quoi de nouveau ? qu'y a-t-il de nouveau ?*
adverbes	**satis** vini, *assez de vin*
adj. neutres	**summum** arboris, *la partie supérieure de l'arbre*
superlatifs	**altissima** arborum, *le plus haut des arbres*

§ 206. Le complément de qualité. Le complément qui marque la qualité (nom toujours accompagné d'un adjectif) est au **génitif** ou à l'**ablatif.**

Puer egregiae indolis *ou* egregiā indole.
Un enfant d'un excellent naturel.

Remarques :

1° Le complément de qualité peut être construit comme attribut.

Hic puer est egregi**ae** indol**is** (*ou* egregi**ā** indol**e**).
Cet enfant est d'un excellent naturel.

2° Ce complément est obligatoirement à l'*ablatif* quand il indique un détail extérieur ou un état d'esprit passager.

Britanni sunt capill**o** promiss**o.** *Les Bretons ont la chevelure longue.*
Bono animo es. *Aie bon courage.*

§ 207. Compléments de nom avec préposition. Ce sont ceux qui indiquent la matière ou le lieu d'une bataille.

Vas **ex** auro. *Un vase d'or, en or.*
Pugna **ad** (**apud**) Cannas. *La bataille de Cannes (près de Cannes).*

N. B. *La même idée se rend parfois par un adjectif :*
Vas aureum. — Pugna Cannensis.

§ 208. L'infinitif complément d'un nom s'exprime en latin par le génitif du gérondif (§ 164) (*parfois remplacé par l'adjectif verbal*, p. 99, III).

Tempus legendi. *Le moment de lire.*
Tempus leg**endi** historiam (*ou* historiae legendae). *Le moment de lire l'histoire.*

NOTIONS COMPLÉMENTAIRES

I. **Génitif subjectif et objectif.** *Un même génitif complément d'un nom a parfois deux valeurs différentes :*

metus hostium *la crainte des ennemis*	1 *les ennemis craignent* (gén. subjectif). 2 *on craint les ennemis* (gén. objectif).

II. **Génitif explicatif.** *Parfois le complément développe, en la précisant, l'idée contenue dans le nom complété :*

alimenta carnis, *des aliments consistant en viande.*

III. **Génitif de possession :** 1° *Ce génitif peut être construit comme attribut. Le français emploie alors :* appartenir à, être à, *ou encore :* être le rôle, le propre, le devoir de... :

Liber est Petri. *Le livre appartient à Pierre.*
Est regis imperare. *C'est le propre du roi de commander.*

2° *Le génitif peut se rattacher à un nom non répété (le français emploie alors* celui de) *ou, plus rarement, à un nom sous-entendu, comme* fils, fille, femme, temple :

Major est gloria Caesaris quam Pompeii [gloria].
La gloire de César est plus grande que celle de *Pompée.*
Caecilia Metelli. *Cécilia, femme de Métellus.*
Ad Jovis. *Près du temple de Jupiter.*

IV. **Génitif partitif : 1° quis poetarum?** *Après un pronom interrogatif ou indéfini, le génitif fait souvent place à* ex, de + ablatif, *parfois à* inter + accusatif.

Quis poetarum *ou* quis ex poetis ? *Lequel parmi les poètes ?*

2° **quid novi** (§ 205). *Après* nihil, quid, aliquid, *le latin dit :* (nihil) novum *ou* (nihil) novi. *Mais l'utilisation du génitif de l'adjectif n'est pas possible si l'adjectif est accompagné d'un complément ou si l'adjectif appartient à la 2e classe :*

Nihil dignum laude, *rien qui soit digne de louange.*
Nihil facile, *rien de facile.*

Parfois c'est un nom au génitif, qui dépend d'un pronom neutre :

Hoc praemii. *Cette récompense. (Ceci en fait de récompense.)*

3° **satis vini.** *Ce complément se rencontre non seulement avec des adverbes de quantité, mais aussi des adverbes de lieu et de temps :*

Ubi terrarum ? *En quel endroit de la terre ?*

4° **summum arboris.** *Ce complément se rencontre à côté d'adjectifs neutres pris comme noms ; et aussi, surtout en poésie, à côté d'adjectifs masculins ou féminins :*

Expediti militum. *Ceux des soldats qui sont armés à la légère.*

V. **Particularité.** *Certains noms peuvent recevoir des compléments circonstanciels* (lieu, but), *comme les verbes auxquels leur sens les apparente.*

Meus domum e foro reditus. *Mon retour du forum chez moi.*
Mea Athenis commoratio. *Mon séjour à Athènes.*
Signum receptui. *Le signal de (pour) la retraite* (p. 117, II).
Insidiae consuli. *Les pièges tendus au consul.*

LE COMPLÉMENT DE L'ADJECTIF

Un nom (ou pronom) complément d'un adjectif se construit :

§ 209. ...à l'accusatif avec : *(Mesure)*

longus, *long de* latus, *large de* altus, *haut de, profond de*

Velum longum tr**es** uln**as**. *Un voile long de trois aunes.*

§ 210. ...au génitif avec : *(Possession, Savoir, Désir)*

participeps, *qui a part à*
expers, *dépourvu de*
memor, *qui se souvient de*
immemor, *oublieux de*
peritus, *habile dans*
imperitus, *inhabile dans*
rudis, *inexpérimenté en*
ignarus, *ignorant de*
compos, *maître de*
cupidus, *désireux de*
avidus, *avide de*
studiosus, *passionné pour*

Peritus bell**i**. *Habile à la guerre.*
Avidus laud**um**. *Avide de louanges.*

§ 211. ...au datif avec : *(Utilité, Aptitude, Voisinage, Amitié)*

utilis, *utile à*
inutilis, *inutile à*
necessarius, *nécessaire à*
aptus, *propre à*
idoneus, *propre à*
par, *égal à*
impar, *inégal à*
vicinus, *voisin de*
propinquus, *proche de*
amicus, *ami de*
inimicus, *ennemi de*
carus, *cher à*

Utilis civitat**i**. *Utile à la cité.*
Vicinus urb**i**. *Voisin de la ville.*

§ 212. ...à l'ablatif avec : *(Privation, Abondance...)*

orbus, *privé de*
vacuus, *vide de*
dives, *riche en*
onustus, *chargé de*
praeditus, *doué de*
fretus, *comptant sur*
contentus, *satisfait de*
dignus, *digne de*
indignus, *indigne de*

Dives agr**is**. *Riche en terres.*
Contentus su**ā** sort**e**. *Satisfait de son sort.*
Dignus laud**e**. *Digne de louange.*

N. B. *Le complément de* plenus *(plein de) est d'ordinaire au génitif.*

§ 213. ...avec **ad + accusatif** pour : *(Inclination)*

propensus, pronus, *porté à ; parfois :* aptus, idoneus, *propre à* (§ 211) ; paratus, *prêt à* (p. 123, V).

Pronus **ad** ir**am**. *Porté, enclin à la colère.*

§ 214. Un verbe complément d'adjectif se met **au gérondif** (§ 164) (parfois remplacé par l'**adjectif verbal,** p. 99, III) :

Cupidus vidend**i** urb**em** (*ou* urb**is** vidend**ae**). *Désireux de voir la ville.*
Pronus **ad** irascen**dum.** *Enclin à se mettre en colère.*

N. B. *Certains adjectifs sont accompagnés du* **supin** en **-u** (§ 165) :

Res jucunda audit**u** *Chose agréable à entendre.*

NOTIONS COMPLÉMENTAIRES

La diversité de construction des compléments de l'adjectif est très grande.

Les habitudes générales à l'époque classique sont exposées à la page ci-contre. Mais les particularités sont nombreuses. Les poètes font un grand usage du génitif. Il sera prudent, pour chaque adjectif, de consulter le dictionnaire.

I. **Complément des participes présents.** *Les participes présents employés comme adjectifs* (p. 101, III) *ont leur complément* au génitif. *Ce complément est tout à fait distinct de celui des participes proprement dits :*

patiens, *adjectif :* patiens laboris, *endurant à la fatigue.*
patiens, *participe :* patiens laborem, *endurant une fatigue.*

II. **Complément de : similis, dissimilis.** *Le complément de ces adjectifs se met* au datif *ou* au génitif :

Similis patri *ou* patris. *Semblable à son père.*

C'est le génitif qu'on trouve ordinairement quand le complément est un pronom personnel :

Similis nostri. *Semblable à nous.*

III. **Éloignement et privation** (§ 212). *Certains adjectifs indiquant l'éloignement et la privation sont parfois accompagnés d'un complément* à l'ablatif *précédé de* ab.

Tels sont : orbus, *privé de;* alienus, *étranger à;* purus, *pur de;* vacuus, *vide de;* liber, *libre de;* tutus, *à l'abri de.*

Tutus ab hoste. *A l'abri de l'ennemi.*

IV. **Point de vue.** *Les adjectifs les plus divers sont accompagnés, chez les poètes et certains prosateurs, d'un* génitif *ou d'un* accusatif *dit* de relation *qui exprime le point de vue :* sous le rapport de (cf. p. 117, IV).

Sanus mentis. *Sain d'esprit.*
Nudae lacertos. *Nues quant aux bras (les bras nus).*

V. **Infinitif complément d'adjectif.** *Quelques adjectifs issus de participes parfaits passifs, notamment :* paratus, *prêt à; moins souvent* assuetus, *habitué à;* doctus, *habile à, s'accompagnent volontiers d'un complément* à l'infinitif. (*Cet emploi est développé surtout en poésie et dans la langue post-classique* (cf. p. 99, II.)

Paratus legĕre. *Prêt à lire.*

VI. **Remarques :** *Un adjectif au comparatif ou au superlatif peut avoir deux compléments, l'un en tant que comparatif ou superlatif, l'autre en tant qu'adjectif :*

Est peritior currendi quam studendi.
Il est plus habile à courir qu'à travailler.

Les adverbes tirés d'adjectifs peuvent avoir des compléments comme ces adjectifs

Congruenter consuetudini. *Conformément à la coutume.*

§ 215. PRINCIPALES FONCTIONS DE L'ACCUSATIF

L'accusatif est essentiellement le cas du **complément d'objet.** Mais il sert aussi, avec ou sans préposition, de complément circonstanciel. Il complète de plus des adjectifs, parfois même des noms.

Complément d'objet :		
	Amo patrem.	§ 180
	Patrem imitor.	§ 180
	Me paenitet.	§ 124
	Vires militem deficiunt.	p. 118, I
	Mihi mortem minatur.	p. 118, IV
	Doceo pueros grammaticam.	p. 107, I
	Rogatur sententiam.	p. 107, I
	Milites flumen traduxit.	p. 107, I
	Vivĕre vitam miseram.	p. 107, II
Sujet de proposition infinitive :		
	Scio vitam esse brevem.	§ 231.
Complément circonstanciel :		
de lieu (où l'on va)	*Eo Lutetiam, domum, rus ; — Venit in hortum.*	§ 189
de temps	*Tres annos regnavit.*	§ 191
	Quartum jam annum regnat.	§ 191
	Abhinc tres annos mortuus est.	§ 191
	Puer decem annos natus.	p. 113, III
de distance	*Abest viginti passus.*	§ 201
Accusatif de relation, accusatif adverbial :		
	Magnam partem	p. 117, IV, 2°
	Illud tibi assentior.	p. 107, III
	Id temporis	p. 113, IV
Accusatif exclamatif :		
	Me miserum !	§ 148
Complément d'adjectif :		
mesure	*Velum longum tres ulnas*	§ 209
relation	*Nudae lacertos*	p. 123, IV
Complément de nom :		
	Meus domum reditus	p. 121, V

§ 216. PRINCIPALES FONCTIONS DU GÉNITIF

Le génitif est essentiellement le cas du **complément du nom.** Mais il complète aussi des pronoms, des adjectifs, des adverbes et des verbes.

Ct de nom	possession	*Liber Petri*	§ 204
	mesure	*Fossa quindecim pedum*	§ 204
	qualité	*Puer egregiae indolis*	§ 204
	gén. partitif	*Pars militum*	§ 204
	gén. subjectif et objectif	*Metus hostium*	p. 121, I
	gén. explicatif	*Alimenta carnis*	p. 121, II
Ct de pronoms, adverbes, adjectifs			
1° ct partitif :		*Quis poetarum. Quid (est) novi? Hoc praemii.* *Satis vini. Altissima arborum. Summum arboris.*	p. 121, IV et § 205
2° ct des adjectifs : *de* possession, savoir, désir.		*Peritus belli. Avidus laudum.*	§ 210
Ct de verbes marquant :			
oubli, souvenir...		*Beneficiorum memini.*	§ 183
repentir, dégoût...		*Me paenitet erroris mei.*	§ 124
accusation		*Morte proditionis multatur.*	§ 199
estimation		*Magni hunc librum putas.*	p. 83, I
prix		*Tanti constat.*	p. 83, I
avec **esse**		*Est regis imperare.*	p. 121, III, 1°
		Liber est Petri.	p. 121, II
avec **interesse**		*Interest regis.*	p. 118, II
N. B. *Avec des prépositions accidentelles :* libertatis gratiā			p. 85 II

§ 217. PRINCIPALES FONCTIONS DU DATIF

Le datif est essentiellement le cas du complément **d'attribution.** Mais il sert parfois de complément d'objet ou circonstanciel. Il complète aussi des adjectifs, parfois même des noms.

Ct d'attribution		*Do vestem pauperi.*	§ 185
	intérêt	*Sol omnibus lucet.*	§ 186
	désavantage	*Mihi peccat.*	§ 186
	possession	*Mihi est liber. — Est ei nomen Çaesar (*ou *Caesari).*	§ 186
Double datif		*Hoc erit tibi dolori.*	§ 188
Objet :		*Studeo grammaticae.*	§ 181
		Vires mihi desunt.	§ 181
Ct Circ. :		*Injicĕre terrorem hosti.*	p. 109, II
		Accepit locum condendae urbi.	p. 117, II
Ct de v. passif :		*Mihi colenda est virtus.*	§ 203
		Hoc mihi probatur.	§ 203
Ct des adjectifs		*d'*utilité, aptitude, voisinage, amitié *Utilis civitati. Vicinus urbi.*	§ 211
Ct de nom :		*Insidiae consuli*	p. 121, V
N. B. *Avec une préposition accidentelle :* obviam amico			p. 85, II

§ 218. PRINCIPALES FONCTIONS DE L'ABLATIF

L'ablatif, avec ou sans préposition, est essentiellement le cas du **complément circonstanciel.** Au sens originel de : *point de départ,* il ajoute celui de deux anciens cas disparus du latin classique : *l'instrumental* et le *locatif.* L'ablatif sert parfois de complément d'objet. Il complète aussi des noms et des adjectifs.

COMPLÉMENT CIRCONSTANCIEL

Point de départ		
lieu (d'où l'on vient)	*Redeo Romā, domo, rure ; ex urbe.*	§ 189
provenance	*Accepi litteras a patre.*	§ 194
matière	*Vas ex auro factum est.*	§ 196
séparation	*Gallos a Belgis Matrona dividit.*	§ 195
	Hostem castris prohibuit.	§ 195
c[t] de v. passif	*Amor a patre* (agent de qui vient l'action).	§ 202
Sens instrumental		
moyen	*Ferire gladio.*	§ 192
cause	*Fame interiit.*	§ 192
manière	*Magnā voce clamat.*	§ 192
accompagnement	*Cum amico cenabam.*	§ 193
	Reliquis copiis subsecuti sunt.	p. 115, III
point de vue	*Vincis formā.*	p. 117, IV
différence	*Dimidio minor.*	p. 117, III
lieu (par où l'on passe)	*Ibam Viā Sacrā.*	§ 189
temps (utilisé)	*Id fecit duobus diebus.*	§ 191
prix	*Hic liber constat viginti assibus.*	§ 197
châtiment	*Morte, pecuniā multatur.*	§ 198
c[t] de v. passif	*Maerore conficior* (instrument de l'action).	§ 202
Sens locatif		
lieu (où l'on est)	*Natus est Athenis ; — ambulat in horto.*	§ 189
temps	*Tertiā horā veniet* (action *localisée* dans le temps).	§ 191
	Regnavit tribus annis.	§ 191
distance	*Milibus passuum sex consedit.*	§ 201
Ablatif absolu	*Partibus factis,...*	§ 262

COMPLÉMENT D'OBJET, DE NOM, D'ADJECTIF

On retrouve certains de ces sens dans l'ablatif employé comme :

C[t] d'objet de :	*carēre, egēre* (séparation); *gaudēre, maerēre* (cause); *abundare, uti, frui* (moyen).	§ 182
C[t] de nom	*Puer egregiā indole* (qualité)	§ 206
	Mea Athenis commoratio (lieu)	p. 121, V
C[t] des adjectifs :	*orbus* (séparation); *dives* (moyen); *contentus* (cause). — *Dignus laude.*	§ 212
C[t] de comparatif	*Paulus est doctior Petro* (point de départ).	§ 41
C[t] de superlatif	*Altissima ex arboribus.*	§ 44

§ 219. PRINCIPAUX EMPLOIS DU GÉRONDIF

Le gérondif **supplée l'infinitif employé comme nom** dans les fonctions autres que celles de sujet, d'attribut, de complément d'objet.

Complément de nom		
génitif	*Tempus legendi.* Le moment de lire.	§ 208
Complément d'adjectif		
génitif	*Cupidus legendi.* Désireux de lire.	§ 210
datif	*Aptus legendo.* Apte à lire.	§ 211
ad + accusatif	*Pronus ad legendum.* Porté à lire.	§ 213
Complément circonstanciel		
ad + accusatif	*Ad legendum te hortor.* Je t'exhorte à lire.	§ 200
in + ablatif	*In legendo cautus esto.* Dans la lecture sois prudent.	§ 164
ex + ablatif	*Ex legendo voluptatem capies.* De la lecture tu tireras du plaisir.	§ 164
ablatif (seul)	*Legendo disces.* Par la lecture, en lisant, tu t'instruiras.	§ 164

§ 220. LE GÉRONDIF et L'ADJECTIF VERBAL

Quand le gérondif doit être accompagné d'un complément d'objet à l'accusatif, il cède souvent sa place et son cas **à un adjectif verbal accordé avec le nom** selon le mécanisme décrit p. 99, III.

Cette substitution est **facultative** quand le gérondif est *au génitif* ou *à l'ablatif sans préposition.*

(gén.)	*Tempus legendi historiam.* *Tempus legendae historiae.*	Le moment de lire l'histoire.	p. 99, III
	Cupidus legendi libros. *Cupidus legendorum librorum.*	Désireux de lire des livres.	§ 214
(abl.)	*Legendo historiam disces.* *Legendā historiā disces.*	En lisant l'histoire tu t'instruiras.	p. 99, III

Cette substitution est **obligatoire** quand le gérondif devrait être *au datif* ou *à l'accusatif* ou *à l'ablatif précédé d'une préposition.*

(dat.)	*Impar ferendo oneri.* Impuissant à porter le fardeau.	p. 99, III
(ad + acc.)	*Ad legendam historiam.* Pour lire l'histoire.	p. 99, III
(prép. + abl.)	*A bello faciendo deterrēre.* Dissuader de faire la guerre.	p. 99, III

LES PROPOSITIONS DANS LA PHRASE

§ 221. Une phrase est **simple**, quand elle ne contient qu'une seule proposition; **complexe**, quand elle contient plusieurs propositions.

Méthode à suivre. — *Il faut, dès qu'on aborde une phrase, la découper en propositions. Autant de verbes à un mode personnel, autant de propositions. Toutefois il faut ajouter à ce nombre les* propositions infinitives (p. 132) *et les* propositions participes (p. 145).

§ 222. On appelle **indépendante** une proposition qui ne dépend d'aucune autre; **principale** une proposition qui ne dépend d'aucune autre, mais qui commande une subordonnée.

N. B. *Pour l'emploi des modes et des temps dans les indépendantes et les principales, voir les pages* 95 *à* 97.

§ 223. On appelle **subordonnée** une proposition qui dépend d'une autre; elle est introduite le plus souvent par un mot subordonnant: *conjonction de subordination, mot interrogatif, mot relatif.*

La proposition infinitive *et la* proposition participe (ablatif absolu) *sont des subordonnées sans mot subordonnant et sans verbe à un mode personnel.*

Conseil. — *On aura souvent intérêt à commencer par délimiter les subordonnées pour trouver la principale.*

§ 224. On appelle **coordonnées** des propositions de même type *(indépendantes, principales ou subordonnées)* et de même valeur, réunies entre elles par des conjonctions de coordination:

Dux jubet et milites parent. *Le chef commande et les soldats obéissent.*

On appelle **juxtaposées** des propositions de même type et de même valeur placées côte à côte sans conjonction de coordination.

Dux jubet, milites parent. *Le chef commande, les soldats obéissent.*

LES PROPOSITIONS SUBORDONNÉES

§ 225. Les subordonnées ont dans une phrase complexe des fonctions équivalentes à celles des **noms** dans la phrase simple *(complétives et circonstancielles)* ou à celles des **adjectifs** *(relatives)*.

Les **complétives** jouent essentiellement le rôle de *complément d'objet* d'un verbe, parfois celui de *sujet réel.* Il y a 3 sortes de complétives: 1° *la subordonnée interrogative;* 2° *la subordonnée infinitive;* 3° *certaines subord. conjonctives par* ut, ne, quin, quominus *(+ subjonctif)* ou quod *(+ indicatif)* (p. 130 à 135).

Les **subordonnées circonstancielles** jouent le rôle de *complément circonstanciel* (*de* but, *de* conséquence, *de* comparaison, *de* temps, *de* condition, *de* cause *ou de* concession) d'un verbe (p. 136 à 145).

Les **subordonnées relatives** se rattachent en principe à un nom (ou à un équivalent) appelé *antécédent* (§ 267).

NOTIONS COMPLÉMENTAIRES

I. **Proposition sans verbe.** *Parfois le verbe manque dans la proposition. Il s'agit d'ordinaire du verbe* sum, *parfois d'un verbe facile à suppléer* (dire, faire...) *ou du verbe d'une proposition voisine qui n'a pas été répété.*

Si dolor gravis, brevis. *Si la douleur* est *forte,* elle est *brève.*
Quid plura ? *Pourquoi en* dirais-je *plus ?*
Adeptus es quod non multi homines novi.
Tu as obtenu ce que peu d'hommes nouveaux ont obtenu.

II. **Subordonnées sans mot subordonnant.** *Certaines complétives au subjonctif se présentent sans mot subordonnant* (p. 135, I). *C'est un reste de l'état ancien de la langue où les propositions étaient simplement juxtaposées.*

Cave cadas. *Prends garde de tomber.*
Fac deligas fratrem meum. *Fais en sorte d'aimer mon frère.*

N. B. *On ne confondra pas avec ces subordonnées celles qui sont régies par un mot subordonnant qui n'a pas été répété.*

III. **Subordonnées se rattachant à un nom.**
Les subordonnées complétives se rattachent parfois non à un verbe, mais à un nom, *quand ce nom exprime une idée verbale :*

Timor ne hostes redeant. *La crainte que l'ennemi ne revienne* (§ 237).
Nuntius hostes redire. *La nouvelle que l'ennemi revient* (§ 232).
Quaestio num animus sit immortalis.
La question de savoir si l'âme est immortelle (§ 228).

IV. **Subordonnées développant un démonstratif.** *Souvent une subordonnée développe le contenu d'un adjectif, pronom ou adverbe démonstratif qui se trouve dans la principale :*

Suscipienda bella sunt ob *eam* causam *ut* in pace vivatur.
On doit entreprendre les guerres pour cette raison : vivre en paix.

Illud Crassus animadvertit suas copias non facile diduci.
Crassus fit cette remarque que ses troupes ne se déployaient pas facilement.

Homines *hoc* a bestiis differunt *quod* rationem habent.
Les hommes diffèrent des bêtes en ce qu'*ils ont la raison.*

N. B. 1° Ces subordonnées seront introduites en français par : *à savoir que, que,* souvent même simplement par *deux points* (:).

2° Les adverbes *eo, ideo, idcirco, propterea* annoncent soit une subordonnée *de cause,* soit une subordonnée *de but.* D'où les expressions :

eo (ideo) (idcirco) (propterea)... quod *(ind.), pour cette raison que ;*
eo (ideo) (idcirco) (propterea)... ut *(subj.), afin que.*
Ne pas confondre avec eo (huc, illuc)... ut *(subj.) à ce point que.*

SUBORDONNÉES COMPLÉTIVES

I. SUBORDONNÉE INTERROGATIVE

§ 226. Une proposition interrogative peut être :

indépendante **(interrogation directe)**	subordonnée **(interrogation indirecte)**
Quaero : « **Cur** venis ? »	*Quaero* **cur** venias.
Je demande : « Pourquoi viens-tu? »	*Je demande pourquoi tu viens.*

§ 227. Caractères de l'interrogation indirecte :

1° on ne met pas de point d'interrogation;
2° le verbe de la subordonnée est **toujours au subjonctif.**

§ 228. Fonction. La subordonnée interrogative est **complément d'objet** de verbes tels que :

quaerĕre, rogare, interrogare, sciscitari, *demander (un renseignement) ;* dicĕre, *dire ;* docēre, *enseigner ;* scire, *savoir ;* intellegĕre, *comprendre ;* mirari, *s'étonner ;* dubitare, *se demander ;* experiri, tentare, *essayer de savoir*, etc.

§ 229. Mots interrogatifs. Ce sont les mêmes que dans l'interrogation directe : pronoms, adjectifs interrogatifs (p. 40), adverbes interrogatifs (p. 76). *Mais* **num** *s'emploie avec le même sens que* -nĕ.

Remarques : 1° En français, par contre, les mots interrogatifs sont quelquefois différents selon le type d'interrogation.

	Interrogation directe	Interrogation indirecte
-ne, num	*est-ce que?*	*si*
nonne	*est-ce que... ne pas?*	*si... ne pas*
utrum... an	*est-ce que... ou bien est-ce que?*	*si... ou si*
quid	*quoi? que?*	*ce qui, ce que*

Quaero : « Venisne ? »	Quaero veniasne (num venias).
Je demande : « Est-ce que *tu viens?* »	*Je demande* **si** *tu viens.*
Quaero : « Quid legis ? »	Quaero quid legas.
Je demande : « Que *lis-tu?* »	*Je demande* **ce que** *tu lis.*

Quaero pater**ne** tuus venerit. *Je demande* **si** *ton père est arrivé.*

2° Ou non *se rend par* **necne** (*rarement par* annon).
3° *Ne confondez pas en français* **si** *interrogatif et* **si** *conjonction* (p. 142).

§ 230. Emploi des temps. La subordonnée interrogative suit les règles générales de la concordance des temps (§ 269).

Quaero quis veni**at**, quis ven**erit**. *Je demande qui vient, qui est venu.*
Quaesivi quis veni**ret**, quis ven**isset**. *Je demandai qui venait, qui était venu.*

Mais la notion de futur, pour laquelle le subjonctif n'a pas un temps spécial, s'exprime dans la subordonnée par une périphrase formée de *sim* (ou *essem*) + *participe futur en -urus.*

Quaero quis **sit** ventu**rus** *Je demande qui viendra (est disposé à venir).*
Quaesivi quis **esset** ventu**rus** *Je demandai qui viendrait (était disposé...).*

NOTIONS COMPLÉMENTAIRES

I. **La subordonnée interrogative sujet.**
Elle est sujet réel *de verbes et d'expressions tels que :* refert, interest, *il importe ;* me fugit, *il m'échappe, j'ignore ;* mirum est, *il est étonnant*, etc.
Quam hoc sit difficile te non fugit. *Il ne t'échappe pas combien c'est difficile.*

II. **Les particules de l'interrogation double.** *Dans la subordonnée interrogative, l'interrogation double* (§ 128) *est parfois introduite par :*

-ne ... an		quaero verum*ne an* falsum sit.
... an	(1er terme	quaero verum *an* falsum sit.
... -ne	sans particule)	quaero verum falsum*ne* sit.

Je demande si c'est vrai ou faux.

III. **An.**

1° *Chez les écrivains classiques,* an *ne figure qu'exceptionnellement dans des interrogations simples. Il s'agit des locutions* nescio an, haud scio an, dubito an, incertum est an *qui ont en général la valeur de* peut-être bien que; **an** *équivaut alors à* si... ne pas.

Haud scio an venerit.
Je ne sais s'il n'est pas venu. Peut-être est-il venu.
Haud scio **an non** venerit. *Peut-être qu'il n'est pas venu.*

2° C'est seulement chez les écrivains post-classiques que **an** est employé au sens de *-ne, num :*
Quaero an venerit. *Je cherche s'il est venu.*

IV. **Forsitan** (*pour* fors sit an, *c.-à-d.* incertum est an) *introduit, dans la langue classique, une interrogation indirecte et est alors suivi* du subjonctif :
Forsitan venerit. *Il est peut-être venu.*

Dans la langue post-classique, c'est un simple adverbe = fortasse.

V. **Nescio quis,** je ne sais qui; **nescio quando,** je ne sais quand, *etc... peuvent s'employer au sens de* aliquis, *quelqu'un,* aliquando, *quelque jour, sans idée d'interrogation, et dans ce cas le verbe qui suit n'est pas au subjonctif.*
Nescio quis venit. *Je ne sais qui, quelqu'un est venu.*

VI. **Emploi des temps.** *Un imparfait ou plus-que-parfait français dépendant d'un verbe principal au présent doit se mettre en latin au* parfait :
Je demande si tu lisais (*ou* si tu avais lu). *Quaero num legeris*.

VII. **Valeurs du subjonctif.**

1° *Il remplace l'indicatif de l'interrogation directe :*
Nescio quid agam. *Je ne sais ce que je fais.*

2° *Il peut conserver un sens* délibératif (p. 97, IV) :
Nescio quid agam. *Je ne sais ce que je dois faire, que faire.*

3° *Il peut conserver un sens* conditionnel (§ 161) :
Nescio quid agam. *Je ne sais ce que je ferais, (si...).*
Nescio quid egissem. *Je ne sais ce que j'aurais fait, (si...).*

VIII. **Le conditionnel dans la sub. interrogative.** *Voir* p. 149, II.

II. SUBORDONNÉE INFINITIVE

§ 231. Signes particuliers { *pas de mot subordonnant* ; sujet à *l'accusatif ;* verbe à *l'infinitif.*

Scio vit**am esse** brevem. *Je sais que la vie est brève (la vie être brève).*

§ 232. Elle est complément d'objet de verbes exprimant une *déclaration*, une *opinion*, une *connaissance :*

dicĕre, *dire*	credĕre, *croire*	audire, *apprendre*
negare, *dire que... ne... pas*	ducĕre, *juger*	animadvertĕre, *remarquer*
narrare, *raconter*	putare, *penser*	ignorare, *ignorer*
nuntiare, *annoncer*	sentire, *sentir*	nescire, *ignorer*
tradĕre, *rapporter*	sperare, *espérer*	scire, *savoir*, etc.

Dicunt Homer**um** caecum fu**isse**. *On dit qu'Homère était aveugle.*

Remarque : Elle accompagne aussi d'ordinaire certains verbes

de volonté : jubēre, *ordonner ;* velle, *vouloir ;* sinĕre, pati, *permettre ;* vetare, *défendre ;* prohibēre, *empêcher ;* cogĕre, *forcer.*

de sentiment : gaudēre, laetari, *se réjouir ;* indignari, *s'indigner ;* mirari, *s'étonner ;* queri, *se plaindre* (construits aussi avec *quod*, § 257).

Jubeo, gaudeo puer**um** leg**ĕre**. *J'ordonne, je me réjouis que l'enfant lise.*

§ 233. Elle est sujet réel de *locutions* et de verbes *impersonnels :*

creditur, *on croit*	constat, *il est certain*	necesse est, *il est nécessaire*
dicitur, *on dit*	licet, *il est permis*	utile est, *il est utile*
narratur, *on raconte*	oportet, *il faut*	turpe est, *il est honteux*, etc.

Constat puer**um** leg**ĕre**.
Il est certain que l'enfant lit. (Que l'enfant lit, c'est certain.)

Remarque : Avec des passifs comme *dicitur*, le tour impersonnel fait souvent place à un tour personnel (p. 133, II) dans lequel la proposition infinitive abandonne son sujet, qui devient, *au nominatif*, celui du verbe principal.

Dicitur Homer**um** caec**um** fuisse. → Homer**us** dicitur caec**us** fuisse.
On dit qu'Homère était aveugle. — *(Homère est dit avoir été aveugle.)*

§ 234. Emploi des temps. L'infinitif se met au présent, au passé, au futur, selon qu'il exprime une action présente, passée ou future par rapport à la principale. (*Voir aussi* p. 133, III.)

Credo { puerum leg**ĕre.** / puerum leg**isse.** / puerum **lecturum esse.** } — *Je crois* { *que l'enfant lit.* / *que l'enfant a lu, lisait, avait lu.* / *que l'enfant lira.* }

Credebam { puerum legĕre. / puerum legisse. / puerum lecturum esse. } — *Je croyais* { *que l'enfant* **lisait.** / *que l'enfant* **avait lu.** / *que l'enfant* **lirait.** }

Nom.	templum	templa
Voc	templum	templa
Acc	templum	templa
G	templi	templorum
D	templo	templis
Abl	templo	templis

templum	templa
templum	templa
templum	templa
templi	templorum
templo	templis
templo	templis

NOTIONS COMPLÉMENTAIRES

I. **Le pronom sujet.** *a)* Il s'exprime, *même s'il représente la même personne que le sujet du verbe principal. (Le français ne l'exprime pas toujours.)*

Credit se esse beatum. *Il croit être heureux.*

b) Il ne s'exprime pas : 1° *quand l'infinitif est impersonnel :*

Dicis pluĕre, pugnari. *Tu dis qu'il pleut, qu'on combat.*

2° *quand le sujet de l'infinitif est indéterminé, après un verbe principal impersonnel :*

Oportet esse probum (acc. masc.). *Il faut être honnête.*

3° *dans le style familier :* Credis esse paratum. *Tu crois être prêt.*

c) Les verbes velle, nolle, malle, cupĕre *(d'autres encore en poésie) peuvent être suivis d'un simple infinitif, quand leur sujet et celui de la proposition infinitive sont les mêmes. L'attribut est au nominatif :*

Volo esse clemens. *Je veux être clément.*

Si les sujets sont différents, la proposition infinitive reste obligatoire :

Volo te esse clementem. *Je veux que tu sois clément.*

II. **Tour passif personnel** (§ 233, R.). *Ce tour s'emploie de préférence avec les temps simples des verbes signifiant* dire, croire, annoncer, rapporter. *On met alors au nominatif tout adjectif ou participe en position* d'attribut.

Homo dicitur locu**tus** esse aliquot horas.
On dit que l'homme parla pendant quelques heures.

N. B. Le passif personnel est obligatoire avec les verbes de volonté *jubeor*, on m'ordonne, je reçois l'ordre; *vetor*, on me défend; *cogor*, on me force, je suis forcé; — et aussi avec *videor*, qui peut avoir deux sens très distincts : *il semble que je... (je semble à d'autres)* et *il me semble que je... (je me semble à moi-même...).*

Jubemur proficisci. *On nous ordonne de partir.*
Videor proficisci. *On se figure que je pars.*
Videor (mihi) proficisci. *Je me figure que je pars.*

III. **Emploi des temps.** 1° *Avec* espérer, promettre, jurer, menacer, *le latin emploie plutôt le* ***futur*** *là où nous mettons le présent :*

Sperat se profec**turum** esse. *Il espère partir.*

2° *La périphrase impersonnelle* fore ut *ou* futurum [esse] ut + subj. présent ou imparfait, *selon la concordance des temps* (§ 269) *peut s'employer au même titre qu'une proposition infinitive au futur; elle est nécessaire pour les verbes dépourvus de supin, et, par suite, d'infinitif futur.*

Credo fore ut discat. *Je crois qu'il étudiera (qu'il arrivera qu'il étudie).*
Credidi fore ut disceret. *J'ai cru qu'il étudierait.*

3° *Avec* se souvenir *le latin emploie souvent l'infinitif présent :*

Memini me legĕre. *Je me souviens d'avoir lu.*

IV. **Vidi eum ingredientem** ou **ingredi.** *Les verbes* voir, entendre *s'accompagnent souvent d'un participe présent accordé avec le c[t] d'objet :*

Vidi eum ingredientem. *Je l'ai vu entrer (alors qu'il entrait).*

Ils peuvent être accompagnés d'une proposition infinitive, *de sens un peu différent : Ex. :* Vidi eum ingredi. *J'ai vu (constaté) qu'il entrait.*

V. **Le conditionnel dans la sub. infinitive.** *Voir* p. 151, III.

III. COMPLÉTIVES INTRODUITES PAR UNE CONJONCTION

§ 235. Après les verbes : de volonté. La subordonnée est au **subjonctif** et commence par **ut** (ou **uti**), *que;* **nē** (*parfois* **ut nē**), *que... ne... pas.* Elle accompagne des verbes de *volonté*, *prière*, *effort*, tels que :

imperare, *commander*	orare, *prier*	suadēre, *conseiller*
edicĕre, *ordonner*	petĕre, *demander*	curare, *prendre soin*
praecipĕre, *prescrire*	rogare, *demander*	efficĕre, *faire en sorte*
optare, *souhaiter*	monēre, *conseiller*	impetrare, *obtenir*, etc.

Opto **ut** veni**as**; **ne** abe**as**. *Je souhaite que tu viennes ; que tu ne t'en ailles pas.*
Suadeo tibi **ut** leg**as**. *Je te conseille de lire (que tu lises).*
Suadeo tibi **ne** leg**as**. *Je te conseille de ne pas lire (que tu ne lises pas).*

N. B. *Pour exprimer l'idée de :* que personne, que rien, qu'aucun, que jamais, que nulle part..., *le latin dit :* **ne quis, ne quid, ne ullus, ne unquam, ne usquam** (cf. § 241, N. B.)

§ 236. Après les verbes exprimant : un événement. La subordonnée est au **subjonctif** et commence par **ut**, *que*, ou **ut non**, *que... ne... pas.*
Elle accompagne souvent des locutions et verbes impersonnels qui expriment un *événement* ou *un résultat*, comme :

evenit, *il arrive*	accidit, *il arrive*	sequitur, *il s'ensuit*
contingit, *il arrive*	fit, *il arrive*	efficitur, *il se produit*

Saepe fit **ut** err**emus**. *Il arrive souvent que nous nous trompions.*
Fit **ut non** legas. *Il arrive que tu ne lises pas.*

Remarque : La subordonnée est alors *sujet réel* du verbe principal.

§ 237. Après les verbes : de crainte. La subordonnée est au **subjonctif** et commence par **nē**, *que* [*ne*] ou **nē non** (parfois **ut**), *que... ne... pas. Elle accompagne les verbes :* timeo, vereor, metuo, *je crains*, etc...

Timeo **ne** veni**at**. Timeo **ne non** (parfois **ut**) veni**at**.
Je crains qu'il [ne] vienne. Je crains qu'il ne vienne pas.
Cave **ne** cad**as**. *Prends garde de tomber (que tu [ne] tombes).*

§ 238. Après les verbes : d'empêchement. La subordonnée est au **subjonctif;** *elle accompagne des verbes tels que :* impedio, obsto, *j'empêche;* recuso, *je refuse.*

Si le verbe d'empêchement est *affirmatif*, elle commence par **nē** (ou parfois **quominus**), *que* [*ne*].

Impedio **ne** (ou *quominus*) proficisc**a**tur. *Je l'empêche de partir (qu'il [ne] parte).*

Si le verbe d'empêchement est employé négativement ou dans une proposition interrogative à sens négatif, la subordonnée commence par **quominus** ou **quin,** *que.*

Non impedio **quominus** (ou *quin*) proficisc**a**tur. *Je ne l'empêche pas de partir.*
Quis obstat **quominus** (ou *quin*) leg**as**? *Qui t'empêche de lire ?*

§ 239. Emploi des temps. Les subordonnées par *ut*, *ne*, *quin*, *quominus*, suivent les règles générales de la concordance des temps (§ 269).

Timeo ne veni**at,** ne vene**rit.** *Je crains qu'il ne vienne, qu'il ne soit venu.*
Tim**ui** ne ven**iret,** ne ven**isset.** *Je craignis qu'il ne vînt, qu'il ne fût venu.*

NOTIONS COMPLÉMENTAIRES

I. Autres types de complétives.

1° **Le subjonctif seul.** *On emploie le subjonctif sans conjonction après les verbes :* velle, nolle, malle, licet, oportet, necesse est; *on le trouve aussi dans certaines locutions très usitées* (*par ex. après l'impératif* fac) *et, surtout dans le style familier, après d'autres verbes construits* habituellement *avec* ut (imperare, orare, petere, monere, etc.) :

Oportet legas. *Il faut que tu lises.*

2° **Quod + indicatif** *introduit parfois une subordonnée complétive c^t d'objet (ou sujet réel) du verbe principal et signifie :* ce fait que...

Multum ei detraxit quod alienae civitatis erat.
Le fait qu'il était d'une cité étrangère lui fit beaucoup de tort.

II. **Quin,** que [ne]. *Outre les verbes d'empêchement* (§ 238), *se construisent avec* quin + subj. *des expressions interrogatives ou négatives :*

Non dubito quin... *Je ne doute pas que...*
Quis dubitat quin... ? *Qui doute que ...?*
Facĕre non possum quin... *Je ne peux m'empêcher de...*
Haud multum abest quin... *Il s'en faut de peu que...*
Haud dubium est quin... *Il n'est pas douteux que...*

III. **Verbes à construction variable.**

a) *Les verbes* velle, nolle, malle, licet, oportet, necesse est *peuvent être accompagnés d'un infinitif seul* (§§ 184, 122, 173), ou *d'une proposition infinitive* (§§ 232, 233), ou *d'un subjonctif sans ut* (p. 135, I).

Oportet legĕre. *Il faut lire.*
Oportet te legĕre *ou* legas. *Il faut que tu lises.*

b) *Les verbes* niti, contendĕre, *s'efforcer ;* decernĕre [1], statuĕre [1], constituĕre [1], *décider, sont complétés par l'infinitif seul* ou *par* ut + subj.

Statuit bellum facĕre. *Il décida de faire la guerre.*
Statuit ut poenas dares. *Il décida que tu serais puni.*

(1) *Ces verbes sont parfois aussi complétés par une proposition infinitive avec adjectif verbal attribut.*

Statuit tibi poenas esse dandas. *Il décida que tu devais être puni.*

c) *Des verbes tels que* dicĕre, respondēre, nuntiare *se construisent diversement selon le sens qu'ils ont dans le passage :*

Dic illi **me** venisse. *Dis-lui que je suis venu* (expression d'un fait).
Dic illi **ut** veniat. *Dis-lui qu'il vienne* (expression d'un ordre).
Dic illi **cur** venias. *Dis-lui pourquoi tu viens* (interr. *indirecte*).

IV. **Non dubitare.**

1° *Au sens de « ne pas douter », il est suivi de* quin :

Non dubito *quin* valeat. *Je ne doute pas qu'il soit bien portant.*

2° *Au sens de « ne pas hésiter », il est suivi de* l'infinitif présent (*parfois de* quin) :

Non dubito venire (*ou* quin veniam). *Je n'hésite pas à venir.*

V. **Le futur et le conditionnel dans les complétives au subjonctif.** *Voir* p. 149, I et II.

SUBORDONNÉES CIRCONSTANCIELLES

I. SUBORDONNÉES DE BUT

§ 240. La subordonnée de but affirmative est introduite par la conjonction **ut** (ou **uti**), *pour que, afin que*, suivie du *subjonctif*.

Audi, **ut** disc**as**. *Écoute pour apprendre (pour que tu apprennes).*

Remarque : ut peut être remplacé par **quo,** *pour que par là*, surtout quand la subordonnée contient un comparatif.

Tace, **quo** mel**ius** discas.
Tais-toi pour mieux apprendre (pour que tu apprennes mieux).

§ 241. Quand la subordonnée de but est négative, le mot subordonnant est **nē** (parfois ut nē) : *pour que... ne... pas, pour éviter que.*

Hoc facit, **ne** poenas **det**.
Il fait cela pour ne pas être puni (pour qu'il ne soit pas puni).

N. B. Pour le thème. 1° *A* pour que... ne... pas *traduit par* **ne** *répondent les expressions* pour qu'aucun : **ne ullus;** pour que personne : **ne quis;** pour que rien : **ne quid;** pour que jamais : **ne unquam;** pour que nulle part : **ne usquam.**

2° *Liaison négative :* et pour que... ne... pas. *Une subordonnée de but négative coordonnée à une autre subordonnée de but est introduite par* **neve,** *parfois par* **neque** (cf. p. 79, II, c).

§ 242. Emploi des temps. Quand le verbe principal est à un temps passé le verbe subordonné se met à l'**imparfait** du subjonctif d'après les règles de la concordance des temps (§ 269).

Hoc **fecit**, ne poenas **daret**. *Il a fait cela pour ne pas être puni.*

§ 243. Dans un thème. Attention à des expressions comme : *afin de lire, pour lire.* Ne les traduisez **jamais par un infinitif** latin. Utilisez :

ut + subjonctif (§ 240) *Ut legat venit.* Il vient pour lire.

Vous pourrez parfois recourir à d'autres tours :

ad	+ gérondif	*Ad legendum venit.*
	+ adj. verbal (§ 200)	*Ad legendam historiam venit.*
causā (*ou* gratiā)	+ gérondif	*Legendi causā venit.*
	+ adj. verbal	*Legendae historiae causā venit.*
supin en **-um** (§ 165)		*Lectum venit.*

Remarque : Le but s'exprime aussi dans certaines phrases par :
un *adjectif verbal* pris comme attribut (§ 169, 1°).

Tibi libros legendos do. *Je te donne des livres à lire.*

une subordonnée relative au subjonctif (§ 268).

Tibi libros do quos legas. *Je te donne des livres à lire (que tu lises).*

II. SUBORDONNÉES DE CONSÉQUENCE

§ 244. La subordonnée de conséquence est au **subjonctif** et commence par la conjonction **ut** (ou **uti**), comme la subordonnée de but. Mais elle exprime le plus souvent un fait réel, un résultat *(de sorte que, si bien que, au point que...).*

Est disertus **ut** ceteros super**et.**
Il est éloquent au point qu'il surpasse tous les autres.

§ 245. En général il y a dans la principale un mot qui annonce **ut.**

Est **tam** disertus **ut** ceteros superet.
Il est si éloquent qu'il surpasse tous les autres.

ita, sic *(adv.)*	**ut + subjonctif**	*tellement, de sorte*	que
adeo *(adv.)*		*à tel point*	
tam *(adv.)*		*tellement, si*	
tantum *(adv.)*		*tant*	
tantus, a, um		*si grand*	
talis, is, e ; **is,** ea, id		*tel*	
tot ; tam multi, ae, a, etc.		*si nombreux,* etc.	

N. B. Parfois **tam... ut,** *assez pour que ;* **ita... ut,** *avec cette restriction que...*

§ 246. Quand la subordonnée de conséquence est négative, le mot subordonnant n'est pas *ne*, mais **ut non.**

Tam prudens est hic homo, **ut** decipi **non** possit.
Cet homme est si prudent qu'il ne peut être trompé.

N. B. 1° Pour le thème. *A* de sorte que... ne... pas *traduit par* ut non *répondent les expressions :* de sorte que personne, **ut nemo;** de sorte que rien, **ut nihil;** de sorte qu'aucun, **ut nullus;** de sorte que jamais, **ut nunquam;** de sorte que nulle part, **ut nusquam,** etc.

2° *Après une principale négative* **quin** *peut remplacer* ut non :

Nunquam est tam male Siculis quin aliquid facete dicant.
Jamais les Siciliens ne sont assez malheureux pour ne pas plaisanter.

§ 247. Quand le verbe principal est **au passé,** le verbe subordonné peut suivre la règle générale de la concordance des temps et se mettre à l'*imparfait du subjonctif* (§ 269). La phrase prendra des valeurs assez différentes selon le contexte :

Ita crevit amnis ut exunda**ret.**
Le fleuve grossit au point de déborder (assez pour déborder), au point qu'il débordait, au point qu'il déborda.

Cependant on trouve le **parfait** quand il s'agit :
soit d'insister sur la réalité d'une conséquence passée :

Fuit disertus ut ceteros supera**verit.**
Il fut éloquent au point qu'il surpassa effectivement tous les autres.

soit de montrer que cette conséquence dure encore :

Adeo excellebat Aristides abstinentia ut Justus **sit appellatus.**
Aristide se distinguait par son intégrité au point qu'il a été appelé le Juste.

Le **présent** s'emploie pour évoquer la conséquence présente d'un fait passé.

Tantus pavor fuit ut nunc etiam trem**am.**
Ma peur fut telle que je tremble encore.

III. SUBORDONNÉES DE COMPARAISON

§ 248. Locutions de comparaison. Le mot subordonnant est une conjonction ou un adverbe ou un adjectif.

a) Il est souvent annoncé dans la principale par un adverbe ou un adjectif avec lequel il forme une locution de comparaison.

locutions invariables

ita... ut, de la même manière que
sic... ut, de la même manière que
tam... quam, aussi, autant... que
tantum... quantum, autant que
tanti... quanti, autant (aussi cher)... que
tanto... quanto, d'autant... que
tamdiu... quamdiu, aussi longtemps que
toties... quoties, toutes les fois que

locutions variables

talis...qualis, tel... que
tantus... quantus, aussi grand... que
idem... atque (ac), le même... que
alius... atque (ac), autre... que
tam multi (tot)... **quam multi** (quot), aussi nombreux... que, etc.

b) Le mot subordonnant se traduit toujours par *que*.

Ita laborat **ut** ludit. *Il travaille de la même manière qu'il joue.*
Tot sententiae sunt **quot** homines. *Il y a autant d'avis que d'hommes.*

c) Dans les locutions de comparaison tout élément déclinable (*souligné ci-dessus, a*) s'accorde avec un mot de sa proposition.

Tant**um** gaudi**um** mihi est quant**us** dol**or** antea fuit.
Ma joie est aussi grande que [*grande*] *fut autrefois ma douleur.*

§ 249. Mode du verbe subordonné : l'indicatif
Les subordonnées de comparaison sont souvent annoncées par des expressions identiques à celles qui annoncent les subordonnées de conséquence.

Ne confondez pas : ita... ut + Indic., *de la même manière que,*
ita... ut + Subj., *de telle manière que* (§ 245).

tam... quam + Indic., *autant (aussi)... que*
tam... ut + Subj., *tellement (si)... que* (§ 245).

§ 250. Ellipse du verbe subordonné. Ce verbe ne s'exprime pas, quand il ne fait que répéter le verbe principal.

Talis est filius qualis pater [est]. *Le fils est tel que le père.*

§ 251. Inversion des termes. La subordonnée précède très souvent la principale.

Ut sementem facies (feceris), **ita** metes. *Comme tu sèmeras (auras semé), ainsi tu récolteras.*

L'inversion s'allie à l'ellipse des verbes.

Qualis pater, **talis** filius. **Tel** *père,* **tel** *fils* (cf. p. 41, III, N. B.)
Quot homines, **tot** sententiae. **Autant** *d'hommes,* **autant** *d'avis.*

NOTIONS COMPLÉMENTAIRES

I. **Mots subordonnants employés seuls.** *La comparaison est souvent introduite par un subordonnant sans attache dans la principale:* ut, sicut, velut, quemadmodum, *de même que, comme, ainsi que;* quantum, *autant que;* quamdiu, *aussi longtemps que*, etc.

• Laborat ut ludit. *Il travaille comme il joue.*

II. **Quam :** que, *s'emploie après :*

1° *les comparatifs de supériorité; d'infériorité; d'égalité avec* tam (§ 42).

Doctior est quam putas. *Il est plus savant que tu ne penses.*

2° *des expressions qui contiennent une comparaison implicite :* malo, *j'aime mieux;* praestat, *il vaut mieux.*

Mori praestitit quam haec pati.
Mieux eût valu mourir que souffrir cela.

3° non alius, *non autre;* non aliter, *non autrement.*

Non alius est quam fuit olim. *Il n'est pas autre qu'il était jadis.*

III. **Ac** ou **atque :** que, *suit des adjectifs et adverbes exprimant :*

1° la ressemblance : par, *égal;* aequus, *égal;* similis, *semblable;* idem, *le même;* aeque, *également;* perinde, *semblablement*, etc.

Iisdem libris utor ac tu. *Je me sers des mêmes livres que toi.*

2° la dissemblance : alius, *autre;* contrarius, *contraire;* aliter, secus, *autrement;* contra, *contrairement.*

Aliter loquitur ac sentit. *Il parle autrement qu'il [ne] pense.*

N. B. *Pour* idem... qui : *le même... que, voir p.* 147, IV.

IV. **Eo... quo :** d'autant (plus, moins) que. *Devant un comparatif de supériorité ou d'infériorité, l'idée de proportion s'exprime par :*

1° eo *ou* hoc *dans le premier terme*, quo *dans le second*
2° tanto —, quanto —

Eo (hoc, tanto) modestior est quo (quanto) doctior.
Il est d'autant plus modeste qu'il est plus savant.

N. B. *Si le second terme est au positif, il est introduit par* **quod :**

Eo modestior quod doctus. *D'autant plus modeste qu'il est savant.*

V. **Quo... eo,** *inversés :* plus (moins)... plus (moins).

Quo (quanto) quis doctior, eo (hoc, tanto) modestior est.
Plus *on est savant,* plus *on est modeste.*

VI. **Potius quam** (*parfois* **priusquam**) + **subjonctif :** plutôt que de *(préférence, intention).*

Depugna potius quam servias. *Combats plutôt que d'être esclave.*

Potius quam + mode du 1er terme : plutôt que *(comparaison) :*

Potius aufugis quam abis. *Tu t'enfuis plutôt que tu ne t'en vas.*

VII. **Le subjonctif** *se rencontre dans la subordonnée de comparaison, mais avec la valeur d'un potentiel ou d'un irréel :*

Magis eum amo quam credat. *Je l'aime plus qu'il ne le croirait.*

VIII. **Comparaisons conditionnelles :** comme si... *Voir* p. 143, IV, 4°.

IV. SUBORDONNÉES DE TEMPS

§ 252. Conjonctions toujours suivies de l'indicatif :

ubi, ut, *quand, lorsque*
ubi (ut) primum } *dès que*
simul ac (atque) } *aussitôt que*
postquam (posteaquam), *après que*
si, quoties } *toutes les fois que*
quotiescumque }

Ces conjonctions présentent un fait qui se produit réellement. Ce fait peut être *unique :* Haec **ubi** *(ut, postquam)* dixit, abiit.
Lorsqu'il eut dit cela, il partit.

ou *répété :* **Quoties** *(ubi)* hostem conspexerant, adoriebantur.
Chaque fois qu'ils avaient vu l'ennemi, ils l'attaquaient.

§ 253. Conjonctions suivies de *l'indicatif* ou du *subjonctif :*

A) ANTEQUAM, PRIUSQUAM — DUM, DONEC, QUOAD.

I. **Indicatif.** Il exprime un fait qui se produit réellement.

antequam, priusquam, *avant le moment où, avant que.*
dum, quoad, donec, 1° *tant que ;* 2° *jusqu'au moment où, jusqu'à ce que.*

Res ita se habebant, **antequam** *(priusquam)* in Siciliam veni.
La situation était telle avant mon arrivée (avant que je fusse arrivé) en Sicile.

Moratus est **dum** redierunt.
Il s'arrêta jusqu'à leur retour.

Donec eris felix, multos numerabis amicos *(poétique).*
Tant que tu seras heureux, tu auras beaucoup d'amis.

II. **Subjonctif.** Il exprime une prévision, une intention, un fait qui ne se produit pas ou se produit trop tard.

antequam, priusquam, *avant que (sans attendre que).*
dum, donec, quoad, *jusqu'à ce que (en attendant que).*

Antequam agatis, cogitate.
Avant d'agir (avant que vous agissiez), réfléchissez.

Maneo dum veni**at.** *Je reste jusqu'à ce qu'il vienne.*

La nuance entre indicatif et subjonctif n'est pas toujours facile à percevoir.

B) CUM.

cum + l'indicatif : 1° *lorsque, au moment où ;* 2° *toutes les fois que*

fait unique : **Cum** Caesar in Galliam venit, factiones erant.
Lorsque César arriva en Gaule, des partis y existaient.

fait répété : **Cum** hostes conspexerant, adoriebantur.
Lorsque (chaque fois qu') ils avaient vu l'ennemi, ils l'attaquaient.

cum + le subjonctif : *comme, alors que* (à l'idée pure et simple de temps s'ajoute souvent une nuance de *cause* ou d'*opposition*).

Cum Athenae florerent, nimia libertas civitatem miscuit.
Alors qu'Athènes était florissante, la trop grande liberté bouleversa la cité.

N. B. *Le tour* cum + subjonctif *supplée à différents participes,* p. 101, I.

NOTIONS COMPLÉMENTAIRES

I. **Postquam, ubi :** comme. *Suivis d'un imparfait de l'indicatif,* postquam *et* ubi *prennent souvent le sens de* comme :

Postquam spes tuendi exigua erat, nocte oppidum reliquerunt.
Comme l'espoir de défense était faible, ils quittèrent la place la nuit.

II. **Post (postea)... quam, ante... quam, prius... quam.** *Les deux éléments sont parfois séparés par plusieurs mots :*

Paucis post diebus quam discesserat.
Peu de jours après son départ (après qu'il était parti).

N. B. *Parfois* postquam *peut être remplacé par* quam.

Sexto die quam profectus sum.
Cinq jours après mon départ (Le 6e jour après que...)

III. **Dum redeam, redeo, rediero.** *Quand le verbe principal est au présent ou au futur, le verbe d'une proposition subordonnée par* dum, *jusqu'à ce que,* antequam, *avant que,* etc. (§ 253) *est, selon la pensée de l'écrivain :* soit *au présent du subjonctif (remplacé parfois par l'indicatif),* soit *au futur antérieur* (jamais au futur) :

Exspecta dum	redeam (redeo)	*Attends*	*jusqu'à ce que je revienne.*
	rediero	*mon retour*	*le moment où je serai revenu.*

IV. **Dum redii, redirem.** *Quand le verbe principal est à un temps passé, le verbe d'une subordonnée par* dum, antequam, etc. (§ 253) *est* soit *au parfait de l'indicatif (action passée ayant réellement eu lieu),* soit *au subjonctif imparfait ou plus-que-parfait (idée d'intention) :*

Exspectavit dum	redii	*Il attendit*	*le moment où je fus revenu.*
	redirem	*mon retour*	*jusqu'à ce que je revinsse.*

V. **Dum,** pendant que, dans le même temps que. *Dans un récit au passé,* dum *est suivi* du présent de l'indicatif *et se traduit par* pendant que *et l'imparfait :*

Dum quaerit escam, margaritam repperit gallus.
Pendant qu'il cherchait sa nourriture, le coq trouva une perle.

VI. **La répétition.** *Les écrivains de l'époque impériale emploient souvent après* quoties, si, ubi, cum, etc. *le subjonctif imparfait et plus-que-parfait pour exprimer la répétition.*

Id ubi dixisset, hastam emittebat.
Chaque fois qu'il avait prononcé ces paroles, il lançait un javelot.

VII. **Cum, relatif.** *On retrouve dans certains emplois l'origine relative de* cum :

Fuit quoddam tempus cum homines vagabantur.
Il y eut une époque où les hommes erraient çà et là.

et aussi dans cette phrase où il est une sorte de relatif de liaison suivi d'un infinitif de narration et équivaut à et tum :

Jam dies consumptus erat, cum tamen barbari acrius instare.
Le jour était déjà fini, que (et) pourtant les barbares attaquaient plus fort.

V. SUBORDONNÉES DE CONDITION

La subordonnée de **condition** est introduite par la conjonction **si**, suivie tantôt de l'indicatif, tantôt du subjonctif.

§ 254. Contrairement à l'usage français le mode et le temps du verbe sont en général **les mêmes dans la subordonnée que dans la principale,** dans les quatre cas suivants :

Fait futur	**SI** ↙ **Indicatif Futur** ↘	
	Si hunc librum **leges...**	...laetus **ero.**
	(*ou au futur antérieur* **legeris**)	
	Si tu lis ce livre...	*...je serai content.*
Fait réalisable (potentiel) (§ 161)	**SI** ↙ **Subjonctif Présent** ↘	
	Si **venias...**	...laetus **sim.**
	Si tu venais (un jour)...	*...je serais content.*
Fait irréalisable — irréel du présent	**SI** ↙ **Subjonctif Imparfait** ↘	
	Si **venires...**	...laetus **essem.**
	Si tu venais (à présent)...	*...je serais content (mais hélas !).*
irréel du passé	**SI** ↙ **Subjonctif Plus-que-parfait** ↘	
	Si **venisses...**	...laetus **fuissem.**
(§ 161)	*Si tu étais venu (autrefois)...*	*...j'aurais été content (mais hélas !).*

§ 255. Si = *s'il est vrai que, puisque, lorsque.* Dans ce cas on emploie les mêmes temps et les mêmes modes qu'en français.

> **Si** ita **egisti,** male egisti. *Si tu as agi ainsi, tu as mal agi.*
> **Si sunt** dii, sunt boni.
> *Si les dieux existent (= s'il est vrai que les dieux existent), ils sont bons.*
> **Si vis** pacem, para bellum. *Si tu veux la paix, prépare la guerre.*

§ 256. Se construisent comme si :

nisi, si non, ni (plus rare) : *si .. ne... pas*

nisi : *à moins que, excepté si.*

> **Nisi** *(si non)* venissem, te necavisset.
> *Si je n'étais pas venu, il t'aurait tué.*
> Moriere virgis, **nisi** signum tradetur.
> *Tu mourras par les verges, à moins que la statue ne soit livrée.*

quod si (en tête de phrase) : *que si, et si ;* **sin, sin autem :** *mais si, si au contraire ;* — **etiamsi :** *même si, quand même* (nuance de concession).

N. B. Nisi *peut être adverbe au sens de :* excepté, si ce n'est.

> Neminem amo nisi te. *Je n'aime que toi (... personne si ce n'est toi).*

NOTIONS COMPLÉMENTAIRES

I. **Combinaisons diverses.** *Il arrive qu'on trouve :*

1° *une subordonnée* potentielle *avec une principale au* futur :

Si hoc dicĕre cupi**as,** non lice**bit.**
Si tu désires (si tu désirais) dire ceci, tu ne le pourras pas.

2° *une subordonnée* potentielle *au* parfait du subjonctif :

Si quis gladium apud te depo**suerit,** repetat insaniens, reddere peccatum sit. *Si quelqu'un avait déposé chez toi une épée, et que devenu fou il te la réclame, ce serait une faute de la rendre.*

3° *une subordonnée* irréelle *avec une principale à* l'indicatif :

Pons iter paene hostibus **dedit** ni fu**isset** Horatius Cocles.
Le pont livrait passage aux ennemis s'il n'y avait pas eu Horatius Coclès.

4° *les deux irréels* (présent et passé) *combinés entre eux :*

Si adfu**isses,** id dic**eres.** *Si tu avais été là, tu dirais cela.*

5° *l'imparfait du subjonctif exprimant* l'irréel du passé :

Sicilia si loque**retur,** tum dic**eret...**
Si la Sicile avait parlé, elle aurait dit alors...

II. **Si + subjonctif :** pour le cas où. *Parfois, surtout avec les verbes* sayer, attendre, **si + subj.** *prend le sens de* pour le cas où :

Epistulam Caesaris tibi misi, si minus eam legisses.
Je t'ai envoyé une lettre de César, pour le cas où tu ne l'aurais pas lue.
Si perrumpĕre possent conati sunt.
Ils essayèrent de forcer le passage (ils firent des efforts, pour le cas où...).

III. **Si non** (*jamais* nisi) *s'emploie dans une 2e hypothèse qui nie la 1re* :

Si feceris, habebo gratiam; si non feceris, ignoscam.
Si tu le fais, je t'en saurai gré ; si tu ne le fais pas, je ne t'en voudrai pas.

N. B. *Le* « sinon » *français se dit en latin :* sin minus *ou* sin aliter.

IV. **Autres expressions de condition.**

1° sive... sive (seu... seu) : *soit que... soit que ; suivi de l'*indicatif :

Sive loquebatur, sive tacebat. *Soit qu'il parlât, soit qu'il se tût.*

2° dum, modo : *pourvu que ; avec le subjonctif* (*négation* ne).

Oderint dum metuant. *Qu'ils me haïssent pourvu qu'ils me craignent.*

3° ut : *à supposer que ; avec le subjonctif* (*négation* non) :

Ut desint vires, tamen est laudanda voluntas.
A supposer que les forces manquent, cependant l'intention est à louer.

4° Comparatives conditionnelles :

a) quasi, tanquam (si) : *comme si ; toujours suivis du* subjonctif. *On applique la concordance des temps* (§ 269) *en négligeant la distinction des autres conditionnelles par* si (§ 254) *entre potentiel et irréel :*

Eum amo quasi sit frater meus. *Je l'aime comme s'il était mon frère.*

b) ut si, velut si, perinde ac si : *comme si ; toujours suivis du* subjonctif. *Mais on fait la distinction entre irréel et potentiel :*

Eum amo ut si esset frater meus. *Je l'aime comme s'il était mon frère.*

VI. SUBORDONNÉES DE CAUSE

§ 257. Conjonctions suivies de l'*indicatif* ou du *subjonctif* :

quod, quia, *parce que;* **quoniam, quando,** *puisque.*

I. **Indicatif.** La subordonnée indique une cause réelle dont on affirme l'existence.

> **Quoniam** id cupi**s,** maneo.
> *Puisque tu le désires, je reste.*
>
> Gaudeo **quod** vale**s.** *Je me réjouis parce que tu te portes bien.*

II. **Subjonctif.** La subordonnée indique une cause dont on ne peut affirmer la réalité (parole ou pensée d'autrui, prétexte...).

> Socrates accusatus est **quod** juventutem corrumpe**ret.**
> *Socrate fut accusé de corrompre la jeunesse (parce que, disait-on...).*
>
> Gaudeo **quod** vale**as.** *Je me réjouis à la pensée que tu te portes bien.*

N. B. **non quod** (non quo) + subj. *répond à notre :* non que + subjonctif.
non quia + indic. *répond à notre :* non parce que + indicatif.

§ 258. Conjonction suivie du *subjonctif* : **cum,** *puisque, du moment que.*

> **Cum** id cup**ias,** maneo. *Puisque tu le désires, je reste.*

§ 259. Conjonction suivie de l'*indicatif* : **ut,** *étant donné que, vu que, attendu que,* employé d'ordinaire avec le verbe *esse.*

> Magnifice, **ut** er**at** copiosus, convivium apparavit.
> *Vu sa richesse, il prépara un festin magnifique.*

VII. SUBORDONNÉES D'OPPOSITION ou CONCESSION

Elles indiquent **malgré quel obstacle** se fait l'action principale.

§ 260. Conjonctions suivies de l'*indicatif* :

quanquam, tametsi, etsi, *bien que, quoique.*

> **Quanquam** abest a culpā, (tamen) accusatur.
> *Quoiqu'il soit irréprochable, on l'accuse.*

N. B. *Pour* etiamsi, *même si,* voir § 256.

§ 261. Conjonctions suivies du *subjonctif* :

cum, *bien que, quoique, alors que.*

> **Cum** ab**sit** a culpā, accusatur. *Quoiqu'il soit irréprochable, on l'accuse.*

quamvis, *quelque... que,* n'est pas étymologiquement une conjonction; s'emploie surtout avec un adjectif ou un adverbe.

> **Quamvis** callidus **sis,** tamen deceptus es.
> *Si habile que tu sois (Quoique tu sois habile), cependant tu as été trompé.*

licet, *je veux bien que, bien que,* n'est pas étymologiquement une conjonction; ne s'emploie qu'avec un verbe au présent ou au parfait.

> **Licet** omnes frem**ant,** dicam... *Bien que tous murmurent, je dirai...*

VIII. LA SUBORDONNÉE PARTICIPE *(ABLATIF ABSOLU)*

§ 262. Signes particuliers { *pas de mot subordonnant* / sujet à *l'ablatif* / verbe à *l'ablatif du participe* }

Partibus factis, verba fecit leo.
Les parts étant faites, le lion prit la parole.

Remarques :

1° Un mot qui se rapporte à un des termes de la principale ne peut être, d'ordinaire, sujet d'un ablatif absolu. Le latin dit :

Urbem captam hostis diripuit. *La ville une fois prise, l'ennemi la pilla.*
(et non *Urbe captā, hostis* **eam** *diripuit.*)

2° Cette proposition équivaut à une subordonnée par conjonction de temps, de cause, de concession ou de condition.

Parfois, surtout dans la langue post-classique, l'ablatif absolu est précédé d'une particule qui en précise le sens : *ut* (étant donné que), *quanquam* (quoique), *sicut* (comme si), *nisi* (à moins que), etc.

§ 263. Équivalents français. Cette proposition se traduit par :

1° une subordonnée participe (renforcée ou non par *une fois, aussitôt) :*
Une fois les parts faites, le lion prit la parole.

2° une subordonnée avec conjonction *(lorsque, parce que, quoique, si,...)*
Lorsque les parts furent faites (eurent été faites), le lion...

3° un participe en apposition :
Ayant fait les parts, le lion...

4° un complément circonstanciel (infinitif ou nom) avec préposition :
Après avoir fait les parts, après le partage, le lion...

§ 264. Ablatif absolu sans participe.

Souvent l'ablatif absolu se compose de deux noms, ou d'un nom et d'un adjectif. Un des ablatifs est sujet, l'autre est attribut. **Sous-entendez le participe présent du verbe être,** *étant* (qui n'existe pas en latin).

Cicerone consule. *Cicéron [étant] consul. Sous le consulat de Cicéron.*
Te invito. *Malgré toi (toi [étant] opposé à cela).*

§ 265. Ablatif absolu sans sujet à l'ablatif.

1° Le sujet est un mot facile à rétablir. Cette omission est rare :
Haec agitanti**bus,** rex mortuus est. *Pendant qu'*ils *discutaient ainsi,...*

2° Le sujet est une proposition subordonnée complétive :
Nuntiato Caesarem advenisse... *A l'annonce de l'arrivée de César...*
(Le fait que César était arrivé ayant été annoncé.)

Cet emploi est fréquent chez les historiens avec : nuntiato, cognito, comperto, edicto..., *alors qu'il avait été annoncé, appris, découvert, décidé que...*

3° Le participe est au passif impersonnel (sans sujet), dans certaines expressions de la langue religieuse et juridique : **auspicato**, *les auspices ayant été pris,* **sortito**, *un tirage au sort ayant été fait :*

Auspicato, urbem oppugnavit.
Après avoir pris les auspices, il attaqua la ville.

SUBORDONNÉES RELATIVES

(*en général* complètent l'antécédent)

§ 266. La subordonnée relative est introduite :

a) par le pronom adjectif *qui, quae, quod* (§ 66); *uter* (p. 39, III, 2°);

b) par un adverbe relatif de lieu : *ubi, quo, unde, quā* (§ 133);

c) par un relatif indéfini : *quicumque, quisquis, ubicumque...* (§ 69; p. 39, III; p. 45, III; § 133);

d) par un relatif de quantité ou de comparaison : *qualis, quantus...* (p. 41, III); *quantum, quam, quot*, etc. (p. 83, III).

§ 267. Relative à l'indicatif. La proposition relative a d'ordinaire son verbe à l'indicatif.

1° Elle se rattache le plus souvent à un nom (pronom ou adverbe) contenu dans la principale et appelé antécédent

Timeo virum qui venit. *Je crains l'homme qui vient.*

2° Employée sans antécédent, elle a les fonctions d'un nom. Elle est par exemple *sujet* du verbe principal.

Qui bene amat, bene castigat. *Qui aime bien, châtie bien.*

§ 268. Relative au subjonctif. La proposition relative a parfois son verbe au subjonctif.

Elle équivaut alors à un *complément circonstanciel* du verbe principal. Elle exprime : un **but,** une **conséquence,** une **cause,** une **concession.**

qui = {
ut ego, ut tu, ut is, *pour que je, tu, il...* (but)
ut ego, ut tu, ut is, *de sorte que je, tu, il...* (conséquence)
cum ego, cum tu, cum is, *puisque je, tu, il...* (cause)
cum ego, cum tu, cum is, *quoique je, tu, il...* (concession)

1° **but :** Misit legatos qui *(ut ii)* pacem pet**erent**. *Il envoya des ambassadeurs pour demander la paix (afin qu'ils demandassent la paix).*

2° **conséquence :** Is est quem *(ut eum)* omnes admir**entur**. *Il est tel que tous l'admirent.*

3° **cause :** Fortunatus qui *(cum is)* tam pulchra vid**erit**. *Heureux qui a vu de si belles choses (puisqu'il a vu de si belles choses).*

N. B. Qui *alors est souvent renforcé :* quippe qui, *bien sûr lui qui ;* ut qui, *en homme qui ;* utpote qui, *comme il est possible de la part d'un homme qui...*

4° **concession :** Aristides, qui (cum is) ditissimus esse pos**set**, pauper mortuus est. *Aristide, qui eût pu être très riche, mourut pauvre (bien qu'il eût pu être très riche).*

NOTIONS COMPLÉMENTAIRES

I. **Quisquis es.** *Le latin emploie ordinairement* l'indicatif *après les relatifs indéfinis* quisquis, quicumque, qualiscumque, ubicumque, etc., *alors que le français emploie souvent le subjonctif :*

Quisquis es... *Qui que tu sois...*

II. **Relative de conséquence.** 1° *On la trouve après* talis, tantus, tam, *surtout avec une principale à valeur négative :*

Nulla est tanta vis quae non ferro frangi possit.
Aucune force n'est si grande qu'on ne puisse la briser par le fer.
Neque tam docti erant ad quorum judicium elaboraret.
Il n'y avait pas d'hommes assez cultivés pour qu'il cherchât à leur plaire

2° *Elle entre dans trois sortes d'expressions très fréquentes :*

a) is qui : *tel que, homme à, capable de.*

Non is sum qui dicam. *Je ne suis pas homme à dire (tel que je dise).*

b) dignus qui : *digne de ;* indignus qui, *indigne de ;* aptus qui, *capable de.*

Dignus est { qui imperet. *Il est digne de commander (qu'il commande).*
cui omnes pareant. *Il mérite que tous lui obéissent.* }

c) sunt qui : *il y a des gens qui ;* inveniuntur qui, *on trouve des gens qui ;* nemo est qui, *il n'y a personne qui ;* quis est qui ? *est-il quelqu'un qui ?*

Sunt qui sciant. *Il y a des gens qui savent.*
Nemo est qui illud non videat. *Il n'y a personne qui ne le voie.*

N. B. *Après une principale négative ou interrogative,* quin *remplace parfois* qui *(quae, quod)* non + subjonctif :

Nemo est quin illud videat. *Il n'y a personne qui ne le voie.*

III. **Relative de condition :** qui = si quis, *si quelqu'un.*

Errat qui putat. *Il se trompe celui qui croit* (*s'il croit*, fait réel).
Haec qui videat, nonne cogatur confiteri ?
Celui qui verrait cela, ne serait-il pas forcé d'avouer (*s'il voyait*, potentiel).
Haec qui videret, urbem captam crederet.
Celui qui verrait cela croirait voir une ville prise (*s'il voyait*, irréel).

IV. **Relative de comparaison :** idem qui, *le même que. Au lieu de* ac (p. 139, III) *on peut mettre après* idem *un relatif suivi de l'indicatif.*

Iisdem libris utor quibus tu [uteris].
Je me sers des mêmes livres que toi (= dont tu te sers).

V. **Relative de restriction.** *Elle est au subjonctif :*

Non venit, quod sciam. *Il n'est pas venu, que je sache.*
Doctissimus omnium quos quidem noverim.
L'homme le plus savant que je connaisse (du moins de ceux que je connais).

VI. **Double subordination.** *Un relatif peut recevoir une fonction à l'intérieur d'une proposition déjà subordonnée.*

Sunt artes quas qui tenent eruditi appellantur.
(Il y a des sciences que ceux qui possèdent sont dits savants.)
Il y a des sciences dont les possesseurs sont dits savants.
Negotium susceperat quo confecto laudem adeptus est.
(Il avait entrepris une affaire, laquelle ayant été achevée, il acquit de la gloire.)
Il avait entrepris une affaire dont la réalisation lui valut de la gloire.

La traduction de ces tours est toujours délicate, la double subordination, fréquente au XVIIe siècle, ayant presque disparu du français moderne.

LE SUBJONCTIF DANS LES SUBORDONNÉES

§ 269. La concordance des temps.

Le temps d'une subordonnée au subjonctif est déterminé par le temps du verbe principal d'après la règle générale suivante :

VERBE PRINCIPAL	VERBE SUBORDONNÉ *(subjonctif)*
PRÉSENT OU FUTUR	**présent** (action simultanée) **parfait** (action antérieure)
PASSÉ (IMPARF., PARF., PL.-Q.-PARF.)	**imparfait** (action simultanée) **plus-que-parfait** (action antérieure)

Opto ut scribat, ut scripserit. *Je souhaite qu'il écrive, qu'il ait écrit.*
Optabo ut scribat, ut scripserit. *Je souhaiterai qu'il écrive, qu'il ait écrit.*

Optaveram { ut scriberet / ut scripsisset. J'avais *souhaité* { *qu'il écrivît. / qu'il eût écrit.*

Remarques : 1° *Le* présent historique *ou* de narration *se comporte comme un présent ou un passé*, l'infinitif de narration *toujours comme un passé.*
2° *Dans les* conséquences, *après un passé le verbe subordonné est parfois au* subjonctif parfait *ou* présent (§ 247).

Cette règle s'applique mécaniquement dans les subordonnées interrogatives, les complétives au subjonctif, les sub. de but (conjonctives ou relatives). Dans les autres subordonnées, l'emploi des temps du subjonctif est plus libre et dépend surtout du sens ; souvent elles conservent le temps qu'elles auraient si elles étaient à l'indicatif. Dans un long discours en style indirect, *les écrivains usent parfois de la même liberté pour n'importe quelle subordonnée.*

Particularités : 1° Le parfait du subjonctif *dans la défense* (§ 159) *ou dans l'affirmation atténuée* (p. 97, I) *se comporte comme* un présent.

Ne quaesiveris quis adsit. *Ne demande pas qui est là.*

2° Un imparfait du subjonctif *marquant l'irréel ou une délibération dans le passé peut se trouver après un verbe principal* au présent.

Nescio quid facerem

Je ne sais ce que je ferais (maintenant, si...) ou *ce que j'aurais dû faire.*

§ 270. Le subjonctif dit d'attraction modale.

On trouve souvent au *subjonctif*, alors que l'on attendait l'indicatif, le verbe d'une subordonnée dépendant d'une subordonnée au subjonctif.

Accidit ut milites qui discess**issent** (= qui discesserant) caperentur. *Il arriva que des soldats qui s'étaient écartés furent pris.*

Remarque : *Le subjonctif d'une subordonnée dépendant d'une subordonnée* à l'infinitif *s'explique le plus souvent par le style indirect (paroles ou pensée d'autrui) ou par une idée d'éventualité ou d'indétermination plutôt que par l'attraction modale.* Mos est Athenis laudari in contione eos qui **sint** in proeliis interfecti. *C'est la coutume à Athènes de louer dans l'assemblée ceux qui ont été tués dans les combats.*

NOTIONS COMPLÉMENTAIRES

I. Le futur dans les subordonnées au subjonctif.

1° *Dans les subordonnées interrogatives le latin exprime* le futur *au subjonctif par le participe en* **-urus** *accompagné de* sim (*ou* essem, *d'après la concordance des temps*) (§ 230). *Il fait de même après* non dubito quin, *je ne doute pas que*, sunt qui, *il y a des gens qui*, cum *de cause ou d'opposition, et dans* les subordonnées de conséquence.

Non dubito quin venturus sit. *Je ne doute pas qu'il viendra.*

2° *Dans les autres subordonnées, il se contente d'employer le* subjonctif présent (*ou* imparfait), *parfois précisé par une expression de temps.*

Opto ut (mox) veniat. *Je souhaite qu'il vienne (bientôt).*

3° *A la voix passive, et pour les verbes sans supin à la voix active ou déponente, c'est* seulement le subjonctif présent (*ou* imparfait) *qui s'emploie.*

Nescio num in regnum restituatur. *Je ne sais s'il sera rétabli sur le trône.*

II. Le conditionnel dans les subordonnées au subjonctif.

Le potentiel *et* l'irréel *peuvent s'exprimer dans ces propositions par le* subjonctif-conditionnel *comme dans les propositions principales* (§ 161). *Mais à la voix active le potentiel s'exprime aussi par la tournure* -urus sim, *et l'irréel du passé le plus souvent par la tournure* -urus fuerim.

Scio quid agam (*ou* acturus sim), si veniat.
Je sais ce que je ferais, s'il venait un jour (potentiel).
Scio quid agerem, si veniret.
Je sais ce que je ferais, s'il venait (maintenant) (irréel du présent).
Scio quid acturus fuerim (*parfois* egissem), si venisset.
Je sais ce que j'aurais fait, s'il était venu (irréel du passé).

N. B. 1° *Pour le potentiel, la concordance des temps s'applique :*
Sciebam quid agerem (*on* acturus essem), si veniret.
Je savais ce que je ferais, s'il lui arrivait de venir.

2° -urus fuerim *échappe à la concordance des temps le plus souvent.*
Sciebam quid acturus fuerim, si... *Je savais ce que j'aurais fait, si...*

De même le subjonctif parfait des verbes devoir, pouvoir, falloir (cf. § 158, 1°). Nemo dubitavit quin castra capi potuerint.
Personne ne douta que le camp aurait pu être pris.

III. Le subjonctif de l'indétermination.

Dans les subordonnées relatives, *et après les conjonctions* si, nisi, cum, *l'indicatif fait place au* subjonctif *quand le sujet est* indéterminé, *en particulier quand la* 2e *personne a la valeur de :* on.

Memoria minuitur, nisi eam exerceas. *La mémoire diminue, si on ne l'exerce pas.*

IV. Le subjonctif de la répétition.

Dans les sub. relatives, *et après* cum, ubi, quando, si, quoties, *les écrivains post-classiques,* pour exprimer l'action répetée, *emploient souvent, au lieu de l'indicatif, le subjonctif à l'imparfait ou au plus-que-parfait.*

Id ubi dix**isset,** hastam emittebat.
Chaque fois qu'il avait dit cela, il lançait un javelot.

STYLE INDIRECT

§ 271. Il y a style (ou discours) indirect quand on rapporte les paroles ou la pensée d'autrui, non pas textuellement, **mais sous forme de subordonnées** à un verbe comme *dire* ou *penser* (exprimé ou sous-entendu). De là des différences avec le style direct pour les modes, les temps et les personnes.

§ 272. Les propositions principales du style direct dans le style indirect.

Une indépendante (ou principale) affirmative ou négative à l'indicatif devient dans le style indirect............. **proposition infinitive.**

« Veniam », inquit.	Dixit se venturum esse.
« *Je viendrai* », *dit-il.*	*Il a dit qu'il viendrait.*

Une indépendante interrogative devient.... **interrogation indirecte** [1].

« Cur venis ? » inquit.	Quaesivit cur veniret.
« *Pourquoi viens-tu ?* » *dit-il.*	*Il demanda pourquoi il venait.*

Une indépendante à l'impératif......... **passe au subjonctif** [1].

« Venite », inquit.	Dixit venirent.
« *Venez* », *dit-il.*	*Il leur dit de venir.*

Une indépendante au subjonctif............... **reste au subjonctif** [1].

« Ne abieris », inquit.	Dixit ne abiret.
« *Ne t'en va pas* », *dit-il.*	*Il lui dit de ne pas s'en aller.*

(1) avec application de la concordance des temps (§ 269).

§ 273. Les subordonnées du style direct dans le style indirect.

Les subordonnées à un mode personnel du style direct ont toutes leur verbe **au subjonctif** dans le style indirect.

Nihil esse negotii legionem quae cum Cicerone **hiemet** interfici.
Il n'est pas difficile (dit-il) de détruire la légion qui hiverne avec Cicéron.

N. B. *Celles qui, dans le style direct, seraient à l'indicatif futur ou futur antérieur passent* au subjonctif présent *ou* parfait (*imparfait ou plus-que-parfait après un verbe au* passé).

STYLE DIRECT	STYLE INDIRECT
« Civitatem vestram conservabo, si vos **dedetis** (*ou* dedideritis). »	Caesar respondit se civitatem conservaturum, si se **dederent** (*ou* dedidissent).
« *Je conserverai votre nation si vous vous rendez.* »	*César répondit qu'il conserverait leur nation s'ils se rendaient.*

§ 274. Personnes. Les pronoms personnels et les adjectifs possessifs passent à la 3e personne dans le style indirect.

En principe, le réfléchi **se** (ou le possessif **suus**) renvoie à la personne dont on rapporte les paroles (1re pers. du style direct), tandis que **is, ille** (ou les génitifs **ejus, eorum, earum** pour le possesseur) désignent les autres personnes (2e et 3e pers. du style direct). Mais pour celles-ci la règle du réfléchi peut amener : se (ou suus). L'emploi de **ipse** pour désigner la personne qui parle permet alors de dissiper l'équivoque.

Cur milites de suā virtute aut de ipsius diligentiā desperarent ?
Pourquoi désespéraient-ils de leur courage ou de son zèle (à lui qui parle).

NOTIONS COMPLÉMENTAIRES

I. Style indirect libre. *Souvent on n'exprime pas le verbe principal dont dépendent les paroles rapportées en style indirect.*

Civitati persuasit ut de finibus suis cum omnibus copiis exirent : « perfacile esse, cum virtute omnibus praestarent, totius Galliae imperio potiri ».

Il engagea ses concitoyens à sortir du pays avec toutes leurs ressources. La supériorité de leur courage leur assurerait aisément la domination de toute la Gaule (Il disait que la supériorité...).

N. B. *La présence de deux points et, souvent, de guillemets permet de reconnaître de tels passages. Le français emploie dans ce cas, pour traduire les complétives du style indirect, des propositions qui ont l'allure d'indépendantes ou de principales. Ainsi pour les exemples du* § 272 : Il viendrait. — Pourquoi venait-il? — Qu'ils vinssent. — Qu'il ne s'en allât pas.

II. Particularités. 1° *Une indépendante interrogative, quand elle n'est qu'une affirmation ou une négation déguisée, devient une* proposition infinitive.

Num patriam se deserĕre posse? *Pouvait-il abandonner sa patrie? Non.*

2° *Une subordonnée conserve l'indicatif quand l'écrivain veut montrer qu'elle n'appartient pas au style indirect ou quand elle n'est qu'une remarque de l'auteur.*

Aristoteles ait, apud Hypanim fluvium, qui in Pontum *influit*, bestiolas nasci, quae unum diem vivant.

Aristote dit que sur les bords de l'Hypanis (qui se jette dans le Pont-Euxin) il naît des insectes qui vivent un jour.

N. B. *Un relatif suivi d'un infinitif est* un relatif de liaison :

Ex quo judicari posse... *D'après cela on pouvait juger...*

III. Le conditionnel dans la subordonnée infinitive.

1° *Le potentiel s'exprime par l'infinitif futur.*

Dicit se venturum esse si valeat. *Il dit qu'il viendrait s'il allait bien.*

N. B. a) *Cette phrase peut signifier aussi :* Il dit qu'il viendra s'il va bien.

b) *Si le verbe principal est au passé, la concordance joue pour la subordonnée par* si :

Dixit se venturum esse si valeret. *Il a dit qu'il viendrait s'il allait bien.*

c) *Au passif et pour les verbes sans supin, on emploie le verbe* posse :

Dicit se audiri posse si velit. *Il dit qu'il serait entendu, s'il le voulait.*

2° *L'irréel du présent et du passé s'exprime par le participe futur en* -urus *et* fuisse.

Dicit se venturum fuisse si posset.
Il dit qu'il viendrait s'il pouvait (hélas!)
Dicit se venturum fuisse si potuisset.
Il dit qu'il serait venu s'il avait pu.

N. B. *Au passif et pour les verbes sans supin, on emploie la tournure* futurum fuisse ut, *suivie du* subjonctif imparfait.

Dicit futurum fuisse ut audiretur, si voluisset.
Il dit qu'il aurait été entendu s'il avait voulu.

§ 275. Les divers emplois de UT

ADVERBE INTERROGATIF ou EXCLAMATIF

	comment? (§ 127)	Ut vales ? *Comment vas-tu?*
	comme!	Ut gaudet ! *Comme il se réjouit!*

CONJONCTION DE SUBORDINATION

(+ Subj.)	**que** (§ 235)	Opto ut venias.
	que (§ 236)	Fit ut erremus.
	à savoir que (p. 129, IV)	...ob eam causam ut...
	que... ne... pas (§ 237)	Timeo ut veniat.
	afin que (§ 240)	Audi ut discas.
	de sorte que (§ 244)	Est disertus ut ceteros superet.
	(tellement) **que** (§ 245)	Est tam disertus ut ceteros superet.
	(assez) **pour que** (§ 286)	... tam ... ut
	(trop grand) **pour que** (p. 27, IV)	... (major) quam ut...
	à supposer que (p. 143, IV)	Ut desint vires,...
(+ Indic.)	**lorsque** (§ 252)	Haec ut dixit, ...
	de même que (p. 139, I)	Laborat ut ludit.
		Ita laborat ut ludit.
	— (§ 248)	Ut sementem facies (feceris), ita metes.
	— (§ 251)	
	étant donné que (§ 259)	Ut erat copiosus, ...

§ 276. Les divers emplois de CUM

PRÉPOSITION

	avec (*accompagnement*, § 193)	Cum amico cenabam.
	— (*manière*, p. 115, I)	Suaviter et cum sensu.

CONJONCTION DE SUBORDINATION

(+ Indic.)	**lorsque** (§ 253, B)	Cum Caesar in Galliam venit, ...
	toutes les fois que (§ 253, B)	Cum hostes conspexerant, ...
(+ Subj.)	**comme, alors que** (§ 253, B)	Cum Athenae florerent, ...
	puisque (§ 258)	Cum id cupias, ...
	bien que (§ 261)	Cum absit a culpā,...

N. B. *Équivalent de participe* (p. 101, I) : Alexander, cum... interfecisset,...
Dans l'expression cum... tum..., *cum* = d'une part (§ 145).

§ 277. Les divers emplois de QUOD

RELATIF		
avec antécédent	**qui, que...** (§ 66)	
sans antécédent	**ce qui, ce que...** (§ 68, 1)	
	cela *(liaison)* (§ 68, 2)	
ADJ. INTERROG.	**quel?** (§ 70)	
ADJ. INDÉFINI	**quelque, un** (§ 74)	
CONJ. DE SUB.	**ce fait que** (p. 135, I, 2°)	...quod alienae civitatis erat.
(+ Indic.)	**à savoir que** (p. 129, IV)	Hoc a bestiis differunt quod...
	parce que (§ 257, I)	Gaudeo quod vales.
(+ Subj.)	**sous prétexte que** (§ 257, II)	...quod corrumperet...
	à la pensée que (§ 257, II)	Gaudeo quod valeas.

§ 278. Les divers emplois de UBI, QUANDO, NE

UBI

adv. relatif	**où** (p. 39, IV)	Ex eo loco ubi... *De ce lieu où...*
	là *(liaison)*	Ubi requiesces. *Là tu te reposeras.*
adv. interr.	**où?** (§ 189)	Ubi es? *Où es-tu?*
conj. de sub.	**lorsque** (§ 252)	Haec ubi dixit... *Lorsqu'il eut dit cela,...*

QUANDO

adv. interr.	**quand?** (§ 191)	Quando veniet? *Quand viendra-t-il?*
conj. de sub.	**puisque** (§ 257)	Quando id certum est... *Puisque c'est décidé...*
	lorsque (p. 87)	Quando eos misimus... *Lorsque nous les envoyâmes...*

N. B. **quando,** pour *aliquando*, après : *num, si, ne...*; Si quando... *Si un jour...*.

NE

adv. affirm.	**assurément** (p. 77, IV)	Nē ego. *Oui, moi.*
adv. négatif	**ne... pas** (§§ 129, 132)	Nē legat. — Nē in Gallia quidem.
conj. de sub.	**que... ne... pas** (§ 235)	Opto nē abeas.
	que [ne] (§ 237)	Timeo nē veniat.
	que [ne] (§ 238)	Impedio nē proficiscatur.
	pour que ne pas (§ 241)	Hoc fecit nē poenas daret.
partic. interr.	**est-ce que** (§ 128)	Vidistinĕ Romam?

QUELQUES GALLICISMES *(pour le thème)*

§ **279.** **Il y a** se traduit en latin par le verbe *esse* avec un sujet.

Il y a un fleuve (un fleuve est) dans la plaine. Est fluvius in campo.

§ **280.** **C'est...** (§ 179). Souvent **ce** ne se traduit pas.

C'est l'heure. Hora est

§ **281.** **C'est... qui (que)** sert en français à mettre un mot ou un groupe de mots en relief. Le latin ne traduit pas *c'est... qui (que)*, mais il met le plus souvent en tête de phrase le terme à souligner.

C'est notre père qui travaille pour nous. **Pater** nobis laborat.
C'est pour nous que notre père travaille. **Nobis** pater laborat.

§ **282.** **On** se traduit en latin :

1° **par la 3ᵉ personne du pluriel actif,** sans sujet exprimé, mais seulement pour des verbes du sens de *dire, raconter.*

On dit (Ils, les gens disent). Dicunt.

2° **par le Passif personnel,** si le verbe, dans la phrase, appelle un complément d'objet à l'accusatif. Ce complément d'objet devient en latin sujet du verbe passif.

On lit un livre (Un livre est lu). Lib**er** legi**tur**

3° **par le Passif impersonnel** (3ᵉ p. sing.) si le verbe n'appelle pas un complément d'objet à l'accusatif (cf. § 125 et p. 75).

On lisait.	(Il *était lu*).	Legebatur.
On a lu.	(Il *a été lu*).	**Lectum** *(neutre)* est.
On combat.	(Il *est combattu*).	Pugnatur.
On épargne l'ennemi.	(Il *est épargné à l'ennemi*).	Parcitur *(+ datif)* hosti.

4° **par la 2ᵉ personne du singulier actif,** surtout au subjonctif.

On dirait. Dicas. — *On aurait cru.* Crederes.

5° **par un indéfini :** *On croit.* Aliquis credit.

Que l'on ne nous craigne pas. Ne quis nos metuat.

§ **283.** **Il faut, On doit** se traduit :

1° **par l'adjectif verbal** (§ 169) *attribut d'un sujet*, si le verbe, dans la phrase, appelle un complément d'objet à l'accusatif. C'est le complément d'objet qui, en latin, devient sujet *(Passif personnel)*.

On doit lire le livre (Le livre est devant être lu). Lib**er** est leg**endus.**

2° **par l'adjectif verbal** *au neutre singulier*, si le verbe n'appelle pas un complément d'objet à l'accusatif *(Passif impersonnel)* (cf. p. 75).

On doit lire.	(Il *est devant être lu*).	Est leg**endum.**
On doit épargner l'ennemi.	(Il *est devant être épargné...*).	Est parcendum hosti.

N. B. La même idée peut s'exprimer aussi par l'impersonnel *oportet.*

Il faut lire. Oportet legere.

§ 284. Un verbe à la forme pronominale se traduit en latin de façons différentes selon son sens :

1° par un verbe avec pronom personnel à l'accusatif ou au datif, s'il a le sens **réfléchi :**

Ils se retirèrent dans le camp. In castra **se** receperunt.
Il se concilia les légions. Legiones **sibi** conciliavit.

2° par un verbe sans pronom complément d'objet mais accompagné de : *inter se (nos* ou *vos)* (p. 33, IV), ou bien avec *alter* ou *alius* répété à des cas différents (p. 45, I), s'il a le sens **réciproque :**

Ils se félicitent (mutuellement) { Inter se laudant. / Alter alterum laudat. / Alii alios laudant. }

3° par un verbe à la voix passive, s'il a le sens **passif :**

La maison se construit. Domus aedificatur.

4° par un simple verbe actif ou déponent dans les autres cas :

Il s'enfuit. Profugit. — *Il se sert de livres.* Libris utitur.

§ 285. Un infinitif complément circonstanciel se rend en général par une proposition subordonnée à l'indicatif ou au subjonctif introduite par la *conjonction* correspondant à la préposition française :

Après avoir dit cela, il s'en alla.
Haec postquam dixit, abiit *(après que...).*
Il agit de façon à être loué.
Ita agit ut laudetur *(de façon que...).*
Il fut condamné pour avoir volé.
Damnatus est quod furatus est *(parce que...).*

§ 286. assez... pour se traduit le plus souvent par un mot du sens de *tellement* (§ 245) suivi de : *ut* (parfois de *qui*, p. 147, II, 1°) + subjonctif :

Il a eu le cœur assez *dur* pour *n'être pas ému.*
Tam duro animo fuit **ut** non commoveretur.

trop... pour se rend par le *comparatif* de supériorité suivi de : *quam ut* + subjonctif (négation **non**) :

Il a eu le cœur trop *dur* pour *être ému.*
Duriore animo fuit **quam ut** commoveretur.

§ 287. sans + infinitif. N'employez jamais la préposition *sine* suivie d'un infinitif ou d'un gérondif. Le latin a recours à d'autres tours :

— nom à l'ablatif après *sine :*

sans pleurer, sine lacrimis.

— proposition négative coordonnée :

Je me réjouis sans m'étonner. Gaudeo nec miror *(et je ne...).*

— participe avec une négation :

Ils se retirèrent sans avoir osé passer le fleuve.
Se receperunt, non ausi flumen transire *(n'ayant pas osé...).*

N. B. Ailleurs, sans (sans que) *se traduira selon le contexte par :* de telle manière que... ne... pas (*ut non, quin*, § 246), si... ne... pas (*nisi*, § 256) avant que (*priusquam, antequam*, § 253, A).

VERSIFICATION

§ 288. Le vers latin est composé d'une suite de syllabes longues et brèves groupées en mesures fixes appelées **pieds.** Cette succession de pieds et la présence d'une **coupe** (ou césure) lui donne un **rythme.** Les rimes n'existent pas en latin.

La **prosodie** étudie la quantité des syllabes : elle permet de reconnaître si une syllabe est longue ou brève.

La **métrique** étudie la mesure et le rythme dans le vers : elle permet de scander les vers, c'est-à-dire de les décomposer en pieds.

PROSODIE

§ 289. Quantité des syllabes. En latin une syllabe peut être :

1° longue (indiquée par le signe ¯) : *ros*ā (ablatif).

2° brève (indiquée par le signe ˘) : *ros*ă (nominatif).

3° commune, c'est-à-dire longue ou brève, à la volonté du poète (indiquée par le signe ⏓) : *pătris, deleŏ, ubĭ.*

Une syllabe longue vaut deux syllabes brèves.

§ 290. Les syllabes longues. Elles sont longues par nature ou par position.

1° Sont longues *par nature* les syllabes qui contiennent :

a) une voyelle longue par nature : *fēlix, marī, vōs, audīre.*

b) une diphtongue (ae, oe, au, eu) : *rosae, aurum, Orpheus, moenia ;*

c) une voyelle issue d'une diphtongue : *inīquus* (vient de *aequus*) ;

d) une voyelle issue d'une contraction : *nīl (nihil), cōgo (coago).*

2° Sont longues *par position :*

a) à l'intérieur d'un mot, les syllabes qui contiennent une voyelle suivie de *deux* consonnes ou d'une lettre double (x) : *ēst ; dūx.*

b) à la fin d'un mot, la syllabe terminée par une consonne si le mot suivant commence par une consonne :

legīt puer (mais *legĭt ille*).

N. B. *a*) **h** ne compte pas comme consonne ; **qu** compte pour une seule consonne : *Bellerŏphon ; ĕt homo ; ăqua.*

b) A l'intérieur d'un mot, une voyelle *brève* par nature devient commune quand elle est suivie de 2 consonnes dont la 1re est une muette *(b, p, g, c, d, t)* ou un *f* et la 2e une liquide *(l, r) : tenĕbrae — rĕpleo — ăgri — mediŏcris — rĕfluo.*

c) Il arrive parfois, chez certains poètes, qu'une syllabe brève par nature soit considérée comme équivalant à une longue lorsqu'elle se trouve placée avant une *césure* du vers :

Sarculaquē || *rastriquĕ graves longiquĕ ligones.*

§ 291. Les syllabes brèves.

1° Sont brèves par nature les syllabes qui contiennent une voyelle brève, non suivie de deux consonnes :

ăger — dŭcis — fulgŭra

2° Sont brèves les syllabes contenant une voyelle suivie d'une autre à l'intérieur d'un mot (*h* entre deux voyelles ne compte pas) :

tŭus — audĭo — dĕus — nĭhil — trăho.

Particularité. Le préfixe *prae* dans les mots composés s'abrège devant une voyelle : *prăeire.*

Exceptions. — Restent longues :

1° **a,** dans le génitif archaïque en *ai : terrāi.*

2° **e,** dans les génitif et datif sing. de la 5ᵉ décl. en *-iei : diēi* (mais *spĕi*).

3° **a** et **e** dans le vocatif des noms romains en *aius, eius : Gāi, Pompēi.*

4° **i,** dans quelques génitifs en *-ius : alīus* (mais *alterĭus*).

5° **i,** dans le verbe *fio* (aux formes sans *r*) : *fīat* (mais *fĭeri*).

6° dans les mots d'origine grecque, les voyelles qui sont longues en grec : *āer, Agesilāus, Aenēas, Amphīon, herōus.*

§ 292. Remarques sur u. 1° Après un *q* ou un *g*, **u** est **consonne** et ne compte pas comme syllabe :

iniquus (in i qvus, 3 *syllabes*) — *lingua* (lin gva, 2 *syll.*).

Exceptions. — Dans les adjectifs en *-guus* et les parfaits en *-gui*, **u** est voyelle et compte : *exigŭus* (ex i gŭ us, 4 *syll.*); *egŭi* (e gŭ i, 3 syll.).

2° L'**u** est encore consonne dans : *suadeo, suavis, suesco* et leurs dérivés ou composés : *suādĕo* (sva de o, 3 *syll.*).

N. B. Après une consonne et devant une voyelle, un *u* voyelle est parfois considéré par les poètes comme un *u* consonne : *tĕnŭĭs* ou *tēnvĭs* (3 *ou* 2 syllabes). Il en est de même parfois pour **i** : *ărĭĕtĕ* ou *ārjĕtĕ.*

§ 293. Quantité des syllabes finales.

a) Pour les diverses terminaisons des mots variables (noms, adjectifs, pronoms, verbes), reportez-vous aux tableaux de la grammaire.

b) Pour les nominatifs des imparisyllabiques et pour les mots invariables, reportez-vous au dictionnaire.

N. B. Une voyelle finale suivie d'une consonne autre que -s est toujours *brève* sauf dans les monosyllabes : *delĕt* (de *delēre*), mais *sīc.*

§ 294. La **quantité des autres syllabes** est dans les dictionnaires.

MÉTRIQUE

§ 295. Les pieds sont des mesures (groupes de syllabes) à plusieurs temps. Les principaux sont :

le trochée	´— ∪	(à 3 temps)	*le dactyle*	´— ∪∪	(à 4 temps)
l'ïambe	∪ ´—	«	*le spondée*	´— —	«
le tribraque	∪ ∪́ ∪	«	*l'anapeste*	∪∪ ´—	«

Dans chaque pied une syllabe est plus fortement marquée que les autres : on l'appelle **temps fort.** Cette syllabe a été ici surmontée d'un accent.

§ 296. L'élision. Toute syllabe finale terminée par une *voyelle*, une *diphtongue* ou un *m* s'élide (c'est-à-dire ne compte pas dans le vers) devant un mot commençant par une voyelle, une diphtongue ou un *h* :
desert(o) in litore ; cert(ae) occumbere ; monstr(um) horrendum.

N. B. 1° Les interjections *ō, āh, prōh, heū* ne s'élident pas et font **hiatus :**

O ĕt | dē Lătĭ|ā, ō | ĕt dē | gēntĕ Să|bīnā

2° L'hiatus n'est pas permis à l'époque classique, il n'y a que de très rares exceptions.

3° Il arrive quelquefois, mais très rarement, que le poète fait élider la dernière syllabe d'un vers avec la voyelle qui commence le vers suivant. Le vers où se fait cette élision est dit *hypermètre* (c.-à-d. qui dépasse la mesure) :

Robora | navigi|is : ap|tant re|mosque ru|dēntēsqu(e),
1 | 2 | 3 | 4 | 5 | 6
Exigui numero...

§ 297. La dernière syllabe d'un vers est indifférente (longue ou brève à volonté).

§ 298. La césure. La césure ou coupe (||) est un arrêt qui se fait dans un vers à certaines places fixes, le plus souvent après une syllabe qui commence un pied.

Arma vi|rumque ca|no||Tro|jae qui | primus ab | oris

(La césure, dans ce vers, est après *cano ;* la syllabe *no* commence le 3ᵉ pied.)

LES PRINCIPAUX VERS LATINS

§ 299. L'hexamètre dactylique.

L'hexamètre est un vers de six pieds dont les quatre premiers sont des dactyles ou des spondées, le 5ᵉ en principe un *dactyle* et le 6ᵉ un *spondée* (ou un *trochée*).

(Schéma) — — / — ⏑⏑ (1) | — — / — ⏑⏑ (2) | — — / — ⏑⏑ (3) | — — / — ⏑⏑ (4) | — ⏑⏑ (5) | — ⏑ / — — (6)

Armă vĭ|rūmquĕ că|nō Trō|jae quī | prīmŭs ăb | ōrīs
1 | 2 | 3 | 4 | 5 | 6

Le dactyle du 5ᵉ pied est parfois remplacé par un *spondée ;* l'hexamètre est dit alors *spondaïque.* (En ce cas, le 4ᵉ pied est généralement un dactyle.)

Hīc īl|līc, ŭbĭ | mōrs dē|prēndĕrăt, | ēxhā|lāntēs
1 | 2 | 3 | 4 | 5 | 6

Césure. — L'hexamètre est coupé le plus souvent après la première syllabe du 3ᵉ pied (moins souvent du 4ᵉ pied).

Armă vĭ|rūmquĕ că|nō || Trō|jae quī | prīmŭs ăb | ōrīs
1 | 2 | 3 | 4 | 5 | 6

Inde to|ro pater | Aene|as || sic | orsus ab | alto
1 | 2 | 3 | 4 | 5 | 6

Certains hexamètres présentent plusieurs césures; le plus souvent on en trouvera une après la première brève du 3e pied et deux autres : l'une après la longue du 2e pied, l'autre après la longue du 4e pied.

Infan|dūm || re|gīnă || ju|bēs || reno|vare do|lorem.
1 | 2 | 3 | 4 | 5 | 6

L'hexamètre est le vers le plus usité de la poésie latine. C'est le vers de Virgile, d'Horace *(dans les Épîtres et les Satires)*, d'Ovide *(dans les Métamorphoses)*, de Lucrèce.

§ 300. Le pentamètre.

Le pentamètre est un vers de 5 pieds (2 fois 2 pieds et demi). Il est composé de deux éléments : 1° 2 dactyles ou spondées et 1 syllabe longue; 2° (partie fixe) 2 dactyles et 1 syllabe indifférente :

(Schéma) — — / — ⏑⏑ (1) | — — / — ⏑⏑ (2) | — (3) || — ⏑⏑ (4) | — ⏑⏑ (5) | ⏑ / —

Tēmpŏră | sī fŭĕ|rīnt || nūbĭlă, | sōlŭs ĕ|rĭs

Césure. — Le pentamètre a une coupe fixe après 2 pieds et demi.

Le pentamètre ne s'emploie jamais seul; il est toujours précédé d'un hexamètre et l'ensemble forme le **distique élégiaque.** C'est une petite strophe qui présente un sens complet.

Dōnĕc ĕ|rĭs fē|līx||, mūl|tōs nŭmĕ|rābĭs ă|mīcōs;
Tēmpŏră|sī fŭĕ|rīnt || nūbĭlă,|sōlŭs ĕ|rĭs.

Le distique est fréquemment employé par Ovide, Tibulle, Properce.

§ 301. Les vers ïambiques.

Les vers ïambiques sont caractérisés par l'emploi de **l'ïambe** (⏑ ´—). Ils sont de **rythme ascendant.**

Le plus usuel est l'*ïambique sénaire*, composé de six ïambes :

(Schéma) ⏑ — (1) | ⏑ — (2) | ⏑ — (3) | ⏑ — (4) | ⏑ — (5) | ⏑ ⏑/— (6)

Phăsē|lŭs īl|lĕ quēm | vĭdē|tĭs, hōs|pĭtēs

Il est rarement pur. (Quelques œuvres de Catulle sont écrites entièrement dans ce mètre.)

D'ordinaire, aux 5 premiers pieds, l'ïambe admet des *substitutions*, c'est-à-dire qu'il peut être remplacé par un autre pied : *spondée* (— ´—), *dactyle* (— ´⏑⏑), *tribraque* (⏑´⏑⏑), *anapeste* (⏑⏑ ´—) ou même *procéleusmatique* (⏑⏑´⏑⏑).

Fīctīs|jŏcār|ī nōs|mĕmĭnĕ|rīt fā|bŭlīs

La césure est le plus souvent au 3e pied, parfois au 4e :

Fictīs | jŏcā|rī || nōs | mĕmĭnĕ|rīt fā|bŭlīs
2 | 3 | 4 | 5 | 6

Laūdā|tis ū|tĭlĭŏ|ră || quae | cōntēm|psĕrĭs
1 | 2 | 3 | 4 | 5 | 6

Cet *ïambique sénaire libre* est utilisé par Phèdre (dans ses *Fables*), par les tragiques et par les comiques (Plaute, Térence).

Remarque : Plaute et Térence, dans certains passages de leurs comédies, emploient aussi l'*ïambique octonaire* (composé de 8 pieds) et plus rarement *l'ïambique septénaire* (composé de 7 pieds suivis d'une syllabe indifférente), qui admettent les mêmes substitutions que le sénaire.

Schéma de l'ïambique octonaire :

⏑ —́ | ⏑ —́ | ⏑ —́ | ⏑ —́ | ⏑ —́ | ⏑ —́ | ⏑ —́ | ⏑ ⏑́/—
1 | 2 | 3 | 4 | 5 | 6 | 7 | 8

La césure est tantôt après le 4ᵉ pied (dans ce cas la dernière syllabe du 4ᵉ pied est considérée comme une finale de vers : quantité indifférente, hiatus possible) :

Nūnc pēr|g(am) ĕr(i) īm|pĕrĭ(um) ēx|ĕquī || ēt mē | dŏmūm | căpēs|sĕrĕ
1 | 2 | 3 | 4 || 5 | 6 | 7 | 8

tantôt après le temps faible du 5ᵉ pied :

Īs bĕl|l(um) hūnc fŭgĭ|ēns mē|qu(e) ĭn Ăsĭ|ām || pēr|sĕquēns | prŏfĭcīs|cĭtŭr
1 | 2 | 3 | 4 | 5 | 6 | 7 | 8

Schéma de l'ïambique septénaire :

⏑ — | ⏑ — | ⏑ — | ⏑ — | ⏑ — | ⏑ — | ⏑ — | ⏑/—
1 | 2 | 3 | 4 | 5 | 6 | 7 |

Les césures se présentent comme dans l'octonaire.

§ 302. Les vers trochaïques.

Les vers trochaïques sont caractérisés par l'emploi du **trochée** (—́ ⏑). Ils sont de **rythme descendant.**

Parmi les vers trochaïques, les plus usités par Plaute et par Térence sont l'*octonaire* (8 pieds) et surtout le *septénaire* (7 pieds et 1 syllabe indifférente).

Le trochée admet comme *substitutions :* le *tribraque* (⏑́⏑⏑), le *spondée* (—́ —), le *dactyle* (—́ ⏑⏑), l'*anapeste* (⏑́⏑ —), le *procéleusmatique* (⏑́⏑⏑⏑).

Les césures se présentent comme dans les ïambiques octonaires.

Schéma du trochaïque septénaire :

—́ ⏑ | —́ ⏑ | —́ ⏑ | —́ ⏑ | —́ ⏑ | —́ ⏑ | —́ ⏑ | ⏑/—
1 | 2 | 3 | 4 | 5 | 6 | 7 |

Pērgĕ, | Nōx, ŭt | ōccĕ|pīstī ||; gĕrĕ pă|trī mō|rēm mĕ|ō.
1 | 2 | 3 | 4 || 5 | 6 | 7 |

§ 303. Les vers logaédiques dans les Odes d'Horace.

Horace, dans ses Odes, se rattache volontairement à la tradition de la poésie lyrique éolienne pratiquée au VIᵉ siècle avant Jésus-Christ par les poètes grecs Archiloque, Sapho et Alcée.

Les vers qu'il emploie appartiennent le plus souvent au genre dit **logaédique** parce qu'ils sont formés d'*ïambes* ou de *trochées*, mètres de la conversation *(logos)*, utilisés par exemple dans le dialogue des comédies ou des tragédies, et de *dactyles* ou de *spondées* utilisés par les *aèdes* dans les poèmes épiques.

Construits selon des règles plus strictes que les vers du drame ou de l'épopée, ces vers n'admettent *qu'un petit nombre de substitutions*, et le nombre de leurs syllabes est le plus souvent fixe.

Les principaux vers logaédiques.

1° Un groupe de 6 vers se déduisant les uns des autres par additions successives d'éléments fixes (trochées, dactyles ou spondées) :

Vers adonique	— ∪∪ | — ⏓
— *phérécratien*	— — | — ∪∪ | — ⏓
— *glyconique*	— — | — ∪∪ | — ∪ | ⏓
— *saphique*	— ∪ | — — | — ∪∪ | — ∪ | — ⏓
— *asclépiade mineur*	— — | — ∪∪ | — ‖ — ∪∪ | — ∪ | ⏓
— *asclépiade majeur*	— — | — ∪∪ | — ‖ — ∪∪ | — ‖ — ∪∪ | — ∪ | ⏓

2° 3 vers dits *alcaïques* (du nom d'Alcée) :

Vers alcaïque de 11 syllabes	⏓ | — ∪ | — — ‖ — ∪∪ | — ∪ | ⏓
— 9 —	⏓ | — ∪ | — — | — ∪ | — ⏓
— 10 —	— ∪∪ | — ∪∪ | — ∪ | — ⏓

3° Un vers appelé *archiloquien* (du nom d'Archiloque) qui juxtapose un membre dactylique et un membre trochaïque.

— ∪∪ \| — ∪∪ \| — ∪∪ \| — ∪∪ ‖ — ∪ \| — ∪ \| — ⏑

Les strophes saphique et alcaïque.

Les vers cités ci-dessus peuvent se trouver groupés en strophes. On distinguera principalement :

1° **la strophe saphique** (imitée de la poétesse Sapho), composée de 3 vers saphiques de 11 syllabes et d'un vers adonique de 5 syllabes :

Vīlĕ | pōtā | bīs mŏdĭ | cīs Să | bīnŭm } Saphiques
cānthă | rīs, Grae | cā quŏd ĕ | g(o) īpsĕ | tēstā } de
cōndĭ | tūm lē | vī, dătŭs | īn thĕ | ātrō } 11 syllabes
cūm tĭbĭ | plausŭs Adonique

2° **la strophe alcaïque** (imitée d'Alcée), composée de 4 vers alcaïques (2 de 11 syllabes, 1 de 9 et 1 de 10 syllabes) :

Ō | dīvă |, grātūm | quāe rĕgĭs | Āntĭ | ŭm, } Alcaïques de
prae | sēns vĕl | īmō | tōllĕrĕ | dē gră | dū } 11 syllabes
mōr | tālĕ | cōrpūs | vĕl sŭ | pērbōs 9 syllabes
vērtĕrĕ | fūnĕrĭ | būs trĭ | ūmphōs 10 syllabes

N. B. *Les strophes saphique et alcaïque se reconnaissent facilement à leur vers final.*

§ 304. Méthode à suivre pour scander un vers latin.

1° Se demander si toutes les syllabes comptent et marquer les élisions :

*Ill***(e)** *eti***(am)** *exstincto miseratus Caesare Romam*

2° Noter les syllabes longues par position ou contenant une diphtongue :

Īll(e) *eti(am)* **ēxstīnc***to miserat***ūs Caē***sare Romam*

3° Noter comme brèves les syllabes terminées par une voyelle suivie d'une autre voyelle à l'intérieur d'un mot :

*Īll(e) et***ĭ***(am) ēxstīncto miseratūs Caēsare Romam*

4° **Pour l'hexamètre**, isoler le 6ᵉ (dernier) pied (qui ne contient que 2 syllabes), puis le 5ᵉ (le plus souvent un *dactyle*, donc 3 syllabes) :

Ill(e) etĭ(am) ēxstīncto miseratūs | Caēsărĕ | Rōmam
5ᵉ 6ᵉ

Il sera facile le plus souvent de trouver les autres pieds *(dactyles* ou *spondées)* en tenant compte des syllabes déjà connues, et en sachant que toute syllabe qui commence un pied est longue. Sinon on complètera en utilisant la grammaire pour les syllabes finales et le dictionnaire pour les syllabes intérieures.

Īll(e) etĭ(am)	*ēxstīnc*	*tō mise*	*ratūs*	*Caēsărĕ*	*Rōmăm*
1	2	3	4	5	6
dactyle	spondée	dactyle	spondée	dactyle	trochée

Pour terminer, placer la césure :

Īll(e) ĕtĭ(am) | ēxstīn | ctō || mĭsĕ | rātūs | Caēsărĕ | Rōmăm
1 2 3 4 5 6

Pour le pentamètre, commencer par la fin en isolant les pieds fixes :

Roma relīnquēnd(a) | ēst; | utraque | jūsta mor(a) | ēst
3 4 5

Terminer comme pour l'hexamètre :

Rōmă rĕ | līnquēnd(a) | ēst ; || ūtrăquĕ | jūstă mŏr(a) | ēst
1 2 3 4 5

LE RYTHME ORATOIRE

Il arrive que la prose de quelques écrivains (surtout les discours de Cicéron, et certaines de ses lettres parmi les plus travaillées) soit soumise à des règles métriques. Dans ce cas, les phrases se terminent selon des rythmes déterminés, appelés **clausules** (c.-à-d. fermetures, cadences terminales).

La clausule est constituée soit par le dernier mot s'il est assez long pour former une clausule complète, soit par le dernier mot et par les syllabes qui précèdent, nécessaires pour former la clausule complète.

Comme la syllabe terminale d'un vers, celle qui termine une clausule est indifférente (soit longue, soit brève).

§ 305. Principales clausules cicéroniennes.

Les éléments rythmiques formant les clausules sont de deux sortes :

1° ils comprennent des pieds à 6 temps de brève au moins, susceptibles de constituer à eux seuls une clausule complète :

ditrochée (ou *dichorée*) — ᴗ — ⏓ īmpĕdīrĕm.
dispondée — — — ⏓ cōnsūmpsīmŭs.

2° ils comprennent des pieds à 5 temps de brève :

crétique — ᴗ —
péon 1er — ᴗ ᴗ ᴗ
péon 4e ᴗ ᴗ ᴗ —

qui doivent être complétés par un autre élément rythmique (trochée, spondée, crétique) placé soit avant soit après eux, parfois par un *dichorée* ou un *dispondée* placé après un *crétique*.

ēssĕ vēn | tūrŭm. *(crétique suivi d'un trochée)*
ēssĕ vĭdĕ | āntŭr. *(péon* 1er *suivi d'un trochée)*
dīgnĭtāt(e) | ōbtĭnērĕt. *(crétique suivi d'un dichorée)*.

Remarque : *Cicéron bannit le groupe* — ᴗᴗ | — ⏓ *qui forme une fin d'hexamètre et a reçu, pour cette raison, le nom de* clausule héroïque.

PRINCIPAUX VERBES PRÉSENTANT DES PARTICULARITÉS

au **parfait** et au **supin.**

1re conjugaison.

La plupart des verbes de la 1re conjugaison sont du type : **amo,** -as, -are, am**āvi,** am**ātum** (§ 96).
Présentent des particularités :

cŭbo,	–ās, –āre	**cubŭi**	**cubĭtum**	*être couché*
do (1),	dās, dăre	**dĕdi**	**dătum**	*donner*
dŏmo,	–ās, –āre	**domŭi**	**domĭtum**	*dompter*
incrĕpo,	–as, –are	**increpŭi**	**increpĭtum**	*faire du bruit, blâmer*
jŭvo,	–as, –are	**jūvi**	**jūtum** (*part. futur* juvāturus)	*aider*
lăvo,	–as, –are	**lāvi**	**lăvātum** (*part. parfait* lautus *ou* lōtus)	*laver*
mĭco,	–as, –are	**micŭi**		*s'agiter (*poét. *briller)*
pōto,	–as, –are	**pōtavi**	**pōtum** *et* potātum	*boire*
sĕco,	–as, –are	**secŭi**	**sectum** (*part. futur* secāturus)	*couper*
sŏno,	–as, –are	**sonŭi**	**sonĭtum** (*part. futur* sonāturus)	*résonner*
sto, (2)	–as, –are	**stĕti**	(stātum)	*se tenir debout*
tŏno,	–as, –are	**tonŭi**		*tonner*
vĕto,	–as, –are	**vetŭi**	**vetĭtum**	*défendre*

(1) *Sauf* **circumdo** (-as, -ăre, -dĕdi, -dătum, *entourer*), *les autres composés de* do *sont en* **-do, -dis, -dere, -didi, -ditum,** *et appartiennent à la* 3e *conjugaison.*

(2) *Sauf* **circumsto** (-as, -āre, -stĕti), *les autres composés de* sto *ont leur parfait en* **-stĭti.**

Verbes déponents

Les verbes déponents de la 1re conjugaison sont tous du modèle de : **imitor,** -āris, -āri, imit**ātus sum,** *imiter* (§ 106).

2ᵉ conjugaison.

Quelques verbes seulement de la 2ᵉ conjugaison ont le parfait en **-ēvi** et le supin en **-ētum,** comme le modèle : **deleo** (§ 98).

Présentent des particularités :

arceo,	-ēs, -ēre	**arcŭi**		*renfermer, repousser*
ardeo,	-es, -ere	**arsi**	**arsum**	*être en feu, brûler*
audeo,	-es, -ere	**ausus sum**		*oser*
augeo,	-es, -ere	**auxi**	**auctum**	*augmenter (qq. ch.)*
ăveo,	-es, -ere			*désirer*
căleo,	-es, -ere	**calŭi**	(calĭtum)	*être chaud*
căreo,	-es, -ere	**carŭi**	**carĭtum**	*être privé de* (abl.)
căveo,	-es, -ere	**cāvi**	**cautum**	*prendre garde*
censeo,	-es, -ere	**censŭi**	**censum**	*être d'avis*
cieo,	-es, -ere	**cīvi**	**cĭtum**	*mettre en mouvement*
coerceo,	-es, -ere	**coercŭi**	**coercĭtum**	*enfermer, réprimer*
dēbeo,	-es, -ere	**debŭi**	**debĭtum**	*devoir*
dĕcet,	-ere	**decŭit**		*il convient* (acc.)
dŏceo,	-es, -ere	**docŭi**	**doctum**	*enseigner*
dŏleo,	-es, -ere	**dolŭi**	**dolĭtum**	*souffrir*
ĕgeo,	-es, -ere	**egŭi**		*avoir besoin de* (abl.)
ēmĭneo,	-es, -ere	**eminŭi**		*s'élever (au-dessus de)*
exerceo,	-es, -ere	**exercŭi**	**exercĭtum**	*tourmenter, exercer*
făveo,	-es, -ere	**fāvi**	**fautum**	*favoriser* (datif)
ferveo,	-es, -ere	**ferbŭi** (*et* fervi)		*être bouillonnant*
flōreo,	-es, -ere	**florŭi**		*être en fleurs*
fŏveo,	-es, -ere	**fōvi**	**fōtum**	*réchauffer*
frondeo,	-es, -ere			*avoir des feuilles*
fulgeo,	-es, -ere	**fulsi**		*briller*
gaudeo,	-es, -ere	**gāvīsus sum**		*se réjouir*
hăbeo,	-es, -ere	**habŭi**	**habĭtum**	*avoir*
(*composés en* -hĭbeo		-hibui	-hibitum)	
haereo,	-es, -ere	**haesi**	**haesum**	*être attaché à*
horreo,	-es, -ere	**horrŭi**		*être hérissé*
immĭneo,	-es, -ere			*être penché sur*
indĭgeo,	-es, -ere	**indigŭi**		*manquer de, avoir besoin de*
indulgeo,	-es, -ere	**indulsi**	**indultum**	*être indulgent*
jăceo,	-es, -ere	**jacŭi**		*être étendu*
jŭbeo,	-es, -ere	**jussi**	**jussum**	*ordonner*
lăteo,	-es, -ere	**latŭi**		*être caché*
lĭbet,	-ere	**libŭit** (*et* libĭtum est)		*il plaît*
lĭceo,	-es, -ere	**licŭi**	**licĭtum**	*être mis à prix*
lĭcet,	-ere	**licŭit** (*et* licĭtum est)		*il est permis*
lūceo,	-es, -ere	**luxi**		*briller*
lūgeo,	-es, -ere	**luxi**	**luctum**	*être en deuil*
maereo,	-es, -ere			*être triste*
măneo,	-es, -ere	**mansi**	**mansum**	*rester*
mĕreo,	-es, -ere	**merŭi**	**merĭtum**	*gagner, mériter*
misceo,	-es, -ere	**miscŭi**	**mixtum**	*mélanger*
mŏneo,	-es, -ere	**monŭi**	**monĭtum**	*avertir*

mordeo,	-ēs, -ēre	**mŏmordi**	**morsum**	*mordre*
mŏveo,	-es, -ere	**mōvi**	**mōtum**	*mouvoir, émouvoir*
mulceo,	-es, -ere	**mulsi**	**mulsum**	*caresser*
nŏceo,	-es, -ere	**nocŭi**	**nocĭtum**	*nuire*
obsĭdeo,	-es, -ere	**obsēdi**	**obsessum**	*assiéger*
ŏleo,	-es, -ere	**olŭi**		*exhaler une odeur*
(*et composé :* redŏleo)				
ŏportet,	-ere	**oportŭit**		*il faut*
paenĭtet,	-ere	**paenitŭit**		*le repentir prend (qq'n)*
pāreo,	-es, -ere	**parŭi**	**parĭtum**	*1. apparaître; 2. obéir*
păteo,	-es, -ere	**patŭi**		*être ouvert, s'étendre*
păveo,	-es, -ere	**pāvi**		*avoir peur*
pendeo,	-es, -ere	**pĕpendi**		*être suspendu*
plăceo,	-es, -ere	**placŭi**	**placĭtum**	*plaire*
(*composés en* -plĭceo		-plicui	-plicitum)	
possĭdeo,	-es, -ere	**possēdi**	**possessum**	*posséder*
praebeo,	-es, -ere	**praebŭi**	**praebĭtum**	*montrer, fournir*
respondeo,	-es, -ere	**respondi**	**responsum**	*répondre*
rīdeo,	-es, -ere	**rīsi**	**rīsum**	*rire*
sĕdeo,	-es, -ere	**sēdi**	**sessum**	*être assis*
(*et composés en* -sĭdeo)				
sĭleo,	-es, -ere	**silŭi**		*se taire*
sŏleo,	-es, -ere	**solĭtus sum**		*avoir coutume*
spondeo,	-es, -ere	**spŏpondi**	**sponsum**	*répondre pour ; garantir*
stŭdeo,	-es, -ere	**studŭi**		*s'appliquer à*
stŭpeo,	-es, -ere	**stupŭi**		*être frappé de stupeur*
suādeo,	-es, -ere	**suāsi**	**suāsum**	*conseiller*
tăceo,	-es, -ere	**tacŭi**	**tacĭtum**	*se taire*
tĕneo,	-es, -ere	**tenŭi**	**tentum**	*tenir*
(*composés en* -tĭneo		-tinui	-tentum)	
terreo,	-es, -ere	**terrŭi**	**terrĭtum**	*effrayer*
tĭmeo,	-es, -ere	**timŭi**		*craindre*
torqueo,	-es, -ere	**torsi**	**tortum**	*tordre*
urgeo,	-es, -ere	**ursi**		*presser*
(*et* urgueo)				
văleo,	-es, -ere	**valŭi**	**valĭtum**	*être fort*
vĭdeo,	-es, -ere	**vīdi**	**vīsum**	*voir*
vĭgeo,	-es, -ere	**vigŭi**		*avoir de la vigueur*
vŏveo,	-es, -ere	**vōvi**	**vōtum**	*vouer*

Verbes déponents

făteor,	-ēris, -ēri	**fassus sum**	*avouer*
(*composés en* -fĭteor		-fessus sum)	
lĭceor,	-eris, -eri	**licĭtus sum**	*offrir un prix*
mĕdeor,	-eris, -eri		*soigner*
mĕreor,	-eris, -eri	**merĭtus sum**	*gagner, mériter*
misĕreor,	-eris, -eri	**miserĭtus** (*ou* misertus) **sum**	*avoir pitié de* (gén.)
pollĭceor,	-eris, -eri	**pollicĭtus sum**	*promettre*
reor,	reris, reri	**rătus sum**	*penser, croire*
tŭeor,	-eris, -eri	**tuĭtus sum**	*veiller sur, protéger*
vĕreor,	-eris, -eri	**verĭtus sum**	*respecter, craindre*
vĭdeor,	-eris, -eri	**vīsus sum**	*être vu, sembler*

3e conjugaison.

C'est la 3e conjugaison (verbes à radical terminé par une consonne, parfois par un *-u*) qui contient le plus de verbes offrant des particularités dans leurs temps primitifs. Pour des raisons pédagogiques, ces verbes sont présentés ci-dessous groupés d'après leur terminaison du présent.

Verbes en **-bo** et **-po**

accumbo,	-ĭs, -ĕre	**accŭbŭi**	**accŭbĭtum**	*prendre place à table*
bĭbo,	-is, -ere	**bĭbi**	(bĭbĭtum)	*boire*
incumbo,	-is, -ere	**incŭbŭi**	**incŭbĭtum**	*s'étendre sur, s'appliquer à*
nūbo,	-is, -ere	**nupsi**	**nuptum**	*se marier à* (dat.)
scrībo,	-is, -ere	**scripsi**	**scriptum**	*écrire*
succumbo,	-is, -ere	**succŭbŭi**	**succŭbĭtum**	*succomber*
lābor,	-ĕris, -i	**lapsus sum**		*glisser* (dép.)
carpo,	-is, -ere	**carpsi**	**carptum**	*cueillir*
rēpo,	-is, -ere	**repsi**	**reptum**	*ramper, se glisser*
rumpo,	-is, -ere	**rūpi**	**ruptum**	*rompre*
serpo,	-is, -ere	**serpsi**		*ramper*

Verbes en **-co, -go, -cto, -ho,**

dīco,	-ĭs, -ĕre	**dixi**	**dictum**	*dire*
dūco,	-is, -ere	**duxi**	**ductum**	*conduire*
īco (icio),	-is, -ere	**īci**	**ictum**	*frapper*
parco,	-is, -ere	**pĕperci** (parsi)	(parsum)	*épargner* (dat.)
vinco,	-is, -ere	**vīci**	**victum**	*vaincre*
afflīgo,	-is, -ere	**afflixi**	**afflictum**	*abattre*
ăgo,	-is, -ere	**ēgi**	**actum**	*mener*
(*et composés en* -ĭgo)				
cingo,	-is, -ere	**cinxi**	**cinctum**	*ceindre, entourer*
cōgo,	-is, -ere	**cŏēgi**	**cŏactum**	*rassembler, forcer*
collĭgo,	-is, -ere	**collēgi**	**collectum**	*rassembler*
dēlĭgo,	-is, -ere	**delēgi**	**delectum**	*choisir*
dīlĭgo,	-is, -ere	**dilexi**	**dilectum**	*aimer*
ēlĭgo,	-is, -ere	**elēgi**	**electum**	*choisir*
fīgo,	-is, -ere	**fixi**	**fixum**	*enfoncer, fixer*
fingo,	-is, -ere	**finxi**	**fictum**	*façonner, imaginer*
frango,	-is, -ere	**frēgi**	**fractum**	*briser*
(*et composés en* -fringo)				
intellĕgo,	-is, -ere	**intellexi**	**intellectum**	*comprendre*
jungo,	-is, -ere	**junxi**	**junctum**	*joindre, unir*
lĕgo,	-is, -ere	**lēgi**	**lectum**	*cueillir, lire*
mergo,	-is, -ere	**mersi**	**mersum**	*enfoncer, plonger*
neglĕgo,	-is, -ere	**neglexi**	**neglectum**	*négliger*
pergo,	-is, -ere	**perrexi**	**perrectum**	*continuer*
pingo,	-is, -ere	**pinxi**	**pictum**	*peindre*
porrĭgo,	-is, -ere	**porrexi**	**porrectum**	*étendre*
rĕgo,	-is, -ere	**rexi**	**rectum**	*diriger*
(*et composés en* -rĭgo)				

spargo,	-ĭs, -ĕre	**sparsi**	**sparsum**	*semer, répandre*
(*composés en* -spergo		-spersi	-spersum)	
stringo,	-is, -ere	**strinxi**	**strictum**	*étreindre*
surgo,	-is, -ere	**surrexi**	**surrectum**	*se lever*
tango,	-is, -ere	**tĕtĭgi**	**tactum**	*toucher*
(*composés en* -tingo		-tĭgi	-tactum)	
tĕgo,	-is, -ere	**texi**	**tectum**	*couvrir*
vergo,	-is, -ere			*être incliné*
fungor,	-ĕris, -i	**functus sum**		*s'acquitter de* (dép.)
flecto,	-is, -ere	**flexi**	**flexum**	*fléchir, plier*
amplector,	-ĕris, -i	**amplexus sum**		*embrasser* (dép.)
complector,	-eris, -i	**complexus sum**		*embrasser* (dép.)
trăho,	-is, -ere	**traxi**	**tractum**	*tirer*
vĕho,	-is, -ere	**vexi**	**vectum**	*transporter*

Verbes en **-sco**

adŏlesco,	-ĭs, -ĕre	**adolēvi**	**adultum**	*grandir*
agnosco,	-is, -ere	**agnōvi**	**agnĭtum**	*reconnaître*
ascisco,	-is, -ere	**ascīvi**	**ascītum**	*appeler à soi*
assuesco,	-is, -ere	**assuēvi**	**assuētum**	*s'habituer*
cognosco,	-is, -ere	**cognōvi**	**cognĭtum**	*connaître*
concŭpisco,	-is, -ere	**concupīvi** (ii)	**concupītum**	*désirer ardemment*
consĕnesco,	-is, -ere	**consĕnŭi**		*vieillir, dépérir*
consuesco,	-is, -ere	**consuēvi**	**consuētum**	*s'habituer*
contĭcesco,	-is, -ere	**contĭcŭi**		*se taire*
cresco,	-is, -ere	**crēvi**	**crētum**	*grandir, croître*
disco,	-is, -ere	**dĭdĭci**		*apprendre, étudier*
horresco,	-is, -ere	**horrŭi**		*se hérisser, trembler*
ignosco,	-is, -ere	**ignōvi**	**ignōtum**	*pardonner* (dat.)
ingrăvesco,	-is, -ere			*devenir lourd*
mitesco,	-is, -ere			*s'adoucir*
nosco,	-is, -ere	**nōvi**	**nōtum**	*prendre connaissance de*
pasco,	-is, -ere	**pāvi**	**pastum**	*faire paître*
pertĭmesco,	-is, -ere	**pertimŭi**		*redouter*
posco,	-is, -ere	**pŏposci**		*demander*
quiesco,	-is, -ere	**quiēvi**	**quiētum**	*se reposer*
sĕnesco,	-is, -ere	**sĕnŭi**		*vieillir*
adĭpiscor,	-ĕris, -i	**adeptus sum**		*atteindre, obtenir* (dép.)
ăpiscor,	-eris, -i	**aptus sum**		*atteindre* (dép.)
nanciscor,	-eris, -i	**nactus sum**		*rencontrer* (dép.)
nascor,	-eris, -i	**nātus sum**		*naître* (dép.)
oblīviscor,	-eris, -i	**oblītus sum**		*oublier* (dép.)
păciscor,	-eris, -i	**pactus sum**		*faire un pacte* (dép.)
prŏfĭciscor	-eris, -i	**profectus sum**		*partir* (dép.)
ulciscor,	-eris, -i	**ultus sum**		*punir, venger* (dép.)

Verbes en **-do** et **-to**

abdo,	-ĭs, -ĕre	**abdĭdi**	**abdĭtum**	*cacher*
accendo,	-is, -ere	**accendi**	**accensum**	*mettre le feu à*
addo,	-ĭs, -ĕre	**addĭdi**	**addĭtum**	*ajouter*

cădo,	-ĭs, -ĕre	**cĕcĭdi**	**cāsum**	*tomber*
(*composés en* -cĭdo		-cĭdi)		
caedo,	-is, -ere	**cĕcīdi**	**caesum**	*couper*
(*composés en* -cīdo		-cīdi	-cīsum)	
cēdo,	-is, -ere	**cessi**	**cessum**	*marcher, se retirer*
claudo,	-is, -ere	**clausi**	**clausum**	*fermer*
(*composés en* -clūdo		-clūsi	-clūsum)	
condo,	-is, -ere	**condĭdi**	**condĭtum**	*fonder*
crēdo,	-is, -ere	**credĭdi**	**credĭtum**	*croire*
dēdo,	-is, -ere	**dedĭdi**	**dedĭtum**	*livrer*
dēfendo,	-is, -ere	**defendi**	**defensum**	*défendre*
dīvĭdo,	-is, -ere	**divīsi**	**divīsum**	*partager*
ĕdo, edis (*ou* ēs),	edere (*ou* esse)	**ēdi**	**ēsum**	*manger*
ēdo,	-is, -ere	**edĭdi**	**edĭtum**	*mettre au jour, [produire*
ēvādo,	-is, -ere	**evāsi**	**evāsum**	*sortir de*
fīdo,	-is, -ere	**fīsus sum**		*avoir confiance*
fundo,	-is, -ere	**fūdi**	**fūsum**	*répandre*
incendo,	-is, -ere	**incendi**	**incensum**	*allumer*
intendo,	-is, -ere	**intendi**	**intentum**	*diriger vers*
invādo,	-is, -ere	**invāsi**	**invāsum**	*se jeter sur*
laedo,	-is, -ere	**laesi**	**laesum**	*blesser*
lūdo,	-is, -ere	**lūsi**	**lūsum**	*jouer*
offendo,	-is, -ere	**offendi**	**offensum**	*heurter, offenser*
ostendo,	-is, -ere	**ostendi**	**ostentum** (*et* ostensum)	*montrer*
pendo,	-is, -ere	**pĕpendi**	**pensum**	*apprécier, payer*
(*composés en* -pendo		-pendi	-pensum)	
perdo,	-is, -ere	**perdĭdi**	**perdĭtum**	*détruire, perdre*
plaudo,	-is, -ere	**plausi**	**plausum**	*applaudir* (dat.)
prĕhendo,	-is, -ere	**prehendi**	**prehensum**	*saisir*
prōdo,	-is, -ere	**prodĭdi**	**prodĭtum**	*livrer, trahir*
reddo,	-is, -ere	**reddĭdi**	**reddĭtum**	*rendre*
scando,	-is, -ere	**scandi**	**scansum**	*gravir*
(*composés en* -scendo		-scendi	-scensum)	
sīdo,	-is, -ere	**sēdi** (*et* sidi)	**sessum**	*s'asseoir*
succendo,	-is, -ere	**succendi**	**succensum**	*mettre le feu à*
tendo,	-is, -ere	**tĕtendi**	**tentum** (tensum)	*tendre*
(*composés en* -tendo		-tendi	-tentum, -tensum)	
trādo,	-is, -ere	**tradĭdi**	**tradĭtum**	*livrer*
vendo,	-is, -ere	**vendĭdi**	**vendĭtum**	*vendre*
animadverto,	-is, -ere	**animadverti**	**animadversum**	*remarquer*
mitto,	-is, -ere	**mīsi**	**missum**	*envoyer*
pĕto,	-is, -ere	**petīvi** (*ou* ĭi)	**petītum**	*demander*
sisto,	-is, -ere	**stĭti**	**stătum**	*arrêter*
(*composés en* -sisto		-stiti)		
verto,	-is, -ere	**verti**	**versum**	*tourner*
nitor,	-ĕris, -i	**nixus** (*ou* nisus) **sum**		*s'appuyer sur (abl.)* (dép.)
ūtor,	-eris, -i	**ūsus sum**		*se servir de (abl.)* (dép.)

Verbes en **-lo**

ălo,	-ĭs, -ĕre	**alŭi**	**altum** (*et* alĭtum)	*nourrir*
antecello,	-is, -ere			*se distinguer*
cŏlo	-is, -ere	**colŭi**	**cultum**	*cultiver*
consŭlo,	-is, -ere	**consulŭi**	**consultum**	*délibérer*
excello,	-is, -ere			*se distinguer*
fallo,	-is, -ere	**fĕfelli**	**falsum**	*tromper*
pello,	-is, -ere	**pĕpuli**	**pulsum**	*pousser, chasser*
(*composés en* -pello (1)		-puli	pulsum)	
percello,	-is, -ere	**percŭli**	**perculsum**	*frapper*
tollo,	-is, -ere	**sustŭli**	**sublātum**	*lever, enlever*
vello,	-is, -ere	**velli** (*et* vulsi)	**vulsum**	*arracher*

Verbes en **-mo**

cŏĕmo,	-ĭs, -ĕre	**coēmi**	**coemptum**	*acheter (en masse)*
dēmo,	-is, -ere	**dempsi**	**demptum**	*ôter*
ĕmo,	-is, -ere	**ēmi**	**emptum**	*acheter*
(*et composés en* -ĭmo)				
gĕmo,	-is, -ere	**gemŭi**	**gemĭtum**	*gémir*
prĕmo,	-is, -ere	**pressi**	**pressum**	*presser*
(*et composés en* -prĭmo)				
sūmo,	-is, -ere	**sumpsi**	**sumptum**	*prendre*
trĕmo,	-is, -ere	**tremŭi**		*trembler*

Verbes en **-no**

căno,	-ĭs, -ĕre	**cĕcĭni**	**cantum**	*chanter*
cerno,	-is, -ere	**crēvi**	**crētum**	*distinguer, décider*
contemno,	-is, -ere	**contempsi**	**contemptum**	*mépriser*
dēsĭno,	-is, -ere	**desii**	**desĭtum**	*cesser*
gigno,	-is, -ere	**gĕnŭi**	**gĕnĭtum**	*engendrer*
pōno,	-is, -ere	**pŏsŭi**	**pŏsĭtum**	*placer*
sĭno,	-is, -ere	**sīvi**	**sĭtum**	*permettre*
sperno,	-is, -ere	**sprēvi**	**sprētum**	*mépriser*
sterno,	-is, -ere	**strāvi**	**strātum**	*étendre*

Verbes en **-ro**

curro,	-ĭs, -ĕre	**cŭcurri**	**cursum**	*courir*
(*composés en* -curro,		-curri et -cucurri	-cursum)	
desĕro,	-is, -ere	**desĕrŭi**	**desertum**	*abandonner*
fŭro,	-is, -ere			*être furieux*
gĕro,	-is, -ere	**gessi**	**gestum**	*porter, accomplir*
quaero,	-is, -ere	**quaesīvi** (*ou* ĭi)	**quaesītum**	*demander, chercher*
(*composés en* -quīro		-quīsivi	-quīsitum)	
sĕro,	-is, -ere	**sĕrŭi**	**sertum**	*entrelacer, lier*
(*composés en* -sĕro		-sĕrui	-sertum)	
sĕro,	-is, -ere	**sēvi**	**sătum**	*semer, planter*
(*composés en* -sĕro		-sēvi	-sĭtum)	
tĕro,	-is, -ere	**trīvi**	**trītum**	*frotter, user*
ūro,	-is, -ere	**ussi**	**ustum**	*brûler (qq. ch.)*
quĕror,	-ĕris, -i	**questus sum**		*se plaindre* (dép.)

(1) repello *fait* reppuli.

Verbes en **-so**

vīso,	-ĭs, -ĕre	**vīsi**	**vīsum**	*visiter*
arcesso,	-is, -ere	**arcessīvi**	**arcessītum**	*faire venir*
căpesso,	-is, -ere	**capessīvi**	**capessītum**	*saisir*
lăcesso,	-is, -ere	**lăcessīvi**	**lacessītum**	*harceler*

Verbes en **-uo**

abnŭo,	-ĭs, -ĕre	**abnŭi**		*faire signe que non, refuser*
adnŭo (annuo)	-is, -ere	**adnŭi**	**adnūtum**	*faire signe que oui, consentir*
argŭo,	-is, -ere	**argŭi**	(argūtum)	*prouver, accuser*
flŭo,	-is, -ere	**fluxi**	(fluxum)	*couler*
indŭo,	-is, -ere	**indŭi**	**indūtum**	*revêtir*
lŭo,	-is, -ere	**lŭi**	(luĭturus)	*expier*
mĕtŭo,	-is, -ere	**metŭi**	(metūtum)	*craindre*
mĭnŭo,	-is, -ere	**minŭi**	**minūtum**	*diminuer*
rŭo,	-is, -ere	**rŭi**	(ruĭturus)	*se précipiter, tomber*
stătŭo, (*composés en*	-is, -ere -stĭtuo	**statŭi** -stitui	**statūtum** -stitutum)	*établir, décider*
strŭo,	-is, -ere	**struxi**	**structum**	*construire*
trĭbŭo,	-is, -ere	**tribŭi**	**tribūtum**	*accorder, attribuer*
frŭor,	-ĕris, -i	**frŭitus** (*et* fructus) **sum**		*jouir de (abl.)* (déponent)
distinguo,	-is, -ere	**distinxi**	**distinctum**	*distinguer*
exstinguo,	-is, -ere	**exstinxi**	**exstinctum**	*éteindre*
dēlinquo,	-is, -ere	**deliqui**	**delictum**	*faire défaut, faire une faute*
rēlinquo,	-is, -ere	**reliqui**	**relictum**	*laisser, abandonner*
lŏquor,	-ĕris, -i	**locūtus sum**		*parler* (déponent)
sĕquor,	-eris, -i	**secūtus sum**		*suivre* (déponent)

Verbes en **-vo**

solvo,	-ĭs, -ĕre	**solvi**	**sŏlūtum**	*délier, acquitter*
vivo,	-is, -ere	**vixi**	**victum**	*vivre*
volvo,	-is, -ere	**volvi**	**vŏlūtum**	*faire rouler*

Verbes en **-xo**

texo,	-ĭs, -ĕre	**texŭi**	**textum**	*tisser*

4ᵉ conjugaison.

La plupart des verbes de la 4ᵉ conjugaison sont du type : **audio, -is, -ire.** Leur parfait est en **-īvi,** leur supin en **-ītum** (§ 102).

Présentent des particularités :

ăpĕrio,	-īs, -īre	**apĕrŭi**	**apertum**	*ouvrir, dévoiler*
compĕrio,	-is, -ire	**compĕri**	**compertum**	*découvrir*
fĕrio,	-is, -ire			*frapper*
haurio,	-is, -ire	**hausi**	**haustum**	*puiser, tirer de*
ŏpĕrio,	-is, -ire	**opĕrŭi**	**opertum**	*couvrir*
rĕpĕrio,	-is, -ire	**reppĕri** (rĕpĕri)	**repertum**	*trouver*
sălio,	-is, -ire	**salŭi**	**saltum**	*sauter*
(*composés en*	-sĭlio	-silui	(-sultum)	
sancio,	-is, -ire	**sanxi**	**sanctum**	*rendre sacré*
sĕpĕlio,	-is, -ire	**sepĕlīvi** (*ou* -ĭi)	**sepultum**	*ensevelir*
vĕnio,	-is, -ire	**vēni**	**ventum**	*venir*
vincio,	-is, -ire	**vinxi**	**vinctum**	*lier, enchaîner*

Verbes déponents

La plupart des déponents de la 4ᵉ conjugaison sont du modèle : **blandior,** -īris, -īri, **-ītus sum** (§ 106). Présentent des particularités :

expĕrior,	-īris, -īri	**expertus sum**		*essayer*
mētior,	-iris, -iri	**mensus sum**		*mesurer*
ordior,	-iris, -iri	**orsus sum**		*commencer*
ŏrior,	**-ĕris,** -iri	**ortus sum**		*se lever*

Conjugaison mixte.

aspĭcio,	-ĭs, -ĕre	**aspexi**	**aspectum**	*regarder vers*
căpio,	-is, -ere	**cēpi**	**captum**	*prendre*
(*composés en*	-cĭpio	-cēpi	-ceptum)	
conspĭcio,	-is, -ere	**conspexi**	**conspectum**	*apercevoir*
cŭpio,	-is, -ere	**cupīvi** (*ou* -ĭi)	**cupītum**	*désirer*
despĭcio,	-is, -ere	**despexi**	**despectum**	*regarder de haut*
făcio,	-is, -ere	**fēci**	**factum**	*faire*
(*composés en*	-făcio	-fēci	-factum)	
(*composés en*	-fĭcio	-fēci	-fectum)	
fŏdio,	-is, -ere	**fōdi**	**fossum**	*creuser*
fŭgio,	-is, -ere	**fūgi**	(fŭgĭtum)	*fuir*
inspĭcio,	-is, -ere	**inspexi**	**inspectum**	*examiner*
jăcio,	-is, -ere	**jēci**	**jactum**	*jeter*
(*composés en*	-jĭcio	-jēci	-jectum)	
părio,	-is, -ere	**pĕpĕri**	**partum**	*engendrer*
perspĭcio,	-is, -ere	**perspexi**	**perspectum**	*voir (à travers)*
răpio,	-is, -ere	**rapŭi**	**raptum**	*enlever de force*
(*composés en*	-rĭpio	-ripui	-reptum)	
săpio,	-is, -ere	**sapii**		*avoir du goût*

Verbes déponents

grădior,	-dĕris, -di	**gressus sum**		*marcher*
(*et composés en* -grĕdior)				
mŏrior,	-reris, -ri	**mortŭus sum** (*part. fut.* mŏrĭturus)		*mourir*
pătior,	-teris, -ti	**passus sum**		*souffrir*

INDEX ALPHABÉTIQUE

A

a, ab, abs, préposition, § 141; introduit un compl. circ. de lieu, § 190; p. 111 II et III; – de provenance, d'origine, § 194; p. 115 IV; – d'éloignement, séparation, § 195; p. 115 IV; – de temps, p. 113 IV; – du v. passif, § 202; – d'adjectif, p. 123 III; ═ préfixe, § 153.

abhinc, § 191 V.

abhorreo, p. 115 IV.

ablatif, valeur, § 10; p. 126 (tableau).

—— des noms : 1re décl., sing. en *-e*, p. 13 III; plur. en *-abus*, p. 13 II; – 3e décl., sing. en *-i*, § 21, 23; p. 17 III; en *-e* et en *-i*, p. 17 II; en *-e* (noms neutres), p. 17 III; – 4e décl., plur. en *-ubus*, § 31; – des noms grecs, p. 13 III, 15 III et 17 IV.

—— des adjectifs : sing. en *-e* ou en *-i*, § 38; p. 25 III; en *-i* (imparisyll.), p. 25 II; — sing. des participes présents, § 38.

—— compl. d'objet, § 182; p. 107 IV.

—— compl. circ. de lieu, § 189; p. 111; – d'origine, de provenance, d'éloignement, § 194, 195; p. 115 IV; – de manière, § 192; p. 115 I; – de temps, p. 112 et 113; – de moyen, d'instrument, § 192; p. 115 II; – de cause, § 192; – d'accompagnement, § 193; p. 115 III; – de point de vue, p. 117 IV; – de prix, § 197; p. 117 I; – de châtiment, § 198; – de mesure (distance), § 201; – de différence, p. 117 III; p. 27 III; ═ ct du v. passif, § 202.

—— compl. de nom, § 206; p. 121 V.

—— compl. d'adjectif, § 212; – du comparatif, § 41; p. 27 IV.

ablatif absolu, p. 145.

abondance (verbes exprimant l'—), § 182 1°; adjectifs exprimant l' —, § 212.

absolvo + gén., § 199.

abstineo, p. 115 IV.

absum, conjug., § 94; construction, § 94; p. 115 V; -haud multum abest quin, p. 135 II.

abundo, § 182.

ac, atque, § 143; - idem, alius, aliter ac, p. 139 III; simul ac, § 252.

accent tonique, § 6.

accidit, § 123; – ut, ut non, § 236.

accipio, § 194.

accompagnement (compl. circ. d' —), § 193; p. 115 III.

accord : du verbe, § 171, 172; – de l'épithète, § 174, 175; – de l'apposition, § 176, 186; – de l'attribut, p. 104, 105; – du relatif, p. 39 II; – de l'adjectif au superlatif, § 45; p. 29 III; — accord inverse, § 179; p. 105 III.

accusatif, valeur § 10; p. 124 (tableau).

—— des noms : 2e décl., sing. en *-om*, p. 15 II; – 3e décl., sing. en *-im*, § 23; plur. en *-is*, p. 17 I; – des noms grecs : sing. en *-n*, p. 13, 15, 17; *sing.* en *-a*, p. 15, 19; plur. en *-as*, p. 19.

—— des adjectifs : plur. en *-is* (au lieu de – *es*), p. 25 I.

—— du gérondif, § 219.

—— compl. d'objet, § 180; – double accusatif, p. 107 I; – acc. neutre d'un pronom avec v. intransitif, p. 107 III; – acc. (objet interne) compl. d'un v. intransitif, p. 107 II; — compl. circ. de mesure (distance), § 201; – de lieu, § 189; p. 111 I et IV; – de temps, p. 112, 113; – avec *natus*, p. 113 III; – de point de vue, de relation, p. 117 IV; p. 123 IV; – accusatif adverbial, § 53, 54; p. 107 III; p. 117 IV.

—— compl. de nom, p. 121 V.

—— compl. d'adjectif, § 209; p. 123 IV.

—— d'exclamation, § 148.

—— sujet d'infinitif, p. 133; attribut dans la sub. infinitive, p. 105 I.

—— attribut de l'objet, § 177

accuser. § 199.

acheter (à), § 194.

actif : conjugaisons, p. 54, 56, 58, 60, 62; – sens, p. 94 I; – verbes actifs et déponents, p. 65 V; p. 67 I; – participes parfaits à sens actif, p. 67 III.

acus, § 31.

ad, préposition, § 140; – suivie du génitif, p. 121

III 2°; — après un nom, § 207; — après un adjectif, § 213; — introduit un compl. circ. de lieu, § 190; p. 111 II; – de temps, p. 113 IV; – de but, § 200; ═ préfixe § 153.
adeo, verbe, § 111.
adeo... ut, § 245.
adjectifs : qualificatifs, p. 22 à 25; – indéclinables, § 33 Rem.; – possessifs, p. 34, 35; – démonstratifs, p. 36, 37; – relatifs, p. 38, 39; – interrogatifs, p. 40, 41; – indéfinis, p. 42 à 45; – numéraux, p. 46 à 49 ; ═ degrés de comparaison, p. 26 à 30.
—— adj. employé comme nom, § 32; – comme adverbe au neutre, § 53, 54; – équivalent d'un compl. de nom, d'un adverbe, § 32 Rem.; – épithète, § 174, 175; – attribut, p. 104, 105.
—— complément de l'adjectif, p. 122, 123.
adjectif verbal en *-ndus*: p. 51 II et conjugaisons passives; – des déponents, p. 67 II; – en *-undus*, p. 65 VII; ═ sens et emploi, § 169; p. 99 III, 119 III; § 220; accord avec *mei*, *tui*, *sui*, p. 31 I; – son compl. au datif, § 203.
admoneo, p. 118 III.
admonitu, p. 21.
adsum, § 94.
adultus, p. 67 III.
adverbes : numéraux, p. 47, 49 IV; – de manière, p. 31; § 138; – de lieu, p. 80; – d'interrogation, p. 76; – d'affirmation, de doute, p. 77 III et IV; – de négation, p. 78, 79; – de quantité, p. 82, 83; – de temps, p. 81; ═ degrés de comparaison, § 54 à 56. ═ complément de l'adverbe, p. 82; § 205; p. 121 IV; p. 123 VI.
aedes, § 22.
Æneas, déclin., p. 13 III.
aeque, aequus.... ac, p. 139 III.
aer, acc. aera, p. 19 III.
aestimo, p. 117 I.
affirmation atténuée, p. 97 I.
afin de (et l'infinitif) : diverses traductions, § 243.
âge (expression de l' —) : p. 113 III.
age, agite, interj., § 147.
agent (compl. d' —) : § 202, 203; p. 117 V.
aio, § 120.
alia, adv. de lieu, § 133.
alias... alias, § 145.
alibi, § 133.
alicubi, alicunde, § 133.
alio, adv. de lieu, § 133.
aliquis, § 74; p. 43 I.
aliquo, aliqua (adv.), § 133.
aliquot, § 79 n. 2.
aliter, constr. p. 139 II et III.
aliunde, § 133.
alius, § 77, 78, – répété, § 78; p. 45 I; – alius ac (atque), § 248; p. 139 III; – non alius quam p. 139 II.
alphabet latin, § 3.
alter, § 77, 78; p. 49 I; – répété, § 78; p. 45 I; – au pluriel, § 77, n. 2.
alteruter, § 75, 151 II.
altus + acc., § 209.
amans + gén., p. 101 III.
ambo, § 82.
amicus + datif, § 211.
amo, conjug., p. 54, 55.
amplius, *plus de*, p. 27 II.
an, § 128, 229; p. 131 III; – après : nescio, haud scio, dubito, incertum est, p. 131 III, 1°.
anapeste, § 295, 301, 302.
animi, p. 117 IV.
annon, § 128, 229.
ante, préposition § 140, 191 V; — adverbe, § 135; — préfixe, § 153; ═ ante... quam, p. 141 II; § 151 Rem.
antécédent du relatif, § 67; supprimé, § 68; – placé dans la relative, p. 39 II.
antequam, emploi : § 253; p. 141 III et IV; – ante... quam, p. 141 II; § 151 R.
apis, gén. plur., p. 17 II.
apostrophe, § 10, 148.
appartenir à, § 186.
apposition, § 176; — à un compl. de lieu, p. 111 IV; § 176 1°; – proposition en apposition, § 176 2°; p. 129 IV; – accord par attraction, § 186.
apprendre de § 194.
aptus, § 211, 213; aptus... qui *(subj.)*, p. 147 II 2°.
apud, § 140; – après un nom, § 207; – introduit un compl. de lieu, § 190; p. 111 II.
Arar, déclin. p. 21 II 1°.
arceo, p. 115 IV.
archaïque (période —), § 2.
archaïsmes : noms, p. 13 II, 15 II, 17 I; – adjectifs, p. 25 I; – superlatifs, p. 29 II; — pronoms, p. 39 I, 41 I; – verbes, p. 65 VII.
arcus, § 31.
arrive (il), § 123, 236.
artus, § 31.
à savoir, à savoir que, § 176 2°; p. 129 IV.
assez, § 139 A; p. 83 I; — de, § 139 B; — pour, § 286.
assuetus, p. 123 V.
asyndète, § 144.
at, § 143.
atque, *voir* ac.
attraction (accord par) : pronom, § 179; p. 105 III; apposition, § 186; attribut, p. 105 I NB.
attraction modale, § 270.
attribut du sujet, § 177 I; p. 105 I; – de l'objet :

§ 177 II; nombre et genre de l' ——, § 178; p. 105 II.
attribution (compl. d' ——), p. 108, 109.
aucun p. 45 II.
audeo, § 107; constr. § 184; = ausim, p. 65 VII.
audio, conjug., p. 60, 61; —— *ab* ou *ex* § 194; —— avec infinitif ou participe, p. 133 IV.
auspicato, § 265.
aussi, § 42, 139, 248; – (c'est pourquoi), § 143; – aussi longtemps que § 248.
aut, § 143; – aut... aut, § 145.
autant, § 139; p. 83 I et III; —— de, § 139 B; – d'autant (plus, moins) que, p. 83 III; p. 139 IV; autant... autant, § 251.
autem, § 143.
autre, § 77, 78; p. 45 I; — que, § 248; p. 139 II et III.
auxilio venire (esse) alicui, § 188.
avant que, § 253; p. 141 III et IV.
ave, **avete**, § 117.
avidus, § 210.
avoir (= posséder), § 186.
- ax (adj. en), p. 24, I et IV.

B

beaucoup, § 139 A; p. 83 I; p. 117 III; —— de § 139 B; – de beaucoup, p. 29 III.
belli, locat., § 20; – domi bellique, § 20.
bene, compar., superlatif, § 55.
benevolus, compar., superlatif, p. 29 I.
besoin (avoir), p. 118 V; § 182, 183.
bien que, § 260, 261.
bini, p. 47; § 86.
blandior, conj. p. 66; constr. § 181.
bonus, décl. § 34; compar., superlatif, § 48; – bonum, § 32.
bos, décl., p. 21 II 1°.
but (compl. circ. de ——) : § 200; *(au datif)* p. 117 II; – subordonnée de ——; p. 136; —— exprimé par : adj. verbal, § 169; gérondif avec *ad*, § 200; *causā*, p. 85 II; participe en *-urus*, § 168; supin, § 165; infinitif, p. 99 II 2°; sub. relative, § 268.

C

canis, génit. plur., § 23.
capable de, p. 147 II.
capio, conjug., p. 62, 63; —— ex, § 194.
caractéristiques (de la langue latine), § 7.
careo, § 182.
caro (décl.), p. 21 II.
cas, § 8, 10; p. 11 IV; *voir :* nominatif, etc.
causā, p. 85 II, III.
cause (compl. circ. de ——), § 192; – subordonnée de —— p. 144; – ablatif absolu, p. 145; – sub. relative, § 268; —— exprimée par le participe, p. 101 II.
caveo (ne), § 237; **cave** + subj., p. 129 II.
ce, c'est, § 179, 280; c'est... qui (que), § 281.
-ce, renforçant le démonstr., p. 37 III.
cedo, § 117, 147.
celer, génit. plur., p. 25 IV.
celo (+ double acc.), p. 107 I.
celui, *celle de*, p. 37 II; p. 121 III 2°.
ce qui, *ce que*, § 68, 229.
certiorem facio, constr., p. 118 III; – certior fio, p. 118 III N. B.
césure, § 298, 299, 300, 301, 302.
ceteri, p. 49 III.
cette, § 117.
châtiment (compl. circ. exprimant le ——), § 198.
cher (estimer, acheter, vendre —), p. 83 I.
chrétienne (période —), § 2.
circa, **circum**, prép., § 140; adv., § 135.
circonstanciel (compl. —), *voir :* lieu, temps, instrument, moyen, cause, manière, accompagnement, origine, séparation, matière, provenance, éloignement, prix, châtiment, délit, but, destination, mesure, distance, différence, point de vue, agent; = ablatif, accusatif, datif, génitif.
circumdo, p. 118 VII.
civitas, génit. plur., p. 19 I.
clam, § 138, 141.
classique (période—), § 2.
classis, p. 17 II.
clemens, abl. sing., § 38 IV.
coepi, conjug., § 117, 118; emploi, § 118 N. B.
coeptus sum, § 118; p. 95 c.
cognito, ablat. absolu, § 265.
cogo, § 232 R; cogor, p. 133 II N. B.
colloco, p. 111 V.
combien, § 139 A; p. 83 I; —— de, § 139 B.
comedo, § 114.
cometes, déclin., p. 13 III.
comme : devant un attribut, § 177; exclamatif, p. 82, 83 IV; § 275; – conj. de sub., p. 139 I; § 253 B.
comme si, p. 143 IV 4°.
commoneo, p. 118 III.
comparaison : locutions de ——, p. 82 III; § 248; – degrés de ——, p. 26 à 31; – sub. compl. de ——, p. 138, 139; – relative de ——, p. 147 IV.
comparatif des adjectifs : p. 26; formation du —— de supériorité, § 39; p. 29 I; (irréguliers) p. 30; ——

d'égalité et d'infériorité, § 42; —— des adverbes : § 54, 55, 56.
– complément du —— : § 41; p. 27; – comparatif sans complément : § 40; – comparatif au lieu du superlatif : § 40 2°, 46.
comperto, abl. absolu, § 265.
complément :
—— du verbe : *voir* objet, attribution, circonstanciel, agent; ≡ constructions particulières, p. 118, 119.
—— du nom, p. 120, 121; – au gén., § 204, 205; p. 121; – à l'abl., § 206; – précédé d'une prép. § 207; – exprim. lieu, but, p. 121 V; – exprimé dans une sub. complétive, p. 129 III.
—— du pronom, § 71; p. 43 II; § 205; p. 121 IV.
—— de l'adjectif, p. 122, 123; – à l'acc., § 209; – au gén., § 210; – au dat., § 211; – à l'abl., § 212; – *ad* et acc., § 213; – *ab* et abl., p. 123 III; – infinitif, p. 123 V; – gérondif, § 214; – supin en *-u* § 165.
—— du comparatif, § 41; p. 27; – du superlatif, § 44, 45, 46; p. 29 III.
—— de l'adjectif verbal en *-ndus*, § 203.
—— de l'adverbe, p. 82; § 205; p. 121 IV.
—— partitif, § 204, 205; p. 121 IV; p. 29 III 3°.
complétives (subordonnées ——), § 225; p. 130 à 135; —— se rattachant à un nom, p. 129 III, à un démonstratif, p. 129 IV.
composés (mots ——) : p. 90, 91.
concession : subjonctif de ——, p. 97 III; subordonnée de ——, p. 144; abl. absolu, p. 145; sub. relative, § 268; —— remplacée par un participe, p. 101 II.
concordance des temps, § 269.
condamner, § 198, 199.
condition (subordonnée de ——), p. 142, 143; – sub. relative, p. 147 III; – abl. absolu, p. 145; —— remplacée par un participe, p. 101, II.
conditionnel, § 90; traduit par l'indicatif, § 158; – par le subjonctif, § 161; p. 97 I, II; — dans la sub. infinitive, p. 151 III; — dans la sub. au subjonctif, p. 149 II.
confido, § 107; constr., § 181.
conjonctions : de coordination, p. 86; expressions balancées, § 145; —— de subordination, p. 87.
conjugaisons, § 88; – actives, p. 54, 56, 58, 60, 62; – passives, p. 55, 57, 59, 61, 63; – déponentes, p. 66, 67; – *sum* et composés, p. 52, 53; – v. semi-déponents, § 107; – v. irréguliers, p. 68 à 71; – v. défectifs, p. 71, 72; – v. impersonnels, p. 73 à 75.
conséquence (subordonnée de ——), p. 137; sub. relative, § 268; p. 147 II.
consido, p. 111 V.
constat, § 233.
constituo, p. 135 III.
contendo, p. 135 III.
contentus, § 212.
contingit, § 123; —— ut, ut non, § 236.
contractes (formes) dans les verbes, p. 64 II.
coordination, p. 86; § 130; p. 79 II.
copia, **copiae**, § 14.
cor, déclin., p. 21 II, 1°.
coram, § 141.
corrélatifs, p. 41 III, 83 III.
crainte (verbes de ——), § 237.
credo, § 232; – credas, crederes, § 154 I; p. 97 I.
crimini dare alicui, § 188.
cubi (= alicubi), § 133.
cum, tableau p. 152.
cum, conjonction de temps, § 253 B; p. 141 VI, VII (cum relatif); —— de cause, § 258; —— de concession, § 261.
cum, préposition, § 141; exprime la manière, p. 115 I; l'accompagnement, § 193; – place, p. 85 III; ≡ préfixe § 153.
cum... tum, § 145.
cuncti, p. 49 III.
cunde (= alicunde), § 133.
cupidus, § 210.
cupio, § 184; p. 133 I.
cur, § 127, 226; p. 119 IV.
curo, + ut § 235; + adj. verbal, § 169 N. B.
Cybele, déclin., p. 13 III.

D

dactyle, § 295, 299 à 303.
damno, § 198, 199.
date (compl. circ. de temps), § 191; p. 113 I, IV.
datif, valeur, § 10; p. 125 (tableau).
—— des noms : 1re décl., plur. en *-abus*, p. 13 II; – 4e décl., sing. en *-u*, § 29, plur. en *-ubus*, § 31; – 5e décl., sing. en *-e*, p. 21 I; —— de certains pronoms-adj. en *-i*, p. 36 à 45.
—— complément de verbe : objet, § 181; – attribution, § 185; – intérêt, § 186; p. 109; – explétif, p. 109 I; – destination, § 187, 188; – avec *sum*, § 186; p. 119 III; – avec composés de *sum*, § 181; – double datif, § 188; – compl. de l'adjectif verbal en *-ndus*, § 203; – du v. passif, § 203; p. 117 V; – d'un v. composé d'une préposition, p. 109 II; – compl. circ. de lieu, p. 111 I 4°; – de but, p. 117 II.

—— attribut, p. 105 I 3°.
—— compl. d'adjectif, § 211; de nom, p. 121 V.
d'autant (plus, moins) *que*, p. 139 IV.
de + infinitif français : ut, ne, quin, quominus + *subj.* en latin, p. 134, 135.
dea, dat.-abl. plur., p. 13 II.
debeo, construction, § 184; —— à l'indic. au sens du conditionnel, § 158.
decerno, p. 135 III.
decet, **dedecet**, § 122; p. 118 I; —— à l'indic. au sens du condit., § 158.
déclinaisons, p. 10, 11; —— des noms, p. 12 à 21; – des noms grecs, p. 13, 15, 17, 19; – de noms irréguliers, p. 21 II; – des noms composés, § 151 II; – des adjectifs: qualificatifs p. 22 à 25; (comparatif), § 39; numéraux, § 82, 84; p. 46, 47; – des pronoms personnels, § 57; p. 33 I; – des pronoms-adj. : possessifs, § 61; p. 35 I; démonstratifs, p. 36 et 37 III; relatifs, § 66; p. 39 I et III; interrogatifs, p. 40 et 41 I; indéfinis, p. 42 à 44; – du gérondif (tableaux des conjug. actives, déponentes et irrég.).
défectifs : noms, p. 21 II 3°; – adjectifs, § 33; – verbes, p. 71, 72.
défense (expression de la ——), § 159; p. 97 V; § 272.
deficio, p. 118 I.
degrés de comparaison, p. 26 à 31.
délibératif(subjonctif),p. 97 IV; – dans la sub. interr., p. 131 VII.
délit (compl. circ. exprimant le ——), § 199.
demander à, p. 107 I; § 194.
démonstratifs (pronoms-adjectifs ——), p. 36, 37; — accord inverse du démonstratif, § 179; — démonstratif annonçant une sub. complétive, p. 129 IV.
déponents (verbes ——), § 89; – conjugaisons, p. 66, 67; – désinence *-re*, § 92; p. 66 n. 1; – participe parfait à sens passif, p. 67 III; – déponents ayant un adj. verbal en *-ndus*, p. 67 II; — v. semi- déponents, p. 68.
depono, p. 111 V.
depuis, p. 112, 113 IV.
dérivés (mots ——), p. 89.
désinences : casuelles, p. 11 I, II; – des personnes, § 92.
desino, § 184; – desitus sum, p. 95 C.
desisto, § 184.
destination (complément exprimant la —), § 187, 188; p. 109 II.
desum, § 94, 181 3°.
deterreo, p. 115 IV.
deus, déclin, § 19.
devoir, § 184; – on doit, § 283.
dextrā laevāque, p. 111 I.
dico, construction, § 228, 232; p. 135 III; – dic, p.58 n. 1 et p. 51 I; – dicunt, § 154 II; – dicas, diceres, dixeris, p. 97 I; § 282; – dicitur § 233 R.; p. 133 II.
-dicus, (adj. en ——); comparatif et superlatif, p. 29 I.
dies, § 29, 30; p. 21 I.
différence (compl. de ——) p. 117 III; p. 27 III; p. 83 II.
differo, p. 115 IV.
difficilis, superl. § 43; avec supin, § 165.
diffido, § 107; construction, § 181.
dignus : + ablatif, § 212; —— qui *(subj.)*, p. 147 II 2°.
diphtongues, § 4, 5, 290.
direct (style, discours ——), § 271, 272; – interrogation directe : § 226; p. 40, 41, 76, 77.
discours : indirect, p. 150, 151; – indirect libre, p. 151 I; – direct, § 271, 272.
dissimilis, superl. § 43; constr. p. 123 II.
distance (compl. circ, de ——), § 201; – c^t de nom, § 204; – c^t d'adjectif, § 209.
distique, § 300.
distributifs (nombres ——), p. 47; § 86; p. 49 V.
dives, compar. et superl., p. 29 I; – constr., § 212.
divido, § 195.
do, avec double datif, § 188; avec adj. verbal, § 169.
doceo, p. 107 I; § 228.
doctus, p. 123 V.
doleo, p. 94 I.
domus, déclin., § 31; – domi, § 31; domi militiaeque, § 15; domi bellique, § 20; – emploi dans le compl. de lieu, p. 110, 111 IV.
donec, avec l'indicatif ou le subjonctif, § 253; p. 141 III et IV.
dono, p. 118 VII.
dos, gén. plur., p. 19 I.
dubito, § 228; – dubito an, p. 131 III; – non dubito, quis dubitat quin, p. 135 II; non dubito *(et infin.)* p. 135 IV,
dubium : haud dubium est quin, p. 135 II.
duco, § 169, 177, 232; – duc, p. 58, n. 1; p. 51 I.
ductu, p. 21 II 3°.
dum, avec l'indicatif ou le subjonctif, § 253; p. 141 III et IV; – avec l'indic. présent = pendant que, p. 141 V; ═ pourvu que, p. 143 IV.
dummodo, p. 87.
duo, déclin., § 82.
durée (compl. circ. de temps), § 191; p. 113 II, IV.

E

e, ex, préposition, § 141; —— introduit un c^t partitif (après superlatif, § 44; après pronom, p. 121 IV); un c^t du nom, § 207 – du verbe : lieu, p. 110, 111 III; § 176 1°; provenance, origine, § 194 et p. 115 IV et V; matière, § 196; temps, p. 113 IV; ═ préfixe, § 153.
eā, eādem, adv., § 133.
ecce, § 147, 148.
ecquis, p. 41 I.
edico, § 235.
edicto, abl. absolu, § 265.
edo (manger), conjug., § 114.
efficio, § 235.
effort : exprimé par le présent, § 155 I; l'imparfait, p. 93, 2°; ═ verbes d'——, construction, § 235; p. 135 III.
egeo, § 182, 183.
ego, déclin., § 57; – emploi, § 60. ═ egomet, p. 35 I.
ei, interj., § 147, 148.
élision (dans le vers), § 296.
ellipse : du v. *esse*, p. 129 I; – de l'auxiliaire *esse*, p. 64, 65; – d'un autre verbe, p. 129 I; § 250, 251; – du nom, p. 121 III; – du pronom suj. de l'infinitif, p. 133 I; – du sujet de l'ablatif absolu, § 265; – de la particule interrogative, § 128; p. 131 II; – de *ut*, p. 135 I.
éloignement (c^t d'—), § 195; p. 115 IV.
emo, § 194; p. 117 I.
empêchement (verbes d'——), § 238.
en, § 147.
en, devant un attribut, § 177; ═ en (lisant), p. 99 IV.
enclitiques, § 6 N. B.; p. 43 1°.
enim, § 143.
eo, *verbe* : conjug., p. 69; – composés de —, § 110, 111; – passif de —, § 111.
eo, *adverbe*, § 133; – eo... quod *(cause)*, p. 129 IV; – eo... quo, quod *(comparaison)*, quo... eo, p. 139 IV et V; eo... ut, p. 129 IV.
eodem, adv. de lieu, § 133.
épistolaire (imparfait—), p. 93 2°.
épithète : accord, § 174, 175; – place, p. 103.
-ere (-erunt), § 92.
ergo, § 143.
-errimus (superlatifs en ——), § 43.
espace parcouru (c^t circ. exprimant l'——), § 201.
espérer, § 232; p. 133 III.
esse : infin. de *sum*, voir *sum*; infin. de *edo*, p. 70; – composés de *esse*, p. 53, – constructions diverses, p. 119; – ellipse de —— p. 64, 65, 129 I.
est, *impers.*, § 123; est cum, est quod, est ubi, est ut, p. 119 IV.
estimation (compl. circ. d'——), § 197; p. 117 I.
estimation (verbes d'——), p. 117 I NB; constr. p. 83 J; § 197.
et, conj. de coordin., § 143, 144; – et... et, § 145; – et non, p. 79 II; ═ adverbe, § 143 n. 1.
etiam, § 138; oui, p. 77 III.
etiamsi, § 256.
etsi, § 260.
eundem, eandem, eorundem, p. 36.
-eus, -ius, -uus (adj. en ——), comparatif, § 39; superlatif, § 43.
événement (verbes d'——), § 123, 236.
evenit, § 123; –ut, ut non, § 236.
ex, voir **e**.
exclamatifs, § 73, 127; p. 83 IV; – interjections : § 147, 148.
exclamation : à l'accusatif, § 148; – à l'infinitif, p. 99 I; – au subj. p. 97 II.
excludo, p. 115 IV.
existimo, § 177, 232.
expedit, § 122 (impersonnel); p. 65 VI (pers.).
expérience (parfait d'——), p. 93 3°.
expressions balancées, § 145.
exterior, extremus, § 49.
exuo, p. 115 IV.

F

faber, gén. plur., p. 15 II.
facile, adv., § 53, 54.
facilis, superlatif, § 43; construction, § 165.
facio : passif de ——, p. 68; de ses composés, p. 69; – fac, p. 62 n. 1 ═ j'estime, p. 117 I; – facere certiorem, p. 118 III; – facere non possum quin, p. 135 II; – fac + *subj.*, p. 129 II.
faire et l'infinitif : traduit par un verbe à sens factitif, p. 94 I; par jubeo, § 232.
falloir (il faut), § 283.
familias, p. 13 II.
fas, p. 21 II 3°; – fas est, § 173.
fauces, gén. plur., § 25, 27.
faveo, § 181.
faxo, faxim p. 65 VII.
febris, acc. et abl. sing, § 23.
fero, conjug., p. 70; – construction, p. 109 II; ═ ferunt, § 154 II. ═ fer, p. 51 I.
-ficus (adj. en ——), p. 29 I.
fido, § 107; construction, § 181.
filia, dat-abl. plur., p. 13 II.
filius, vocatif, p. 15 II; génit. sing., nom-voc. et dat-abl. plur., p. 15 II 3°.
finis, fines, § 22.

fio, conjug., p. 68.
fit, § 123; —— ut, ut non, § 236.
flagito, p. 107 I.
foras, **foris**, § 134.
fore : *voir* sum, p. 52; — *voir* fio, p. 68; – fore ut, p. 133 III 2°.
forem, p. 52.
fors, **forte**, p. 21 II 3°.
forsan, **forsitan**, p. 77 IV; p. 131 IV.
fortuna, **fortunae**, § 14.
frater, génit. plur., § 23.
fraus, génit. plur., p. 19 I.
frugi, § 33.
fruor, § 182.
fugit (me), p. 131 I.
fuisse avec part. futur en -urus, p. 151 III.
fungor, § 182.
futur : sens, § 155; — exprimé par *sum* et le participe en *–urus*, § 168; par *fore* (futurum esse) ut, p. 133 III,- infinitif futur au lieu du présent français, p. 133 III 1°; – futur dans la sub. interrogative, § 230; infinitive, § 234; p. 133 III; conditionnelle, § 254; dans les sub. au subjonctif, p. 149 I.
—— antérieur : sens, § 155. – au lieu du futur, p. 93 4°; § 254.
futurum [esse] (fore) ut, p. 133 III 2°.
futurum fuisse ut, p. 151 III.

G

gallicismes, p. 154 et 155; § 177 R., 179, 229, 243.
gaudeo, § 107; – avec ablat. § 182; – avec prop. infinitive, § 232; – avec *quod*, § 257.
génitif : valeur, § 10; p. 125 (tableau).
—— des noms : singulier en *-ai*, *-as* (1re décl.), p. 13 II; en *-i* au lieu de *-ii* (2e décl.), p. 15 II; en *-e* (5e décl.), p. 21 I; en *-os*, *-eos* (noms grecs), p. 17, 19; —— pluriel en *-um* (1re décl.), p. 13 II; – (2e décl.), p. 15 II; p. 46 et 47 n. 1; – (3e décl.), § 23, 24, 27; p. 17 II; – *ium* (3e décl.), § 21, 25; p. 17 I; —— double en *-um* et *-ium*, p. 17 II, 19 I, 25 IV.
——des pronoms-adjectifs en *-ius* ou *-jus*, p. 36 à 44.
—— complément du nom, § 204; p. 121 I et II; – d'un nom non exprimé, p. 121 III; – du pronom neutre, § 205, p. 121 IV; – de l'adjectif, § 210, 214; p. 123 I et IV; – du superlatif, § 44, 46; – de l'adverbe, § 139 B, 205; p. 121 IV; ═ génitif partitif, § 204, 205; p. 121 IV; génitif subjectif, objectif, p. 121 I; génitif explicatif, p. 121 II.
—— complément du verbe : objet, § 183, – circ. de prix, estimation, p. 117 I; cause (*avec* paenitet), § 124; châtiment, § 198; délit, § 199; point de vue, p. 117 IV, 123 IV; ═ avec *esse*, p. 117 I, p. 119, 121 III; avec *interest*, *refert*, p. 118 II; avec *admoneo*, *certiorem facio*, *certior fio*, p. 118 III.
genre (des noms), p. 9; § 13, 17, 26, 30.
gérondif : voir tableaux des conjug. actives, dép. et irrég.; — en *-undi*, etc. p. 65 VII; ═ emplois, § 164 et p. 127; complément du nom, § 208; – d'adjectif, § 214; – circ. à l'ablatif, § 164; p. 127; au datif, § 164; p. 119 III; à l'accus. précédé de *ad*, § 164, 243; au génitif avec *esse*, p. 119 III; —— remplacé par adj. verbal en *–ndus*, p. 99 III; ═ différence avec le participe présent, p. 99 IV.
gracilis, superlatif, § 43.
gratiā, p. 85 II et III.
gratulor, § 181; p. 118 IV.
grecs (noms ——), déclin., p. 13, 15, 17, 19.

H

habeo, avec participe parfait, p. 101 V; – avec attribut de l'objet, § 177 II; – avec le datif (= *est mihi)*, § 188 NB; ——, j'estime, p. 117 I.
habeor, avec attribut du sujet, § 177 I; avec ct au datif, § 203.
hac, adv. de lieu, § 133.
hactenus, § 133.
haereo, p. 109 II.
haïr, § 119.
haud, § 129; p. 79 I; – haud scio an, p. 131 III; – haud multum abest quin, p. 135 II.
haurio, § 194.
hésiter : ne pas — à, p. 135 IV.
hexamètre dactylique § 299.
hic, pronom-adj. p. 36, 37; – renforcé, p. 37 III; ═ adverbe de lieu, § 133.
hicine, p. 37 III.
hinc, § 133.
hoc... quo (quod), *(comparaison)*, p. 139 IV.
hortor + ad, § 200.
huc § 133.
humi, § 20; p. 110.
humilis, superl., § 43.

I

ïambe, § 295.
ïambiques (vers), p. 159, 160.
-ibam (–iebam), p. 65 VII.
ibi, § 133.
idcirco, § 143 : – idcirco quod, p. 129 IV; idcirco ut, p. 129 IV.

idem, p. 36; p. 37 I; – idem ac (atque), § 248; p. 139 III; – idem qui, p. 147 IV.
ideo, § 143; – ideo quod, ideo ut, p. 129 IV.
idoneus, § 211, 213.
-ier (=-i), p. 65 VII.
igitur, § 143.
ignarus, § 210.
ignosco, § 181.
il faut, § 283.
il y a, § 279.
illac, adv. de lieu, § 133.
ille, pronom-adj., p. 36, 37.
illic, **illinc**, **illuc**, § 133.
-illimus (superlatifs en ——), § 43.
imitor, conj., p. 66.
immemor, p. 25 II; § 210.
impar, § 211; p. 99 III.
imparfait : sens § 155; – – d'effort, p. 93 2°; – épistolaire, p. 93 2°; – du subjonctif, p. 93 III; § 161; ══ en *-ibam*, p. 65 VII.
imparisyllabiques : noms, p. 18, 19; – adjectifs, p. 24, 25.
impedio, § 238.
impératif, § 159; p. 97 V; – formes irrégulières, p. 51 I, 58, 62; – impératif futur, p. 93 II.
impero, § 235.
impersonnels (verbes ——), p. 73, 74; ══ passif impersonnel, § 125; p. 94 II a; conjugaison, p. 75.
impetro + ab, § 194; + ut, § 235.
imus, adj., § 49, 51.
in, préposition, § 142; introduit un c^{t} de lieu, p. 110, 111; – de temps, p. 113 I et IV; ══ préfixe, § 153.
incertum est an, p. 131 III.
incipio, § 184.
inde, § 133.
indéclinables : noms, p. 21; – adjectifs, § 33 R.
indéfinis : pronoms, adjectifs, p. 42 à 45.
indétermination (subjonctif de l' —), p. 149 III.
indicatif, p. 95; —— au lieu du conditionnel français, § 158; —— dans la subord. de comparaison, p. 138; de temps, p. 140; de condition, p. 142; de cause, p. 144; de concession, p. 144; relative, p. 146, 147; —— dans le style indirect, p. 151 II.
indignor, § 232 R.
indignus + ablatif, § 212; + qui (subj.), p. 147 II.
indirect : *voir* style, interrogation.
indo-européennes (langues), § 1.
infériorité : comparatif d' ——, § 42, 56; superlatif d' ——, § 47, 56.
infimus, § 49, 51.
infinitif : emploi, p. 98; —— de narration, § 162; p. 141 VII; —— exclamatif, p. 99 I; —— sujet, § 163, 173; attribut, § 163; c^{t} d'objet, § 184; c^{t} circ. de but, p. 99 II; c^{t} d'adjectif, p. 99 II, 123 V; ══ infinitif après *dicitur*, § 233; p. 133 II; dans la sub. infinitive, p. 132, 133; infinitif impersonnel, p. 133 I; infinitif dans la sub. interrogative, p. 151 II 1°.
—— français traduit par le gérondif, § 164, 219; le supin, § 165; l'adjectif verbal, p. 99 III; § 220; une sub. complétive, p. 133, 134, 135; une sub. conjonctive, § 285; une expression de but, § 243.
infinitive (proposition sub. ——), p. 129 III et IV, 132, 133.
injussu, p. 21 3°.
inops, abl. sing., p. 25 II.
inquam, § 117, 120.
insidior, § 181.
insimulo, § 199.
instar, p. 21 3°, 85 II.
instituo, constr., § 184.
instrument (compl. circ. d' ——), § 192; p. 115 II; – à la place d'un c^{t} circ. de lieu, p. 111 V.
inter, § 140.
interdico, p. 118 VI.
interest, § 122; p. 118 II; p. 131 I.
intérêt (compl. d' ——), § 186; p. 109 I.
interjections, p. 88.
interrogatifs : pronoms – adj., p. 40, 41; particules, adverbes, p. 76; —— dans l'interrogation indirecte, § 229; —— à sens exclamatif, § 73, 127; p. 83 IV; ══ accord du pronom par attraction, p. 105 III; ══ subord. interrogative, p. 130, 131.
interrogation : simple, § 128; double, § 128; p. 77 I; § 229; p. 131 II; directe, § 226; p. 40, 41, 76; indirecte, p. 130, 131; se rattachant à un nom, p. 129 III.
intervallo, § 201.
intra, § 140; introduit un c^{t} de temps, p. 113 IV.
intransitifs (verbes), p. 94; — au passif, p. 94 II; – employés transitiv^{t}, p. 94 I, 107 II; – avec pronom neutre à l'acc., p. 107 III.
intro, **intus**, § 134.
inveniuntur qui (et *subj.*), p. 147 II.
invideo, § 181.
ipse, p. 36, 37; — dans le style indirect, § 274.
irascor, § 181.
irréel : du présent, § 161, 254; du passé, § 161, 254; p. 143 I; —— dans la sub. infinitive, p. 151 III; de comparaison, p. 139 VII; interrogative, p. 149 II; relative, p. 147 III.
is, pronom-adj., p. 36; – pronom de rappel, § 58;

– is ut, § 245; is qui (*indic.*), § 65, 68; is qui (*subj.*), p. 147 II.
iste, p. 36.
istic, istuc, istinc, istac, § 133.
ita, § 138; —, oui, p. 77 III; = ita ut (*comparaison*), § 248; (*conséquence*), § 245; (*restrictif*), § 245.
itaque, § 143.
iter, p. 21 II.
itur, itum est, § 111.
-ius (adj. en–), § 39, 43.
-ix (adj. en–), p. 24 I, IV.

J

jam, § 136; – avec un c^t de temps, § 191 IV; – jam non, § 136.
jubeo, § 232 R.; – jubeor, p. 133 II.
jungo, p. 109 II.
Juppiter, p. 21 II.
jure, § 138.
jusjurandum, déclin., § 151 II.
jusqu'à ce que, § 253; p. 141 III, IV.
jussu, p. 21 II 2°.
juvat, § 122.
juvenis, génit. plur., § 23; — compar. de l'adj., § 50.

L

laetor, § 232 R.
late, compar., superlat., § 134 n. 1.
latin (caractéristiques du ——), § 7; – petite histoire du —, § 2.
latus + acc., § 209.
lavari, p. 95 b.
lego, conjug., p. 58, 59.
leur : pronom pers., p. 32, 33; – adj. possess., § 62; p. 35 II et III; § 274.
liaison : mots de ——, p. 86; – relatif de ——, § 68; p. 39 IV; p. 151 II NB.
liberi, gén. liberorum ou liberum, p. 15 II 2°.
libero, p. 115 IV.
licet, v. impers., § 122; construction, § 122, 233; p. 135 I, III; = conjonction de sub., § 261.
lieu : adverbes de ——, p. 80; – c^t circ. de —— : p. 110, 111; apposition au c^t de lieu, p. 111 IV; § 176 1°; – datif pour *in* et acc., p. 109 II; pour *ad* et acc., p. 111 I; – suppression de la prép., p. 111 I; – proximité, § 190; p. 111 II; – lieu remplacé par moyen, p. 111 V; – c^t de lieu complétant un nom, § 207; p. 121 V.
lis, génit. plur., § 25.
littera, litterae, § 14.
locatif : 1re décl., § 15; 2e, § 20; 3e, § 28; domi, § 31; = emploi, p. 110, 111.
loco, préposition, p. 85 II, III.
locus, dans le c^t circ. de lieu, p. 111 I.
logaédiques (vers), p. 160, 161.
longe, § 134; – devant superlatif, p. 29 III 2°.
longus + acc., § 209.
l'un... l'autre, l'un l'autre, § 78; p. 45 I.

M

-ma (noms neutres en ——) : décl., p. 21 II 2°.
maereo, § 182.
magis : exprime le comparatif, § 39; p. 27 I; § 54, 139; – devant un verbe, § 139; — *quam ut*, § 286.
magni, magno, p. 83 I.
magnificus, compar. et superlat., p. 29 I.
magnopere, compar. et superl., § 55.
magnus, compar. et superl., § 48.
major : § 48; natu major, § 51; – major (spe), p. 27 IV; major quam ut, quam pro, p. 27 IV.
male, compar., superl., § 55.
maledicus, compar. et superlat., p. 29 I.
malo, conjug., § 115; – construction, p. 133 I, 135 I et III; —— quam, p. 139 II. = malim, mallem, p. 97 I
malus, compar., superl., § 48.
manière : adverbes de ——, § 138; formation, § 52, 53; degrés de comparaison, § 54, 55, 56; – compl. circ. de ——, § 192; p. 115 I.
mater, gén. plur., § 23; materfamilias, p. 13 II.
matière : c^t circ. de ——, § 196; – c^t de nom, § 207.
maxime, formant le superlatif, § 43, 54, 139 A.
medius, sens, § 51; – dans le c^t de lieu, p. 111 I.
même : adv., *voir* etiam, et, vel = le même, p. 36; le même que, p. 139 III; p. 147 IV; = lui-même, p. 36, 37 I.
memini, conjug., § 117, 119; – construction, § 183; p. 118 VII, 133 III 3°.
memor, abl. sing., p. 25 II; – construction, § 210.
menacer, § 181; p. 118 IV, 133 III 1°.
mensis, gén. plur., p. 17 II.
mesure : c^t circ. de ——, § 201; – c^t de nom, § 204; – c^t d'adjectif, § 209.
-met, p. 35 I.
métrique, § 288; 295 à 305.
metuo, § 237.
meus, a, um (*voc.* mi), § 61, 63, 64; – meum (est), p. 119 I; – meā (interest, refert), p. 118 II.
mi, de meus, § 61; de ego (= mihi), § 57.
militiae, § 15; domi militiaeque, § 15.

mille, milia, § 84; p. 49 II.
minime, § 47, 56, 132, 139 A.
minimum, -i, -o, § 139 B; p. 83 I.
minor, us, § 48; —— natu, § 51; minoris, p. 83 I;
minus, adv. *(compar. d'infériorité)*, § 42; p. 27 II; § 56, 139 A et B.
minor, -ari, § 181 et p. 118 IV; p. 133 III 1°.
miror, § 228, 232 R.
misceo, p. 109 II.
misereor, § 183.
miseret, § 124; avec génitif, § 124.
mitto, p. 109 II; – avec double datif, § 188; avec adj. verbal, § 169 1°.
modes, § 90; emploi, p. 95 à 101; dans les subordonnées, p. 130 à 151. (*Voir* indicatif, subjonctif, impératif, infinitif, gérondif, supin, participe, adjectif verbal en *-ndus*).
modius, gén. plur., p. 15 II 2°.
modo, adv., § 138; modo... modo, § 145; non modo... sed, § 145; ═ conj. de sub., 143 IV.
moins, § 42, 56, 139 et p. 83 I; – moins... moins, p. 139 V; moins de, p. 27 II; § 139 B; le moins, § 47, 56; p. 82, 83; le moins possible (*voir* plus); d'autant (moins); p. 139 IV.
moneo : ut, § 235; ne, § 235; subj. sans *ut*, p. 135 I.
mos est, § 173.
mots : espèces, § 7; dérivés, p. 89; composés, p. 90, 91.
moyen (compl. circ. de ——), § 192 et p. 115 II; – au lieu d'un c^t^ de lieu, p. 111 V; – gérondif, § 164, p. 99 IV.
multi, compar. et superl., § 48; emploi, § 139 B; tam multi, quam multi, § 139 B et p. 83 III.
multo : devant superlat., p. 29 III; devant compar., p. 83 II.
multo, -are, § 198, 199.
multum, § 139 A et B; – compar. et superl., § 55; – haud multum abest quin, p. 135 II.
mus, gén. plur., p. 19 I.

N

narration : présent de ——, § 155 I; infinitif de ——, § 162; p. 141 VII.
nascor, ab *ou* ex, p. 115 V.
natu, p. 21 II 3°; —— major, maximus, minor, minimus, § 51 2°.
natus : âgé de, p. 113 III; – issu de, § 194 N. B. 2°.
nē (nae), adv. d'affirmation, p. 77 IV.
nē, adv. de négation, § 129; dans la défense, § 159; p. 97 V; le souhait négatif, § 160; – dum (modo) ne, p. 143 IV; – ne... quidem, § 132; p. 79 III.
nē, conj. de sub. : après un v. de volonté, § 235; de crainte, § 237; d'empêchement, § 238; dans la sub. de but, § 241; – après un nom, p. 129 III; – ne quis (unquam...), p. 43 I; § 235 N. B., 241 N. B.
-nĕ, interrogatif : § 128; p. 77 I; dans l'interrogation indirecte, § 229; – dans le second membre de l'interrog. double, p. 131 II; ═ dans l'exclamation, p. 99 I.
ne... que, § 256 N.B.
nec, neque, § 130, 143; – *pour* neve, p. 79 II C; – nec... nec, § 130, 143; p. 79 III; – nec unquam, quisquam, ullus, p. 79 II.
necesse est, § 233; p. 135 I, III; – traduit par un conditionnel, § 158, 1°.
necne, § 128, 229.
nedum, p. 87.
nefas, p. 21 II; – nefas est § 173.
négation : adverbes de ——, p. 78; conjonctions négatives, liaisons négatives, § 130; p. 79 II, p. 97 V; § 241 2°; ═ 2 négations se détruisant, § 131; – 2 négations se renforçant, p. 79 III; ═ la négation dans la défense et le souhait, § 159, 160; avec le subj. de supposition, p. 97 III; dans la sub. objet, § 235, 236, 237; de but, § 241; de conséquence, § 246; de condition, § 256; p. 143 III et IV.
nego, § 232.
nemo, § 76 et p. 43 III; non nemo, nemo non, § 131; nemo est quin (qui), p. 147 II.
nequam, § 33 R.
nequaquam, § 132.
neque, *voir* nec.
nequeo, § 110.
nescio, § 184, 232; —— an, p. 131 III; —— quis, quando, p. 131 V.
neuter, § 75; p. 43 II; au pluriel, p. 41 II.
neve (neu), § 130; p. 79, II C; p. 87; § 241 N.B. 2°.
ni, conj. de sub., § 256.
ni ; ni... ni § 130, 143.
nihil (nil), § 76; p. 43 III; non nihil, nihil non, § 131; —— suivi d'un génitif, § 205; p. 121 IV; ═ nihil est quod (cur), p. 119 IV.
nimis, § 139; p. 83 I.
nimium, § 139.
nimius, § 139 B.
nisi, § 256; nisi quis, p. 43 I; ═ si ce n'est, § 256 N. B.
nitor : avec ablat. § 182; avec inf. ou *ut*, p. 135 III.
nix, gén. plur., § 25.
noceo, § 181.

noli, nolite (défense), § 159.
nolo, conjug., § 115; construction, p. 133 I c, 135 I et III; ═ nolim, nollem, p. 97 I.
nombres, *voir* numéraux.
nomen est, avec 2 datifs § 186.
nominatif, § 10, 148, 162, 170, 177.
—— sing. en-*os*, -*on* (2ᵉ décl.), p. 15 I et III.
noms : déclinaisons des —, p. 10 à 21; noms grecs, p. 13, 15, 17, 19; noms neutres en – *ma*, p. 21 2°; noms indéclinables, p. 21 3°; ═ adjectif employé comme nom, § 32; ═ cᵗ de nom remplacé par adjectif, p. 32 R; § 207; cᵗ de nom, p. 120, 121; nom de ville cᵗ de lieu, p. 110, 111 II, IV.
non, § 129; p. 79 I; et non, p. 79 II; non nemo, non nihil..., nemo non, nihil non..., § 131; – non solum (tantum, modo)... sed..., § 145; ═ ut non, § 236, 246; ne non § 237; si non, § 256; p. 143 III; ═ non quo (quod), quia, § 257 N. B.
non, dans une réponse, p. 77 III; – non plus, § 132; – non que, § 257 N. B.
nondum, § 132.
nonne, § 128, 229.
non nullus, nonnulli, § 131; p. 49 III.
nos, § 57; p. 33 I, IV.
noster, tra, trum, § 61, 63, 64; – nostrum (est), p. 119 I; nostrā (refert, interest), p. 118 II.
nostri, nostrum, gén., § 57; p. 33 I.
novi, p. 93 3° a; nosti, nosse, p. 64 II.
nubo, § 181.
nullus, § 79; non nullus, nullus non, § 131.
num, § 128; – sa traduction dans l'interrogation indirecte, § 229; – num quis, p. 43 I 1°.
numéraux : adj. cardinaux, p. 46, 48; ordinaux, p. 46; § 83, 85 ; p. 49 I; distributifs, p. 47; § 86; ═ adverbes, p. 47, 49 IV.
nunquam (numquam), § 132; non nunquam, nunquam non, § 131.
nuntiato, abl. absolu, § 265.
nuntio, p. 135 III.
nusquam, § 132; non nusquam, nusquam non, § 131.

O

o, § 147, 148.
ob, prépos., § 140, 192; ═ préfixe, § 153.
objet (compl. d'——) : à l'acc., § 180 et p. 107; – au dat, § 181 et p. 107 IV; – à l'abl., § 182 et p. 107 IV; – au gén., § 183 et p. 107 IV; – à l'infinitif, § 184; — de v. impersonnels, § 124; – du gérondif, p. 99 III; – de verbes divers, p. 118; ═ subordonnée — : interrogative, § 228; infinitive, § 232; conjonctive, p. 134, 135; au subjonctif sans conjonction, p. 129 II, 135 I.
obligation : par l'adj. verbal en -*ndus*, § 126, 169, 283.
obliviscor, § 183; p. 118 VII.
obsto, § 238.
obsum, § 94.
obviam, p. 85 II.
occurro, § 181.
octonaire : ïambique, § 301; trochaïque, § 302.
odi, § 117, 119.
omnes, p. 49 III.
omnis, p. 43 I 5°; – dans le cᵗ circ. de lieu, p. 111 I.
on, l'on (traduction de ——) p. 154; – par le passif personnel, § 282, 283; – impersonnel, § 125; p. 75; p. 94 II a; – par la 3ᵉ p. du plur., § 154 II; – par la 2ᵉ p. du sing. du subj., § 154 I; p. 97 I, p. 149 III; – *par* aliquis, quis, p. 43 I; § 282; ═ on dit que, § 233 R; p. 133 II, – on doit, § 283; – on m'ordonne de, p. 133 II.
opinion (verbes d'——), § 232, 233.
oportet, § 122, 233; p. 135 I et III; – indicatif à sens de conditionnel, § 158 1°.
opposition (sub. d'), p. 144.
optimates, § 25, 27.
opto, § 235, 269.
opus est, § 173; p. 118 V.
orbo, p. 115 IV.
orbus, § 212; p. 123 III.
ordinaux (nombres ——), p. 46; § 83, 85; – employés adverbialement, p. 49 IV.
ordre (expression de l'——), § 159; p. 97 V; – *avec* jubeo, § 232; p. 133 II; – *avec* impero, § 235.
origine (comp. circ. d'——) § 194; p. 115 IV.
orior, p. 67 III.
oro, p. 107 I; § 235.
ortus, § 194 N. B.
os, ossis, p. 21 II.
ou, § 143, 145; – dans l'interrogation double, § 128; p. 77 I; § 229; p. 131 II.
oui (dans une réponse), p. 77 III, IV.
-ox (adj. en –), § 38 I, IV.

P

paenitet (me), § 124; avec gén., § 124.
par, p. 25 III; construction, § 211; p. 139 III.
paratus, § 213; p. 123 V.
parco, § 181.
parentes, § 27.
pareo, § 181.
parfait : désinences de l'indicatif actif, § 92; radical, p. 64 I; – formes en -*ere*, § 92; – formes abré-

gées à l'actif, p. 64 II; sans *esse*, p. 64 IV; — sens : § 155; p. 93 3°; différence entre *clausus est* et *clausus fuit*, p. 64 III, p. 93 3°; — parfait du subjonct. : p. 93 III; p. 96, 97; dans la sub. interr., p. 131 VI; – de conséquence, § 247; – dans la défense, § 159; — parfait de l'indicatif à sens de conditionnel passé, § 158 1°.
parisyllabiques : noms, p. 16, 17; adjectifs, p. 24, 25.
pars, dans le c^t circ. de lieu, p. 111 I; magnam partem, p. 117 IV 2°.
participe : —— présent actif, § 167; déclinaison, § 38 R. I et III; employé comme adjectif, p. 101 III, 123 I; comme nom, § 166 2°; p. 101 IV; après *video*, *audio*, p. 133 IV; différence avec le gérondif, p. 99 IV.
——futur actif, § 168; avec *esse*, § 168, 230; p. 133 III, 149 II, 151 III; avec *fuisse*, p. 151 III.
—— parfait passif § 167; à sens actif, p. 67 III; à sens réfléchi, p. 95 b; à sens actif ou passif dans certains déponents, p. 67 III; avec *habeo*, p. 101 V; employé comme nom, p. 101 IV; équivalant à un nom abstrait ou à une prop. par *quod*, p. 101 V.
—— d'obligation, *voir* : adjectif verbal en *-ndus*.
—— attribut (accord), § 172 III; p. 105 I; – valeur circonstancielle du ——, p. 101 II; —— remplacé par *cum* et *subj.*, p. 101 I; —— dans l'ablatif absolu, § 166 3°; p. 145.
subordonnée ——, p. 145; sans participe, § 264; sans sujet, § 265; équivalents français, § 263.
particules (d'interrogation) § 128; p. 77 I; § 229; p. 131 II, III.
partitif (compl. ——), p. 29 III 3°; § 204, 205; p. 121 IV.
parum, § 139.
parvi, **parvo**, p. 83 I.
parvus, compar. et superl., § 48.
passif : conjugaisons, p. 55, 57, 59, 61, 63; – passif de *facio* et composés, § 108 et p. 69; de *eo*, § 111; de *fero*, p. 70; — sens et emploi, p. 94, 95; passif personnel, p. 133 II, 154; passif impersonnel, § 125, 126; p. 94 II a, 154; passif à sens réfléchi, p. 95 b; parfait passif avec *sum* et *fui*, p. 64 III, 93 3°; participes à sens passif et déponent, p. 67 III; — compl. du v. passif, § 202, 203; p. 117 V.
pater, gén. plur., § 23 2°; paterfamilias, p. 13 II.
patefacio, p. 69 I.
patiens, constr., p. 123 I.
patior, conjug., § 106; construct., § 232 R.
pauci, p. 49 III; § 139 B.
paulo, p. 83 II.
paulum, § 139; – compar. et superl., § 55.
penates, § 25, 27.
pendant que, p. 141 V.
pentamètre (vers ——), § 300.
per, prép., § 140; exprime le lieu, § 189 IV; le temps, p. 113 II; le moyen, § 192; p. 115 II; — préfixe exprimant le superlatif, p. 29 I.
percontor, § 194 N. B.
perinde ac si, p. 143 IV 4°.
peritus, § 210.
Perseus, déclin., p. 15 III.
personnels (pronoms ——) : 1re, 2e pers., § 57; – 3e p. à sens non réfléchi, § 58; à sens réfléchi, § 58, 59; à sens réciproque, p. 33 IV; — renforcés, p. 35 I.
personnes (emploi des ——), § 154; – dans le style indirect, § 274.
peto, § 194, 235.
peu (un ——, trop ——), § 139 A; p. 83 I, II; —— de, § 139 B.
peut-être, § 143 n. 1; p. 131 IV.
pieds (dactyle, spondée,...), § 288, 295.
piget (me), § 124; avec génitif, § 124.
place : de l'antécédent du relatif, § 67; p. 39 II; des prépositions, p. 85 III; de l'adjectif épithète, p. 103.
placeo, § 181.
plenus, § 212 N. B.
plerique, p. 49 III.
plures, décl., p. 25 II; § 48; – emploi, § 139 B.
plurimum, , , § 139 B; p. 83 I.
pluris, p. 83 I.
plus, § 139 B.
plus, § 39, 43, 54, 139 A et p. 83 I; plus de, p. 27 II; § 139 B; plus... plus, p. 139 V; le plus possible, p. 29 III; d'autant (plus), p. 139 IV.
plus-que-parfait : indic., § 155; p. 93 2° N. B.; § 158; – subjonct., p. 93 III; à sens conditionnel (irréel), § 161; – dans la sub. de condition, § 254; p. 143.
poema, p. 21 II 2°.
poesis, déclin., p. 17 IV.
point de vue (compl. de ——) : après un verbe, p. 117 IV; après un adjectif, p. 123 IV.
polliceor, p. 133 III.
pondo, p. 21 II 3°.
pono, p. 111 V.
posco, p. 107 I.
possessifs : adjectifs, p. 34, 35; employés comme pronoms, § 63; comme noms,

§ 64; ▬ possessifs renforcés, p. 35 I.
possession : datif de ——, § 186; génitif de ——, § 204, 210; p. 121 III.
possibilité (subjonctif de), p. 97 1.
possible (le plus, le moins ——), p. 29 III.
possum, p. 53; sens conditionnel, § 158 1°; – construction, § 184; – facere non possum quin, p. 135 II.
post, prépos., § 140; p. 113 I; – adv., § 135; p. 113 I; – post... quam, § 151 II R.; p. 141 II.
post-classique (période), § 2.
posterior, postremus, § 49.
postquam (posteaquam), § 252; p. 141 II; = comme, p. 141 I.
postridie, § 136; p. 85 II.
postulare, § 194.
potentiel : dans une principale, § 161; dans la sub. de condition, § 254; p. 143 I; dans une sub. infinitive, p. 151 III; dans une sub. au subjonctif (interrogative, etc.) p. 149 II; dans une sub. de comparaison, p. 139 VII; – dans une sub. relative, p. 147 III.
potior, (verbe), § 182, 183.
potius.. quam, p. 139 VI.
pour : devant un attribut, § 177 R.; devant un infinitif, § 243, 285; introduit un compl. d'intérêt ou de destination. § 186, 187, 188; p. 109 I.
prae, prépos., § 141; ▬ préfixe exprimant le superlatif, p. 29 I; préfixe devant un verbe, § 153.
praecipio, § 235.
praestat, § 122; —— quam, p. 139 II.
préfixes, p. 91.
prépositions : avec acc.; § 140; avec abl., § 141; avec acc. et abl., § 142; —— accidentelles, p. 85 II; ▬ emploi des ——, p. 85 I; place des ——, p. 85 III; —— omises aux questions de lieu, § 189; p. 111 I, IV, V; —— et adverbes, § 135, 140, 141.
présent, § 155; de narration (ou historique), § 155 I 1°; § 269 R. 1°; d'effort, § 155 I 1°; après *dum*, p. 141 V; présent du subjonctif, p. 93 III, 96; de l'infinitif au lieu du passé français, p. 133 III 3°
pridie, § 136; p. 85 II.
prière (verbes de ——), § 235.
prior, primus, § 49; p. 49 I.
priusquam, p. 139 VI; § 253 et p. 141 III, IV; prius... quam, p. 141 II.
privation : verbes exprimant la ——, § 182 1°; adjectifs de ——, § 212.
privo, p. 115 IV.
prix : verbes de ——, p. 117 I; c^t circ. de ——, § 197; p. 117 I.
pro, proh, interj., § 147, 148.
pro, prépos. § 141; p. 109 I.
procéleusmatique, § 301, 302.
prohibeo, § 232 R.
pronominale (traduction d'un verbe français à la forme —), § 284.
pronominaux (adjectifs ——), p. 34 à 45.
pronoms : personnels, p. 32, 33; possessifs, § 63; démonstratifs, p. 36, 37; relatifs, p. 38, 39; interrogatifs, p. 40, 41; indéfinis, p. 42 à 45; ▬ accord du pronom démonstratif, § 179; relatif, § 67; p. 39 II; ▬ complément de pronom, § 205; p. 121 IV.
prononciation, § 4.
pronus, § 213, 214.
prope, prépos, §140; ▬ adv. § 135; — compar. et superl., § 135.
propensus, § 213.
propinquus, § 211; compar. et superl., § 48.
propositions : différentes sortes, p. 128, 129; ▬ les termes de la proposition, p. 92 à 127; ▬ les propositions dans la phrase, p. 128 à 151; *voir* subordonnées.
propter, § 140, 192.
propterea quod, p. 129 IV; propterea ut, p. 129 IV.
prosodie, § 288, 289 à 294.
prosum, p. 53.
protestation (subjonctif de —), p. 97 II.
prout, p. 87.
provenance (compl. circ. de ——), § 194; p. 115 IV.
-pte, p. 35 I.
pudet (me), § 124; avec infinitif, § 173; avec génitif, § 124.
puppis, acc., abl. sing., § 23.
puto, § 232.

Q

qua, de l'indéfini quis, § 74 R.
quā, adv. de lieu interr., § 133; – relatif, p. 39 IV; § 133; ▬ question qua (c^t de lieu), p. 110.
quā = aliquā, adv., § 133.
quacumque, § 133.
quaero, § 194 N. B., 228.
qualis, adj. interr., § 72; exclamatif, § 73; = tel que, p. 41 III N. B. 2°; ▬ talis qualis, p. 41 III; § 248; qualis... talis, § 251.
qualiscumque, p. 45 III; avec indicatif, p. 147 I.
qualité (compl. exprim^t la ——), § 204, 206.
quam, adv. interr. §, 127, 139; exclamatif, p. 83 IV; ▬ conjonct. de sub., introduit un compl. de comparatif, § 41, 42; p. 27 I, IV, – une sub. de comparaison, p. 139 II; ▬ quam ut, p. 27 IV;

quam pro, p. 27 IV; tam... quam, p. 83 III; § 248; quam... tam, § 251; quam, quam possum, *avec superlatif*, p. 29 III 2°; ≡ quam = postquam, p. 141 II.
quamdiu, § 127; question ——, § 191; ——, aussi longtemps que, p. 139 I; ≡ tamdiu..quamdiu, § 248; quamdiu... tamdiu, § 251.
quamdudum, § 127; question ——, § 191.
quam multi, § 72, 73, 139 B; ≡ tam multi... quam multi, p. 41 III; § 248; quam multi... tam multi, § 251.
quamobrem, conj. de coord. § 143; ≡ adv. interr., § 127.
quamquam, *voir* quanquam.
quamvis, conj. de sub., § 261.
quando, adv. interr., § 127; question ——, p. 112, 113 I, IV; ≡ conj., p. 87; § 257; ≡ tableau, p. 153.
quanquam, conj. de sub., § 260.
quanti, § 127; p. 83 I et IV; ≡ tanti.. quanti, p. 83 III; quanti... tanti, § 251.
quantité (expression de la ——), p. 82, 83.
quantité (des syllabes), § 5, 289 à 294; —— de la dernière syllabe d'un vers, § 297.
quanto, § 127; p. 83 II. ≡ tanto... quanto, p. 83, III, p. 139 IV; quanto... tanto, § 251; p. 139 V.
quantum, adv. interr., § 127, 139; exclamatif, p. 83 IV; = autant que, p. 139 I; ≡ tantum... quantum, p. 83 III; quantum... tantum, § 251.
quantus, adj. interr., § 72, 139 B; exclamatif, § 73; = aussi grand que, p. 41 III, N. B. 2°; ≡ tantus... quantus, p. 41 III; § 248, 251.
quantuscumque, p. 45 III.
quapropter, § 143.
quare, adv. interr., § 127; ≡ conj. de coord., § 143.
quasi, p. 87, 143 IV.
quatenus, § 133.
-que, § 143, 144.
que (traduction du français ——) : après un comparatif de supériorité, § 41; p. 27; – d'infériorité, § 42; – d'égalité, § 42, 248; p. 139; – après *d'autant plus (moins)*, p. 139 IV.
—— dans l'ordre et la défense, § 159; — dans le souhait, § 160.
—— rendu par la sub. infinitive, p. 132; – par *ut*, § 235, 236; – par *ne* ou *ut non*, § 235, 236; – par *ne, quin, quominus*, § 237, 238; p. 135 II; – par *quod*, p. 135 I; —— dans la sub. de conséquence, p. 137; – de comparaison, § 248; p. 139.
—— pron. interrog., p. 40; § 229; *que dire, que faire*, p. 97 IV, 131 VII.
—— exclamatif, § 73; p. 83 IV.
quemadmodum, p. 139 I.
queo, § 110.
queror, § 232 R.
questions : de lieu (ubi, quo, unde, qua), p. 110, 111; —— de temps (quando, quanto tempore, quamdiu, quamdudum, ex quo tempore), p. 112, 113.
qui : pron. – adj. relatif, p. 38, 39, 146, 147; – adj. interrog., § 70; p. 41 I; exclamatif, § 73; – indéfini, § 74 et R; ≡ is qui *(indic.)*, p. 36; *(subj.)*, p. 147 II; – idem qui, p. 147 IV; – ut (utpote) qui *(subj.)*, § 268; – sunt qui, nemo est qui, dignus qui *(subj.)*, p. 147 II; – qui = si quis, p. 147 III.
qui = quo, p. 39 I.
qui, adv., p. 41 I; fit ut, p. 41 I.
qui (des deux), § 71.
quia, § 257; non quia, § 257 N. B.
quicumque, § 69; p. 45 III; – avec indicatif, p. 147 I.
quid, adv., p. 41 I; § 127.
quid est quod (cur), p. 119 IV. ≡ **quid quod**, p. 119 IV.
quidam, § 74; p. 43 I.
quidem, p. 77 IV; – ne... quidem, § 132.
quin, adv., § 127; p. 77 IV; – quin etiam, p. 77 IV; ≡ conj. de sub p. 87; *(non impedio)* quin, § 238; *(non dubito)* quin, p. 135 II et IV; – dans la sub. de conséquence, § 246; – nemo est quin, p. 147 II N. B.
quippe qui, § 268 3°.
quis, pron. interr., § 70; adj. interr., p. 41 I; indéfini, § 74; p. 43 I; – ne quis, p. 43 I; § 235, 241.
quis = quibus, p. 39 I.
quis, de queo, § 110.
quis est qui (subj), p. 147 II.
quisnam, p. 41 I.
quispiam, § 74.
quisquam, § 74; p. 43 I; nec quisquam, p. 79 II B.
quisque, § 74; p. 43 I, 45 III; § 151 II; —— avec superlatif, p. 29 III.
quisquis, p. 39 III, p. 45 III; —— avec indicatif, p. 147 I.
quo, adv. de lieu : interr., § 133; relatif, p. 39 IV; § 133; = aliquo, § 133. ≡ question quo (c[t] de lieu), p. 110, 111.
—— adv. de quantité : eo (hoc)... quo, p. 139 IV; quo... eo (hoc), p. 139 V.
—— conj. *(but)*, § 240 R; – non quo *(cause)*, § 257 N. B.
quo (major), en comparaison duquel, p. 27 IV.

quoad, p. 87; emploi, § 253; p. 141 III et IV.
quocirca, § 143.
quocumque, § 133.
quod, tableau, p. 153.
quod, conj. p. 87; que, le fait que *(indic.)*, p. 135 I; à savoir que, p. 129 IV; parce que *(indic., subj.)*, § 257; – non quod, § 257 N. B; – eo (idcirco, propterea) quod, p. 129 IV.
—— pronom relatif, § 66, 68, est quod, quid est quod, nihil est quod *(subj.)*, p. 119 IV.
—— adj. interrog., § 70.
—— adj. indéfini, § 74.
quod si, § 256.
quoique, § 260, 261.
quom, voir *cum*, conj.
quominus, p. 87; § 238.
quomodo, § 127.
quoniam, § 257.
quot, § 72, 73, 139 B; p. 83 III, IV; ═ aussi nombreux que, p. 41 III N. B. 2°. ═ tot... quot, p. 41 III; § 248; quot., tot, § 251.
quoties *(quotiens)*, § 252; p. 141 VI; ═ toties... quoties, § 248; quoties... toties, § 251.
quotiescumque, § 252.
quotus, § 72, 73.

R

radical : dans les noms, § 9; p. 11 I, 13, 15, 17, 19, 21; – dans les adjectifs, p. 23, 25; – dans les verbes (présent, parfait, supin), p. 51.
raro, adv., § 53.
-re = -ris, § 92; p. 66 n. 1.
réciproque (sens ——), p. 33 IV, 45 I.
recuso, § 238.
refert, § 122; p. 131 I.
réfléchi : pronom pers., § 58, 59; p. 33 II, III; adj. possessif, § 62; p. 35 II, III; ═ passif à sens ——, p. 95 b.
regarder comme, § 177 II.
regio, dans le c^t circ. de lieu, p. 111 I.
regret (expression du ——), § 160; p. 79 II c.
relatifs : pronoms-adj. ——, p. 38, 39, 41 III; – relatifs indéfinis, § 69; p. 39 III, 45 III, 147 I; adv. ——, p. 39 IV; ═ accord du pronom relatif, § 67; p. 39 II; – relatif sans antécédent, § 68; p. 39 IV; – relatif de liaison, § 68; p. 39 IV, 141 VII, 151 II N. B; – place de l'antécédent, § 67; p. 39 II; § 176 3°.
relation (complément de), p. 117 IV, 123 IV.
relative (proposition sub. ——), p. 146, 147; —— au subjonctif, § 268; p. 147, II, III, V; —— de condition, p. 147 III; de comparaison, p. 147 IV; de restriction, p. 147 V; ═ particularités, § 176 3°; – double subordination, p. 147 VI; ═ mots introd^t une relative, § 266.
reliqui, p. 49 III.
reminiscor, p. 118 VII.
répétition (dans les sub. de temps), p. 140, 141 VI.
réponse (à une question), p. 77 III.
requies, p. 21 II.
res, déclin., § 29.
respondeo, p. 135 III.
respublica, décl., § 151 II.
restriction (prop. sub. relative de —), p. 147 V.
résultat (verbes de ——), § 236.
reverto, **revertor**, p. 65 V.
rogatu, p. 21 II.
rogo, p. 107 I; § 228, 235.
rus, **ruri**, **rure**, *dans le* c^t *de lieu*, p. 110, 111 IV; ruri *(locatif)*, § 28.

S

salve, **salvete**, § 117.
sans, *sans que*, § 287.
satis, § 139; satis est, § 173.
satur, § 35.
savoir (à), § 176 2°; p. 129 IV.
scio, § 184, 232; haud scio an, p. 131 III.
sciscitor, § 194 N. B., 228.
scribo, p. 109 II.
se : décl., § 58; emploi, § 59; p. 33; – semet, p. 35 I.
secerno, p. 115 IV.
securis, § 23.
sed, § 143.
sedes, gén. plur., p. 17 II.
semi-déponents (verbes ——), p. 68.
sénaire ïambique, § 301.
senatusconsultum, § 151 II.
senex : nom, gén. plur., § 23; – adj., comparatif, § 50.
sentiment, (verbes de ——), § 232 R; *avec* quod, § 257.
séparation (compl. circ. de ——), § 195; p. 115 IV.
septénaire : ïambique, § 301; trochaïque, § 302.
sequitur ut, § 236.
sese = se, § 58.
sestertius, gén. plur., p. 15 II 2°.
seu = sive, *voir ce mot.*
si, conj., p. 87; avec indic., § 252, 254, 255; avec subjonct., § 254; p. 141 VI; p. 143 I, II, IV; — *pour le cas où*, p. 143 II; – si non, § 256; p. 143 III; – si quis, p. 43 I 1°; p. 147 III.
sic, § 138; sic ut *(compar.)*, § 248, *(conséqu.)*, § 245.
sicut (sicuti), p. 87, 139 I.

similis, superlat., § 43; constr. p. 123 II, 139 III.
simplex, p. 25 III.
simul ac (atque), § 252.
sin, sin autem, § 256.
singuli, p. 47; § 86.
sino, § 232 R.
sinon, p. 143 III N. B.
sitis, § 23.
sive... sive, § 145; p. 87, 143 IV.
socius, gén. plur., p. 15 II 2°.
Socrates, déclin., p. 17 IV.
soleo, § 107, 184.
solus, § 79.
son, § 62; p. 35 II, III; § 274.
sortito, § 265.
souhait (expression du ——) § 160; p. 79 II C.
spatium, dans le c[t] circ. de lieu, p. 111 I; – *spatio* dans le c[t] de distance, § 201.
spero, § 232; p. 133 III.
spondée, § 295, 299 à 304.
sponte, p. 21 II 3°.
statuo, p. 135 III.
studeo, § 181.
studiosus, § 210.
style : direct, § 272; indirect, p. 150, 151; indirect libre, p. 151 I; – épistolaire, p. 93 2°.
suadeo, § 235.
suapte, p. 35 I.
sub, prép. § 142; indiquant le temps, p. 113 IV; ═ préfixe, § 153.
subjonctif :
—— dans la prop. indépendante : l'ordre, la défense, le souhait, § 159, 160; le conditionnel, § 161; la possibilité, l'affirmation atténuée, p. 97 I; la protestation, p. 97 II; la supposition, la concession, p. 97 III; la délibération, p. 97 IV.
—— dans la sub. complétive : subj. seul, p. 135 I; – après *ut, ne, quin, quominus*, p. 134, 135; – dans l'interrogation indirecte, p. 131 VII.
—— dans la subordonnée : de but, p. 136; de conséquence, p. 137; de comparaison, p. 139 VI et VII; de temps, p. 140, 141; de condition, p. 142, 143; de cause, p. 144; de concession, p. 144; relative, p. 146, 147; – dans l'attraction modale, § 270; dans le style indirect, p. 150, 151; – subjonctif de l'indétermination, p. 149 III; subj. de la répétition, p. 149 IV; – conditionnel dans les sub. au subjonctif, p. 149 II. ═ Temps du —— p. 93 III; concordance des temps, § 269; – dans la sub. interrogative, § 230; p. 131 VI; – dans la sub. de conséquence, § 247; – le futur dans les sub. au subjonctif, p. 149 I.
subordination (conjonctions de ——), p. 87.
subordonnants (mots ——), § 223.
subordonnées (propositions ——).
—— complétives : interrogative, p. 130, 131; infinitive, p. 132, 133; conjonctive par *ut, ne, quin, quominus, quod*, p. 134, 135; au subjonctif seul, p. 135 I.
—— circonstancielles : de but, p. 136; de conséquence, p. 137; de comparaison, p. 138, 139; de temps, p. 140, 141; de condition, p. 142, 143; de cause, de concession, p. 144; participe, p. 145.
—— relatives, p. 146, 147.
—— dans le style indirect, p. 150, 151.
—— rattachées à un autre mot que le verbe : à un nom, p. 129 III; § 267; à un démonstratif, p. 129 IV.
—— sans mot subordonnant, p. 129 II, 135 I.
—— sans verbe, p. 129 I.
—— à double subordination, p. 147 VI.
subter, § 142.
suffixes, p. 89.
sujet, p. 102; pronom personnel ——, § 60; —— de l'inf. de narration, § 162; de l'inf. d'exclamation, p. 99 I; dans la proposition infinitive, § 231; p. 133 I, II; dans l'ablatif absolu, p. 145; ═ infinitif ——, § 173; ═ proposition sujet : interrogative, p. 131 I; infinitive, § 233; conjonctive par *ut, quin, quod*, § 236, p. 135 I, II; au subjonctif sans conjonction, p. 135 I.; relative, § 267.
sum, conjug. p. 52; auxiliaire, p. 51 III; ellipse de l'auxiliaire, p. 64 IV; ellipse du verbe, p. 129 I; § 264; ═ emploi de ——: avec le génit., p. 121 III; avec le dat., § 186; p. 121 III; avec le double datif, § 188; avec *meus, tuus*, p. 119 I; avec *ex* ou *ab*, p. 115 V; tableau des constructions et sens divers de ——, p. 119; ═ composés de ——: conjug., p. 53; emplois : avec datif, § 94; – possum, § 184, absum, § 94; p. 115 V.
summus, § 49, 51.
sumo, § 194.
sunt qui, p. 119 IV; p. 147 II.
super, prép. § 142; ═ préfixe, § 153.
superbio, § 182.
superior, supremus, § 49.
superlatif : des adjectifs, p. 28, —— de supériorité, formation, § 43; p. 29 I;

exprimé par préfixe, p. 29 I; – adj. en *-dicus*, *-ficus*, *-volus*, p. 29 I; en *-er*, § 43; en *-ilis*, § 43; en *-eus*, *-ius*, *-uus*, § 43; —— irrégulier, p. 30; archaïque, p. 29 II; renforcé, p. 29 III 2°; —— d'infériorité § 47.
—— des adverbes, § 54 à 56.
—— remplacé par comparatif, § 40 2°, 46; ≡ accord du ——, § 45; p. 29 III; compl. du ——, § 44; p. 29 III 3°.
supin : formation, p. 64 I; emploi, § 165.
supplex, abl. sing., p. 25 II.
supposition (expression de la ——) : dans la principale, p. 97 III; dans une subordonnée, § 254, 256; p. 143.
sus, p. 21 II.
suscipio + adj. verbal, § 169 1°.
suus, § 62, 63, 64; p. 35; p. 119 I; = son propre, p. 35 II; – avec *quisque*, après *cum*, p. 35 II.
syllabes : longues, brèves, communes, § 5; 289 à 294.

T

taedet, § 124; avec gén., § 124.
talis... qualis, p. 41 III; § 248; qualis.. talis, § 251; – talis ut, qui, § 245, 268.
tam, § 42, 56, 139; tam... quam, p. 83 III; § 248; quam... tam, § 251; – tam ut, § 245 et N.B.; tam qui, p. 147 II.
tamdiu... quamdiu, § 248.
tamen, § 143.
tametsi, p. 87; § 260.
tam multi, § 139 B.
tam multi... quam multi, p. 41 III; § 248; —— ut, § 245.
tanquam, tanquam si, p. 87, 143 IV.
tant...que : (comparaison) p. 82, 83; § 248; (conséquence), § 245.
tant que, conj., § 253 I.
tanti, p. 83 I; tanti... quanti, p. 83 III.
tanto, p. 83 II; tanto... quanto, p. 83 III; p. 139 IV; – quanto... tanto, p. 139 V.
tantum, § 139; tantum... quantum, p. 83 III; § 248; quantum... tantum, § 251; – tantum... ut, § 245; – non tantum... sed, § 145.
tantus, § 139 B; tantus... quantus, p. 41 III; § 248; – tantus... ut, § 245.
tellement, § 245.
temps (expression du ——) : adverbes, p. 81; – compl. circ. de ——, p. 112, 113; expressions diverses de ——, p. 113 IV; ≡ subord. de ——, p. 140, 141; ablatif absolu, p. 145.
temps (des verbes), § 91; —— primitifs, § 87; formation des ——, p. 51; valeur des ——, § 155; emplois particuliers, p. 92, 93, 149 I; concordance des ——, § 269; p. 149 II.
—— dans la sub. infinitive, § 234; p. 133 III; interrogative, § 230; p. 131 VI; complétive au subj., § 239; p. 149 I; de conséquence, § 247; p. 149 I; de condition, p. 142, 143; de temps, p. 141 III, IV, V.
tenus, § 141.
termes (de la proposition) : verbe, p. 92 à 101; – sujet et verbe, p. 102; – épithète, apposition, p. 103; – attribut, p. 104, 105; – compl. d'objet, p. 106, 107; – compl. d'attribution, p. 108, 109; – compl. circonstanciels, p. 108 à 117; – compl. du passif, p. 116, 117 V; – constructions particulières à certains verbes, p. 118, 119; – compl. du nom, p. 120, 121; – compl. de l'adjectif, p. 122, 123.
terminaisons, p. 10, 11, 51.
terni, trini, § 86.
terra marique, p. 111 I.
Tiberis, § 23.
timeo, § 237, 239.
timor ne, p. 129 III.
tot, § 139 n. 2; tot... quot, p. 41 III, 83 III; § 248; quot... tot, § 251; – tot... ut, § 245.
toties... quoties, § 248.
totus, § 79; – dans le c^t de lieu, p. 111 I.
trabs, gén. plur., § 25.
trado + adj. verbal, § 169; + sub. infinit., § 232.
traduco, avec double acc., p. 107 I.
transitifs (verbes ——), employés intransitivement, p. 94 I; – intransitifs employés comme ——, p. 94 I.
tres, décl., § 82.
très, § 43, 54; p. 83 I; très peu, § 47, 56; p. 83 I.
tribraque, § 295, 301, 302.
tribuo, avec double datif, § 188.
triumvir, gén. plur., p. 15 II 2°.
trochée, § 295, 299, 302, 303.
trop, § 139 A; p. 83 I; —— de, § 139 B; —— pour, p. 27 IV; § 286.
tu, décl., § 57; – emploi, § 60; p. 33 I.
tum, § 136; tum... tum, § 145; cum... tum, § 145.
turpis, § 165; – turpe est, § 163, 233.
turris, tussis, § 23.
tute, tutemet = tu, p. 35 I.
tutus, p. 123 III.
tuus, § 61, 63, 64; – tuum (est), p. 119 I; – tuā (interest, refert), p. 118 II.

U

uber, abl. sing., p. 25 II.
ubi, tableau, p. 153.
ubi, adv. relatif, p. 39 IV;

§ 133; interrogatif, § 133; ══ question ——, p. 110, 111; ══ est ubi, p. 119 IV.

ubi, conj., p. 87; § 252; p. 141 I, VI; – = comme, p. 141 I; ══ ubi primum, p. 87; § 252.

ubicumque, § 133; avec indicatif, p. 147 I.

ubique, § 134.

-ubus, dat.-abl. pluriel, § 31 I.

ullus, § 79; p. 45 II; – nec ullus, p. 79 II; – ne ullus, § 235, 241.

una, adv., § 138.

unde, adv. relatif, p. 39 IV; § 133; interrogatif, § 133; ══ question ——, p. 110, 111.

undecumque, § 133.

-undi, **-undus** = -endi, -endus, p. 65 VII.

undique, § 134.

universus, dans le c^{t} de lieu, p. 111 I.

unquam, § 136; – nec ——, p. 79 II; ne ——, § 235, 241.

unus, § 79, 82; p. 49 I; – pluriel : § 82 n. 1; – unus (omnium) *avec superlatif*, p. 29 III 2°.

unusquisque, p. 43 I 5°.

-urum esse, p. 133 III, 151 III.

-urum fuisse, p. 151 III.

-urus sum, § 168; – urus sim, essem, fuerim, fuissem, § 230; p. 149 I, II.

usquam : nec ——, p. 79 II; ne ——, § 235, 241.

ut, tableau, p. 152.

ut, adv. interr.-exclam., § 127.

ut, conj., p. 87; —— avec l'indicatif : lorsque, § 252; étant donné que, § 259; de même que, p. 139 I; —— avec le subjonctif : que, § 235, 236; que... ne... pas, § 237; afin que, p. 136; de sorte que, § 244; à supposer que, p. 143 IV; à savoir que, p. 129 IV; ══ ita (sic)... ut *(indic.)*, § 248; – ita (sic)... ut *(subj.)*, § 245 et N. B.; p. 139 VII; tam... ut *(subj.)*, § 245 et N. B.; – ut... ita (sic), § 251; – eo (ideo, idcirco, propterea) ut, p. 129 IV N. B.

ut ne = nē *(voir* ne, *conj.)*.

ut nemo (nunquam...), § 246.

ut... non, § 236, 246.

ut primum, § 252.

ut qui, § 268 3°.

ut si, p. 143 IV.

uter, § 71; p. 39 III, 41 II.

utercumque, p. 39 III, 45 III.

uterque, § 75.

uti, *voir* ut, *conj.*, ou utor.

utilis, § 211; – utile est, § 233.

utinam, utinam ne, § 160.

utor, conjug., p. 66; avec abl., § 182.

utpote qui, § 268 3°.

utrimque, § 133.

utroque, adv. de lieu, § 133.

utrum... an, § 128; p. 77 I; § 229; p. 131 II.

-uus (adj. en–), § 39, 43.

V

vae, § 147, 148.

vale, valete, § 147.

vas, p. 21 II.

vates, gén. plur., p. 17 II.

-ve, § 143.

vel, conj., § 143; vel... vel, § 145; ══ adv., § 143 n. 1.

velut, **veluti**, p. 87, 139 I; – velut si, p. 143 IV.

veneo, § 110.

venio, avec double datif, § 188.

verbes, voir *conjugaisons* ; —— temps primitifs, § 87; – désinences des personnes, § 92; – radicaux, § 87; p. 51 I, II; – archaïsmes, p. 65 VII; —— semi-déponents, § 107; – irréguliers, p. 68 à 71; – défectifs, p. 71, 72; – actifs ou déponents, p. 65 V; – personnels ou impersonnels, p. 65 VI; – impersonnels, p. 73, 74; – passifs à sens réfléchi, p. 95 b. ══ Emploi des personnes, § 154; voix, § 89; p. 94, 95; temps, § 91; p. 92, 93; modes, § 90; p. 95 à 101, 130 à 151 ══ accord, § 171, 172; ══ compl. des v. d'opinion, § 232; de volonté, § 232 R., 235; de prière, d'effort, § 235; de sentiment, § 232 R., 257; de crainte, § 237; d'empêchement, § 238; de v. à construction variable, p. 109 II, 118, 119, 135.

vereor, conjug., p. 66; constr., § 237.

vero, § 143.

vers : le —— latin, § 288; différentes sortes de ——, § 299 à 303; méthode pour scander un ——, § 304.

verto, avec double datif, § 188.

verum, § 143; – verum etiam, § 145 n. 2.

vescor § 182.

vesperi, *(locatif)*, § 20.

vester, § 61, 63, 64; – vestrum (est), p. 119 I; – vestra (refert, interest), p. 118 II.

vestri, **vestrum**, gén., § 57; p. 33 I.

veto, § 232 R; vetor, p. 133 II.

vetus, décl., p. 24; – compar. et superl., p. 29 I.

vicem, p. 85 II.

video, p. 133 IV.

videor, § 177; p. 117 V; – videor (mihi), p. 133 II.

vir, déclin., § 16 N. B.; p. 15 II 2°.

virus, § 17.

vis, **vires**, décl., p. 17 V.

vocatif, § 10, 148; des noms en *-us*, § 16; de *deus*, § 19; des noms en *-ius*, p. 15 II; de *meus*, § 61.

voici (que), *voilà (que)*, § 147, 148.
voix (du verbe), § 89; p. 94, 95; —— active, p. 94 I; —— passive, p. 94, 95; —— déponente, § 89; p. 67; § 156.
volo, conjug., p. 71; – constructions diverses, p. 135 III; avec infinitif, § 184; p. 133 I c.; avec sub. infinitive, § 232 R; avec subjonctif seul, p. 135 I; = velim, vellem, p. 97 I.
volonté (verbes de ——), avec sub. au subjonctif, § 235; p. 135 I; – avec sub. infinitive, § 232 R.
volucer, gén. plur., p. 25 IV.
-volus (adjectifs en ——), compar. et superl., p. 29 I.
vouloir, voir *volo*.
vulgus, § 17.

TABLE DES MATIÈRES

Pages.

NOTIONS PRÉLIMINAIRES 5

I. — LA FORME DES MOTS

La déclinaison 10

LES NOMS

1re déclinaison 12
2e déclinaison 14
3e déclinaison : *parisyllabiques* 16
imparisyllabiques 18
4e et 5e déclinaisons 20
Noms difficiles, défectifs, indéclinables 21

LES ADJECTIFS QUALIFICATIFS

Emplois; formes 22
1re classe 23
2e classe 24
Degrés de l'adjectif 26
Comparatif 26
Superlatif 28
Comparatifs et superl. irréguliers .. 30
Adverbes tirés d'adjectifs. Comparatif et superlatif des adverbes 31

LES PRONOMS ET ADJECTIFS PRONOMINAUX

Pronoms personnels 32
Possessifs 34
Démonstratifs 36
Relatifs 38
Interrogatifs 40
Indéfinis 42

LES NUMÉRAUX 46

LES VERBES

Généralités 50
Sum et ses composés 52
1re conjugaison active et passive 54
2e conjugaison active et passive 56
3e conjugaison active et passive 58
4e conjugaison active et passive 60

Pages.

Conjugaison *mixte* active et passive .. 62
Notions complémentaires sur les verbes 64
Conjugaisons déponentes 66
Verbes semi-déponents 68
Verbes irréguliers :
fio 68
eo 69
fero, edo 70
volo, nolo, malo 71
Verbes défectifs 72
Verbes impersonnels 73
Passif impersonnel : *curritur* 75

LES ADVERBES

d'interrogation 76
d'affirmation 77
de négation 78
de lieu 80
de temps, de manière 81
de quantité 82

LES PRÉPOSITIONS 84

LES CONJONCTIONS

de coordination 86
de subordination 87

LES INTERJECTIONS 88

LES MOTS DÉRIVÉS 89

LES MOTS COMPOSÉS 90

II. — LES TERMES DE LA PROPOSITICN

LE VERBE

personnes, temps 92
voix 94
modes : *indicatif* 95
subjonctif et impératif 96
infinitif, gérondif, supin 98
participe 100

LE SUJET ET LE VERBE 102

Pages.

L'ÉPITHÈTE, L'APPOSITION 103

L'ATTRIBUT 104

LES COMPLÉMENTS DU VERBE

complément d'objet 106
complément d'attribution 108
compléments circonstanciels :
de *lieu* 110
de *temps* 112
de *moyen, cause, manière, provenance, accompagnement, séparation, matière* 114
de *prix, délit, but, mesure*, etc... 116
complément du verbe passif 116
Constructions particulières à certains verbes 118
Valeurs et constructions diverses du verbe **Esse** 119

LE COMPLÉMENT DU NOM 120

LE COMPLÉMENT DE L'ADJECTIF 122

PRINCIPAUX EMPLOIS DES CAS :

accusatif, ... 124
génitif, datif 125
ablatif 126

DU GÉRONDIF et de L'ADJECTIF VERBAL 127

III. — LES PROPOSITIONS DANS LA PHRASE

GÉNÉRALITÉS 128

LES SUBORDONNÉES COMPLÉTIVES

interrogative 130
infinitive 132
par **ut, ne, quin, quominus** 134

Pages.

par **quod** 135
au subjonctif sans conjonction 135

LES SUBORDONNÉES CIRCONSTANCIELLES

de but 136
de conséquence 137
de comparaison 138
de temps 140
de condition 142
de cause 144
de concession, d'opposition 144
La subordonnée participe *(ablatif absolu)* 145

LES SUBORDONNÉES RELATIVES 146

LE SUBJONCTIF DANS LES SUBORDONNÉES :

concordance des temps 148
attraction modale 148
expression du futur 149
» du conditionnel 149
subjonctif de l'indétermination 149

LE STYLE INDIRECT 150

ANNEXES

EMPLOIS DE **ut, cum** 152
quod, ubi, quando, ne. 153

QUELQUES GALLICISMES 154

VERSIFICATION 156

prosodie 156
métrique 157

LE RYTHME ORATOIRE 162

PRINCIPAUX VERBES présentant des particularités au parfait et au supin 164

INDEX ALPHABÉTIQUE 173

Imprimé en France — IMP. HÉRISSEY — n° 57296 — N° d'éd. : 10007799-XXXII-(70)-(OSB-80)
Dépôt légal : Avril 1992